城市轨道交通列车运行图编制理论与方法

王媛媛　编著

西南交通大学出版社
·成　都·

内 容 简 介

本书充分借鉴和参考以往的研究成果，综合运用轨道交通运输组织、最优化理论、系统工程等学科的相关理论，对城市轨道交通运行图编制相关问题进行了深入研究。主要内容涵盖了城市轨道交通运输计划、行车组织、客流分析、列车运行图编制概述、大小交路行车计划编制模型与算法、共线交路运行图编制模型与算法、网络列车运行衔接协调优化等方面。本书可供从事城市公共交通网络规划与设计、运营决策及相关研究的科技工作者参考。

图书在版编目（CIP）数据

城市轨道交通列车运行图编制理论与方法／王媛媛编著. —成都：西南交通大学出版社，2015.10（2020.1 重印）
ISBN 978-7-5643-4306-4

Ⅰ. ①城… Ⅱ. ①王… Ⅲ. ①城市铁路－轨道交通－列车运行图－编制－研究 Ⅳ. ①U284.48

中国版本图书馆 CIP 数据核字（2015）第 222809 号

城市轨道交通列车运行图编制理论与方法

王媛媛　编著

责任编辑　周　杨
封面设计　墨创文化

出版发行　西南交通大学出版社
（四川省成都市金牛区二环路北一段 111 号
西南交通大学创新大厦 21 楼）
发行部电话　028-87600564　028-87600533
邮政编码　610031
网　　址　http://www.xnjdcbs.com

印　　刷　四川森林印务有限责任公司
成品尺寸　185 mm × 260 mm
印　　张　12.5
字　　数　311 千
版　　次　2015 年 10 月第 1 版
印　　次　2020 年 1 月第 2 次
书　　号　ISBN 978-7-5643-4306-4
定　　价　38.00 元

图书如有印装质量问题　本社负责退换

前　言

列车运行图是轨道交通运输工作的生产计划，其编制质量的高低直接影响运输组织的效率和安全。与国有铁路列车运行图的编制相比，城市轨道交通运行图的编制具有其自身的复杂性。近年来，我国城市轨道交通网络大规模建设，上海、北京、广州等城市已逐步进入网络化运营阶段，在城市轨道交通网络建设过程中，部分线路的结构形式和客流特征也变得越来越复杂，列车运行交路从单一交路模式逐步发展为复杂交路模式，为运行图的编制工作带来了新的挑战。

本书充分借鉴和参考以往的研究成果，综合运用轨道交通运输组织、最优化理论、系统工程等学科的相关理论，对城市轨道交通运行图编制相关问题进行了深入研究。本书的研究内容主要包括以下几个方面：

（1）城市轨道交通系统概述。介绍城市轨道交通系统分类、技术经济特性、运营特征以及运营发展趋势等。

（2）城市轨道交通运输计划与行车组织分析。城市轨道交通运输计划包括客流计划、全日行车计划、列车运行图、车辆配备计划、列车交路计划等，各个计划之间相互影响，相互联系，互为反馈，对各个运输计划的编制资料、编制流程和方法进行分析。

（3）城市轨道交通客流分析。城市轨道交通的客流是动态性质的，对城市轨道交通客流特征，包括一般特性、时间特征、空间特征以及网络化客流特征进行分析，在此基础上分析客流变化规律以及客流预测、客流调查等。

（4）分析了城市轨道交通列车运行图的特征、要素、编制数据以及编制原则等相关基础理论，为运行图编制模型的构建奠下了基础。

（5）以最小化乘客出行成本和企业运营成本为优化目标，以乘客需求、线路通过能力为约束，构建了关于大小交路模式行车计划优化编制的双目标混合整数非线性模型，采用理想点法将以上模型转化为单目标模型；从乘客在途时间成本和等待时间成本两方面，细致地分析了大小交路模式下乘客出行成本的计算方法；对折返站的选取、小交路区段客流比重作了灵敏度分析，得出了折返站对成本的影响趋势，以及小交路区段客流比重对列车开行对数、大小交路列车开行比例以及企业运营成本的影响趋势。

（6）对共线交路相关概念进行定义，深入分析了共线交路模式下列车运行图编制的关键问题，主要包括行车间隔、折返模式、折返站间隔时间、车底运用方式以及车底出入库方式；以列车发车间隔的分时段均衡性为优化目标构建了列车始发布点方案编制模型，在此基础上，以车底接续总时间最小为下层目标，以列车始发时刻与列车始发布点方案的偏差最小为上层目标，构建了关于共线交路列车运行图编制的双层规划模型，实现了列车运行图与车底交路计划的一体化编制。

（7）列车运行衔接协调是城市轨道交通网络化运输组织的重要内容。降低乘客换乘等待时间是轨道交通网络列车运行衔接协调的重要目标。分析了换乘等待时间的表示方法；针对城市轨道交通网络的大系统特性，借鉴大系统优化的递阶控制方法和分解协调优化方法，生成网络中的线路换乘衔接方案；以最小化乘客总换乘等待时间为目标，构建了“换乘衔接对-线路换乘衔接方案”的二级协调优化模型。

（8）计算机编制城市轨道交通列车运行图是实现城市轨道交通运营组织设计工作信息化和智能化的重要内容。从需求分析、系统数据分析、总体设计和关键技术设计等方面进行城市轨道交通列车运行图计算机编制系统设计。

作　者

2015 年 7 月

目　录

第 1 章　绪　论 …… 1
1.1　研究背景 …… 1
1.2　国内外研究现状 …… 11
1.2.1　城市轨道交通 …… 11
1.2.2　行车计划 …… 13
1.2.3　城市轨道交通列车运行图 …… 13
1.2.4　现有研究中存在的问题 …… 24
1.3　研究内容及研究目标 …… 25
1.3.1　研究目标 …… 25
1.3.2　主要内容 …… 25
1.4　本书的结构安排 …… 27
第 2 章　城市轨道交通系统概述 …… 29
2.1　城市轨道交通系统分类 …… 29
2.1.1　按基本技术特征分类 …… 29
2.1.2　按路权及列车运行控制方式分类 …… 30
2.1.3　按高峰小时单向运输能力分类 …… 30
2.2　城市轨道交通系统的技术经济特性 …… 31
2.2.1　地下铁道系统 …… 31
2.2.2　轻轨铁路系统 …… 31
2.2.3　市郊铁路系统 …… 32
2.2.4　独轨铁路系统 …… 32
2.3　城市轨道交通运营特征 …… 32
2.4　城市轨道交通运营发展趋势 …… 33
2.4.1　单线独立运营向多线网络化运营过渡 …… 33
2.4.2　城市公共交通一体化管理 …… 34
2.4.3　城市轨道交通与铁路枢纽线路之间实现过轨运输 …… 34
2.4.4　城市轨道交通行车组织发生较大变化 …… 35
2.4.5　城市轨道交通运营信息化 …… 35
本章小结 …… 36
第 3 章　城市轨道交通运输计划与行车组织 …… 37
3.1　运输计划 …… 37
3.1.1　客流计划 …… 37

3.1.2 全日行车计划 …… 39
3.1.3 车辆配备计划 …… 42
3.1.4 列车交路计划 …… 44
3.2 行车组织 …… 46
3.2.1 行车组织基础概念 …… 46
3.2.2 行车组织的基本规定 …… 48
3.2.3 行车组织指挥架构 …… 48
3.2.4 行车指挥基本规定 …… 50
本章小结 …… 50

第4章 城市轨道交通客流分析 …… 51
4.1 城市轨道交通客流概述 …… 51
4.2 城市轨道交通客流特征 …… 52
4.2.1 城市轨道交通客流一般特性 …… 52
4.2.2 城市轨道交通客流时间特征 …… 52
4.2.3 城市轨道交通客流空间特征 …… 54
4.2.4 城市轨道交通网络化客流特征 …… 54
4.3 城市轨道交通客流变化规律 …… 55
4.3.1 客流不确定性分析 …… 55
4.3.2 城市轨道交通客流的影响因素 …… 56
4.3.3 城市轨道交通客流成长规律 …… 58
4.4 城市轨道交通客流预测 …… 59
4.4.1 客流预测模式 …… 59
4.4.2 客流预测方法 …… 60
4.5 客流调查 …… 62
4.5.1 客流调查种类 …… 62
4.5.2 客流调查汇总指标 …… 63
本章小结 …… 64

第5章 列车运行图编制概述 …… 65
5.1 城市轨道交通列车运行图概述 …… 65
5.1.1 列车运行图概念及特征 …… 65
5.1.2 列车运行图图形表示方法 …… 66
5.1.3 列车运行图的分类 …… 68
5.1.4 列车运行图要素 …… 70
5.2 城市轨道交通列车运行图的编制 …… 76
5.2.1 列车运行图的编制原则和步骤 …… 76
5.2.2 列车运行图编制数据 …… 77
5.2.3 城市轨道交通列车运行图编制的总体结构与流程 …… 78

5.2.4 列车运行图的编制方法 …… 80
5.2.5 列车运行图编制质量的检查 …… 81
5.2.6 列车运行图的指标计算 …… 82
5.2.7 列车运行图的使用 …… 83
5.3 实际列车运行图的铺画和调度工作统计 …… 84
5.3.1 实际运行图的作用 …… 84
5.3.2 列车运行记录 …… 84
5.3.3 列车运行指标 …… 85
5.3.4 调度工作的统计 …… 87
5.3.5 调度工作的分析 …… 88
本章小结 …… 89

第 6 章 大小交路模式下行车计划编制模型及算法 …… 90
6.1 问题的描述 …… 90
6.2 大小交路模式抽象描述 …… 90
6.3 模型的构建 …… 91
6.3.1 基本假设 …… 91
6.3.2 乘客出行成本 …… 92
6.3.3 运输企业运营成本 …… 94
6.3.4 数学模型 …… 95
6.4 模型的求解 …… 96
6.5 算例分析 …… 96
6.5.1 参数输入 …… 96
6.5.2 求解结果 …… 98
6.5.3 灵敏度分析 …… 99
本章小结 …… 101

第 7 章 共线交路模式下列车运行图编制模型及算法 …… 102
7.1 复杂交路形式 …… 102
7.1.1 线路网络结构特征 …… 102
7.1.2 特殊运输组织方式 …… 103
7.2 共线交路抽象描述 …… 104
7.3 共线交路运行图编制关键问题分析 …… 105
7.3.1 行车间隔的确定 …… 105
7.3.2 折返模式 …… 106
7.3.3 折返站间隔时间 …… 106
7.3.4 车底运用方式 …… 108
7.3.5 车底出入库方式 …… 109
7.4 列车始发布点方案模型及求解 …… 110

7.4.1 模型基本假设 ······ 110
7.4.2 列车始发布点方案编制模型及求解 ······ 111
7.5 共线交路运行图编制双层规划模型 ······ 112
7.5.1 模型总体思路 ······ 112
7.5.2 下层模型的构建 ······ 113
7.5.3 上层模型的构建 ······ 114
7.6 共线交路运行图编制算法设计 ······ 117
7.6.1 算法思路和流程 ······ 117
7.6.2 算法设计 ······ 120
7.7 算例分析 ······ 125
7.7.1 实例数据 ······ 125
7.7.2 求解结果 ······ 127
本章小结 ······ 127
第 8 章 城市轨道交通网络列车运行衔接协调优化 ······ 128
8.1 城市轨道交通网络抽象描述 ······ 128
8.2 列车运行衔接协调特征 ······ 130
8.3 换乘等待时间 ······ 131
8.4 网络列车运行衔接协调优化模型 ······ 132
8.4.1 模型的思路 ······ 132
8.4.2 基本假设 ······ 132
8.4.3 线路换乘衔接方案 ······ 133
8.4.4 单一换乘衔接对协调优化模型 ······ 134
8.4.5 网络列车运行衔接协调综合优化模型与求解 ······ 136
8.5 算例分析 ······ 136
本章小结 ······ 139
第 9 章 计算机编制城市轨道交通列车运行图系统设计 ······ 140
9.1 系统设计原则 ······ 140
9.2 系统业务流程分析 ······ 141
9.3 系统功能需求 ······ 143
9.4 系统性能需求 ······ 145
9.4.1 主要技术原则 ······ 146
9.4.2 系统主要技术指标 ······ 146
9.4.3 软件安全基本要求 ······ 146
9.4.4 人机界面要求 ······ 147
9.5 数据库设计 ······ 147
9.5.1 系统数据分析 ······ 147
9.5.2 系统数据管理特征 ······ 150

9.5.3 数据库设计要求……150
9.5.4 数据库选型……151
9.5.5 数据结构……152
9.6 系统功能设计……157
9.6.1 数据管理及维护子系统……158
9.6.2 客流特征分析子系统……158
9.6.3 车辆选型与列车编组设计子系统……159
9.6.4 列车运行交路子系统……160
9.6.5 全日行车计划子系统……160
9.6.6 列车运行图编制子系统……160
9.6.7 列车牵引计算子系统……161
9.6.8 车站辅助配线子系统……161
9.6.9 指标统计子系统……161
9.7 系统总体设计……161
9.7.1 系统总体技术路线……161
9.7.2 系统总体设计方法……162
9.7.3 系统总体设计构想……164
9.7.4 系统设计中面临的难题……168
9.7.5 系统结构设计……169
9.8 系统运行环境及开发工具……174
9.8.1 系统运行环境……174
9.8.2 系统开发工具……174
本章小结……175
结 论……176
参考文献……179
附录 1 共线交路理想初始布点方案……186
附录 2 共线交路列车运行图……189

第 1 章　绪　论

随着国民经济的飞速发展，城市化进程加快，城市客运需求的增长及城市路面交通的拥挤促使了城市轨道交通系统的产生与发展。城市轨道交通系统是指主要服务于城市客运交通，通常以电力为动力，以轮轨运行方式为特征的车辆与轨道等各种相关设施的总和。它具有运力大、速度快、安全准时、节约能源以及有效缓解路面交通拥挤和有利于环境保护等优点。现代城市轨道交通包含多种形式，其中技术成熟并已经作为城市公共交通正式运营的城市轨道交通主要包括市郊铁路、地下铁道、轻轨交通以及有轨电车等几种类型，从我国的运营实际看，地下铁道最具普遍性。本书在讨论城市轨道交通运行图编制相关问题时主要以地铁和轻轨系统为主，在运营系统的组织架构及运营组织特点上参考目前国内外已开通的各城市轨道交通系统。

1.1　研究背景

1. 城市轨道交通快速发展

城市轨道交通具有运量大、速度快、安全、准点、保护环境、节约能源等特点。世界各国普遍认识到：解决城市交通问题的根本出路在于优先发展以轨道交通为骨干的城市公共交通系统[1-2]。世界上第一条地下铁道于 1963 年 1 月 10 日首先在伦敦建成，至今已有 139 年的历史。其开通时采用蒸汽机车牵引，经过 27 年到 1890 年改为电力牵引。据有关资料统计，从 1863 年到 1899 年有 7 个城市修建了地下铁道，从 1900 年到 1949 年，世界上又有 13 个城市修建了地下铁道。二次世界大战后，伴随着各国城市的快速发展，地下铁道发展极为迅速。据日本地下铁道协会统计，到 1999 年全世界已有 115 个城市建成了地下铁道，线路总长度超过了 7 000 km，许多国际大都市拥有完整的轨道交通系统，建成了复杂的轨道交通网络。在世界主要大城市中，如纽约、巴黎、伦敦、东京、莫斯科等具有发达的轨道交通系统，在公共交通中占了较高比重，是城市经济的重要组成部分。

1）巴　黎

巴黎（Paris）是法国的首都，市区面积 105 km^2，总面积达 1.2×10^4 km^2。巴黎市内交通具有轨道交通、公共汽车、出租车三种形式。其中轨道交通系统起到了核心骨干作用，现有 16 条线路穿行于巴黎城下，纵横交错，四通八达，可以将乘客送至巴黎市区的任何一个角落。除了 13 条穿行于城市和巴黎边缘的地铁外，还有 A、B、C、D、E 伸向不同方向的 5 条市域轨道交通线 RER（Réseau express régional），它们将巴黎与周围的远郊连成一体。巴黎地铁分为内城和外城两个系统，内城地铁标志是 M 即 Metro，运行范围在二环之内，该系统现在共有 16 条线，用数字编号 1-16 号表示，即 M1-M16；外城地铁标志是 RER，一共有 5 条线。巴黎城市轨道交通网络如图 1-1 所示。

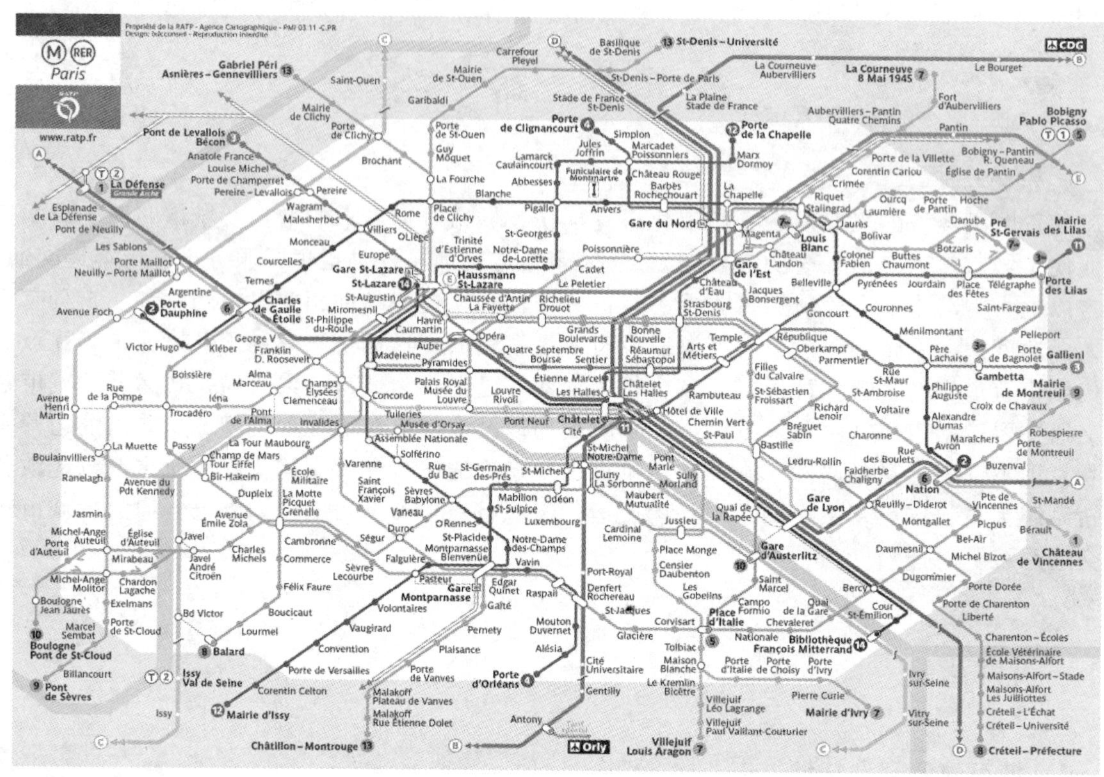

图 1-1　巴黎城市轨道交通网络

（1）内城地铁系统。

巴黎地铁网线路按东西、南北走向交替建成，均匀覆盖整个市区，内城地铁主要有以下几个特点：巴黎内城地铁网络线路较短、车站多，站间距离较小，最小站间距不足 200 m，平均站间距 579 m；网络密度大、大部分线路分布在市区地铁线路距中心区最大辐射半径仅 11.5 km，地铁网络呈蜘蛛网状，主要分布在巴黎市区，市区线路占总长度的 80%。

（2）外城地铁系统——城市轨道交通 RER 线。

巴黎是典型的多中心城市结构。经济现代化带来了城市人口的急剧增长，给城市交通造成了沉重的压力。为缓解交通紧张状况，实现早、晚高峰快速运送在远郊居住而在巴黎工作的人进出城，巴黎建设了快速轨道交通 RER 线路。RER 轨道线路呈放射状分布，全线采用穿城而过的形式，RER-A、RER-B 等几条城市轨道交通通过少量分支的形式将郊区新城、主要城镇和重要活动场所与市中心直接相连。RER 线运营组织方式灵活，为了适应客流不均的特点。距离市中心 15 km 半径范围内每 15 min 发 1 列车，距离市中心 30 km 范围内每 30 min 发 1 列车。在高峰时段内，列车数量根据运量的需求来决定，一般为平峰时段的 2 倍，有时达到 4 倍，线路车站间距如表 1-1 所示。

RER 线路与巴黎的其他轨道交通系统相连，由 RATP（巴黎大众运输公司）和 SNCF（法国国营铁路公司）共同经营管理，以 Gare du Nord 站为分界点，北延伸段为 SNCF 管理，南延伸段为 RATP 管理。

表 1-1　巴黎 RER 线站间距离

RER 线路	线路长度（km）	车站数	平均站距（km）	经营公司
A 线东支线	75	35	2.2	巴黎公交总公司（PATP）
B 线南支线	40	33	1.25	
B 线北支线	42	15	3	法国国营铁路公司（SNCF）
C 线	169	73	2.35	
D 线	35	10	3.9	
A 线西支线	45	9	5.6	

（3）区域快速轨道 RER 线与内城系统地铁的区别。

① 服务的范围不同。

内城地铁网络总长 211.3 km，由 15 条线组成，平均线路长度约为 15 km，其主要服务于巴黎市中心地区。而区域快速线是服务整个大巴黎地区的，该网络规划为 6 条线路，总长 700 km，线路平均长度 100 km，服务面积扩大到了 8 400 km^2 左右的范围。A、B、C 三条 RER 线路每天合计运送乘客 100 多万人。

② 站间距离不同。

RER 网络站间距离较大，平均站间距 2.27 km。例如，在离巴黎 25 km 的戴高乐机场旁就有 RER 车站，走下飞机的乘客先乘机场提供的免费公共汽车到 RER 车站，然后搭乘 RER 车，半小时之内便到达市区，再换乘地铁或公共汽车，能够很快到达目的地。

③ 编组数量。

RER 列车在高峰时采用 9 辆编组，列车长度远超地铁，巴黎地铁列车多为 5 辆编组，少数线路使用 6 辆编组。因此，RER 车站站台规模也大大超过地铁站。巴黎最大的夏特莱车站是多条地铁站的交汇点，其中 RER 列车站站台长 315 m、宽 82 m，是目前世界上最大的地下车站站台。

2）伦　敦

英国首都伦敦土地面积 1 579 km^2，人口约 730 万。伦敦地铁运营至今，在几个方面堪称世界之最：第一，地铁通车全世界最早，第一条路线于 1863 年开始运营，其后线路不断增加和扩延；第二，伦敦地铁网在全世界是最密集和复杂的，目前共有 12 条线路，275 个车站，几十个交汇换乘点；第三，伦敦地铁和各种指示标识也是最多最方便的，换乘站换乘线路、车站出口及每个出口都通向地面场所，都有清楚标志。伦敦地铁总长度超过 400 km 的线路网，有 160 余 km 的线路位于隧道内，其中 96 km 长的隧道采用明挖法施工。线路的最大坡度为 33‰。旧线的最小曲线半径为 100 m，新建的为 402 m。大伦敦是一个长宽各 40 km 的城市，环状划分为一到六区，12 条地铁线在 6 个区里纵横交错，其中 11 条穿过市中心所在的一区。不少一区的车站像贝克街一样，必须在地下修建成上下若干层，以供几条线路同时使用。随着城市的发展，几乎所有的地铁线路都建设了延长线。

伦敦有多条连接伦敦市中心与外伦敦区的轨道交通线，其中这些线与市中心地铁是直接接驳的，向郊区地区辐射、主要承担至伦敦中心区的通勤出行等交通任务。以伦敦地铁环为中心，向东南地区高密度辐射，主要承担至伦敦中心区的通勤出行任务。伦敦郊区铁路终止于地铁环线周围，但与东京不同的是这些郊区铁路终点站不在地铁环线上，地铁与郊区铁路间不能实现过轨运输。郊区铁路（国铁）与地铁线路之间是通过铁路车站大型换乘枢纽实现的，郊区铁路进入市区的乘客必须在换乘枢纽站换乘地铁进入中心区。伦敦地铁通过不同的颜色区分不同的线路，如图 1-2 所示。

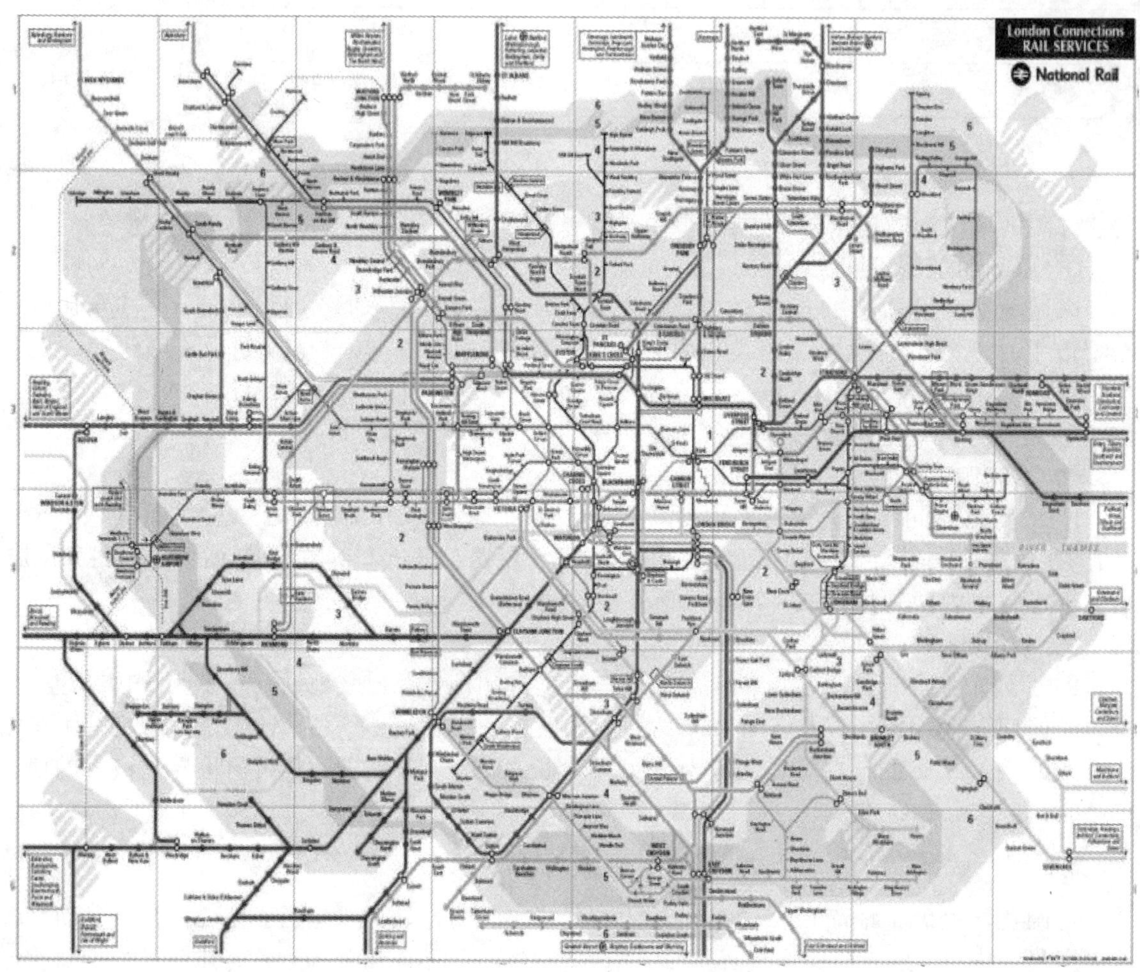

图 1-2　伦敦城市轨道交通网络

伦敦地铁主要由英国地铁公司管理，该公司成立于 1985 年，下设许多专业管理部门，铁轨、信号、车站管理、保安、服务等各部门之间分工协作，从成立到现在，已经形成一整套严格有序的管理模式。

3）东　京

东京地铁是服务于日本东京都区部及其周边地区的城市轨道交通系统，目前由东京都交通局，京王地铁，小田急电铁等公司共同营运 13 条线路。东京地铁于 1927 年 12 月开通银座至浅草寺路段，东京由此成为亚洲最早拥有地铁的城市。东京地铁系统拥有 285 个车站，线路总长 312.6 km（不含与私营铁路直通运转的路段），日平均客流量为 1100 万人次，是世界上客流量最大的地铁系统。

东京的地铁网络呈放射状，即线路均从中心区向山手环线辐射；线路在中心区形成轴线走廊，大部分线路绕经中心区与城市主轴走向一致，轨道线路在中心区形成线束。地铁线路离中心区最大辐射半径为 18 km，地铁网络星型方向状主要分布在山手环线和地铁环线内及环线附近约 100 km^2 的中心区。地铁线网主要覆盖中心区，每条路线都与环状运行的 JR（Japan Railway）在山手线上车站交会，其中包括几个 JR、私营铁路与地下铁路线共同汇集的大型转运站（例如东京站、池袋站、新宿站与涩谷站）。多条地铁线路能够与部分 JR 线及其他私营铁路线相互直通运转，整体服务范围涵盖东京都、神奈川县、埼玉县与千叶县。东京地铁线路图如图 1-3 所示。

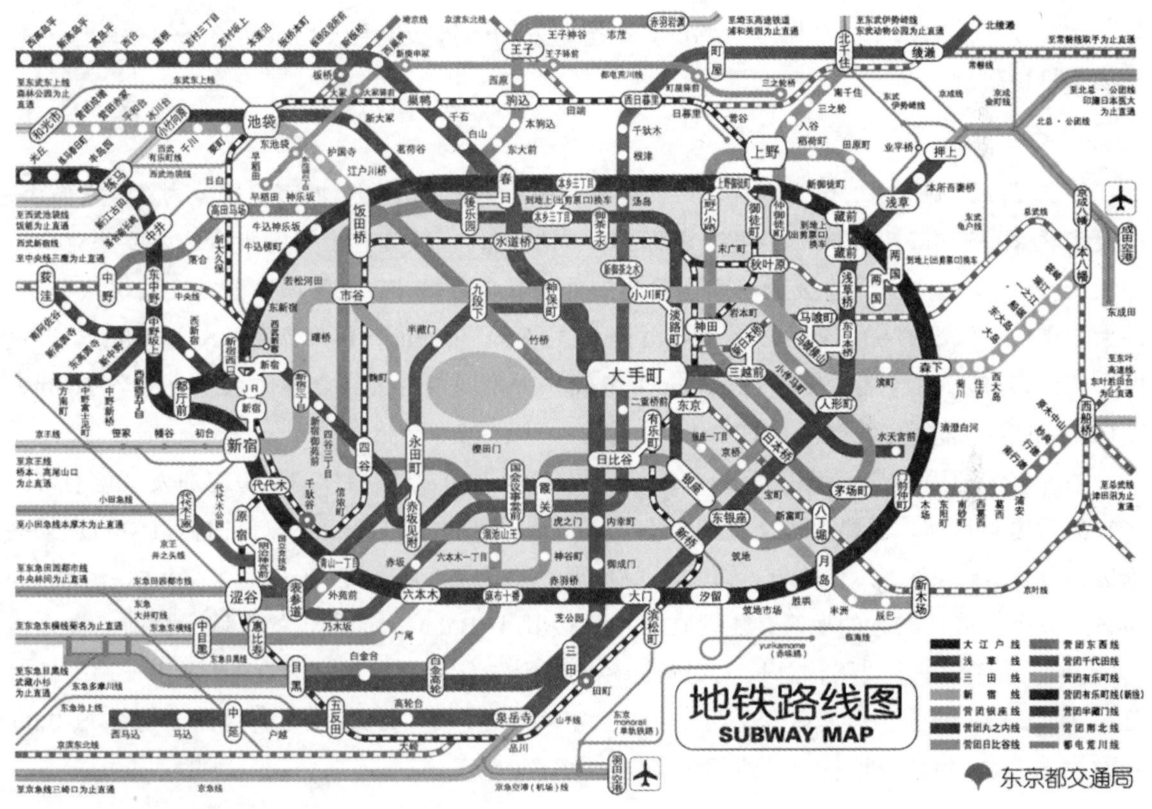

图 1-3 东京地铁线网示意图

东京都市圈都市轨道交通由私营铁路和 JR 系统线路组成，从山手线向外辐射，承担市域快速线的运输任务。

东京的私营铁路有东急线、小田急线、京急线、西武线、京王线、东武线和京成线等。东京私营铁路系统以山手环线为终点站，向外辐射，首都圈的私营铁路由 20 多家私营铁路公司运营管理，全长 996 km。

东京都市圈内的 JR 系统包括山手环线、远郊武藏野环线以及东京站为中心向首都圈其他地区 5 个主要方向辐射的放射状线路，形成放射环状 JR 轨道交通网，辐射半径达 50 km 以上，总长约 876 km。

东京市域快速轨道交通与市区地铁的衔接主要通过以下几种方式来实现：一是在山手环线上建立大型换乘中心，实现私铁、国铁 JR 与市区地铁之间的相互换乘；二是城市圈内市际间通过国铁 JR 线直接进入中心区的东京中央火车站；三是在市区地铁线路与私铁间组织过轨运输，以实现不同轨道交通系统之间的零换乘。各民营线路与 JR 线路之间的联运使交通变得更加方便。

东京轨道交通线路及各线路相交的换乘节点星罗棋布。据不完全统计，仅武藏田环线以内，大小换乘节点数多达 112 个。节点上少则 2 条线路相交，多则 5 条线路交汇；东京站就可换乘 JR 新干线等 10 条线路。东京市城市轨道交通与其他大型客流集散点的衔接，主要表现在与东日本新干线和国际机场的连接换乘极为方便。新干线可在新横滨、品川、东京、上野、大宫等 5 站实施不出站换乘，成田、羽田两大国际机场更有专门的轨道交通线路深入到机场登机桥附近。

4）柏　林

德国是联邦制国家，设立联邦、州和地方三级行政管理体制，城市主要分为：特大城市，主要指联邦直辖市，即柏林、汉堡、不莱梅；大城市，一般为各个州的州府，如下萨克森州的汉诺威市；中小城市，主要为各州内除州府外的其他各城市。德国城市公共交通层次分明，特大城市、大城市的公共交通体系一般由地下铁路（U–Bahn）、市郊铁路（Stadtbahn）、有轨电车（StraseBann），公共汽车（H-Bahn）组成。中小城市的公共交通体系主要由 S-Bahn、H-Bahn 组成，部分小城市仅有 H-Bahn。

柏林市为德国首都，面积为 891 km^2，总人口为 350 万。柏林的轨道交通发展已有 100 多年的历史。目前，主要轨道交通工具有 U-Bahn、S-Bahn，U-Bahn 覆盖柏林市中心及某些郊区，全长 152 km，共有 170 个车站，站间距一般为 0.8 km，客流量为 4 亿人次；S-Bahn 覆盖距离市中心比较远的地区，主要在东柏林接驳 U-Bahn 未能覆盖的区域。目前已投入运营的 S-Bahn 有 16 个线路，总长 326km，客流量为 5 亿人次。柏林 S-Bahn 隶属于德国铁路公司 Deutsche Bahn，但其运营是与 BVG 紧密联系在一起的，事实上许多车站都是 S-Bahn 和 U-Bahn 线共用的。柏林地铁线网示意图如图 1-4 所示。

5）中国香港

香港位于中国南海之滨珠江口东侧，由香港岛、九龙半岛和新界组成，面积为 1 092 km^2，有 650 万人口左右。香港约有 90% 的市民使用公共交通工具。香港轨道交通网络，包括一条机场快线及五条地铁行车线：观塘线、荃湾线、港岛线、东涌线及将军澳线，全长 84 km，共有 44 个车站。香港地铁网络自 1979 年底分阶段通车，而东涌线及机场快速线也在 1998 年启用。机场快速线加强了机场与市中心的联系，机场的乘客可方便地换乘到达香港市中心的轨道交通，起到市域快速轨道交通线的作用。香港地铁和市域快速轨道交通线无论在客流量还是技术标准等均有一定的差别，两者的基本情况如表 1-2 所示。

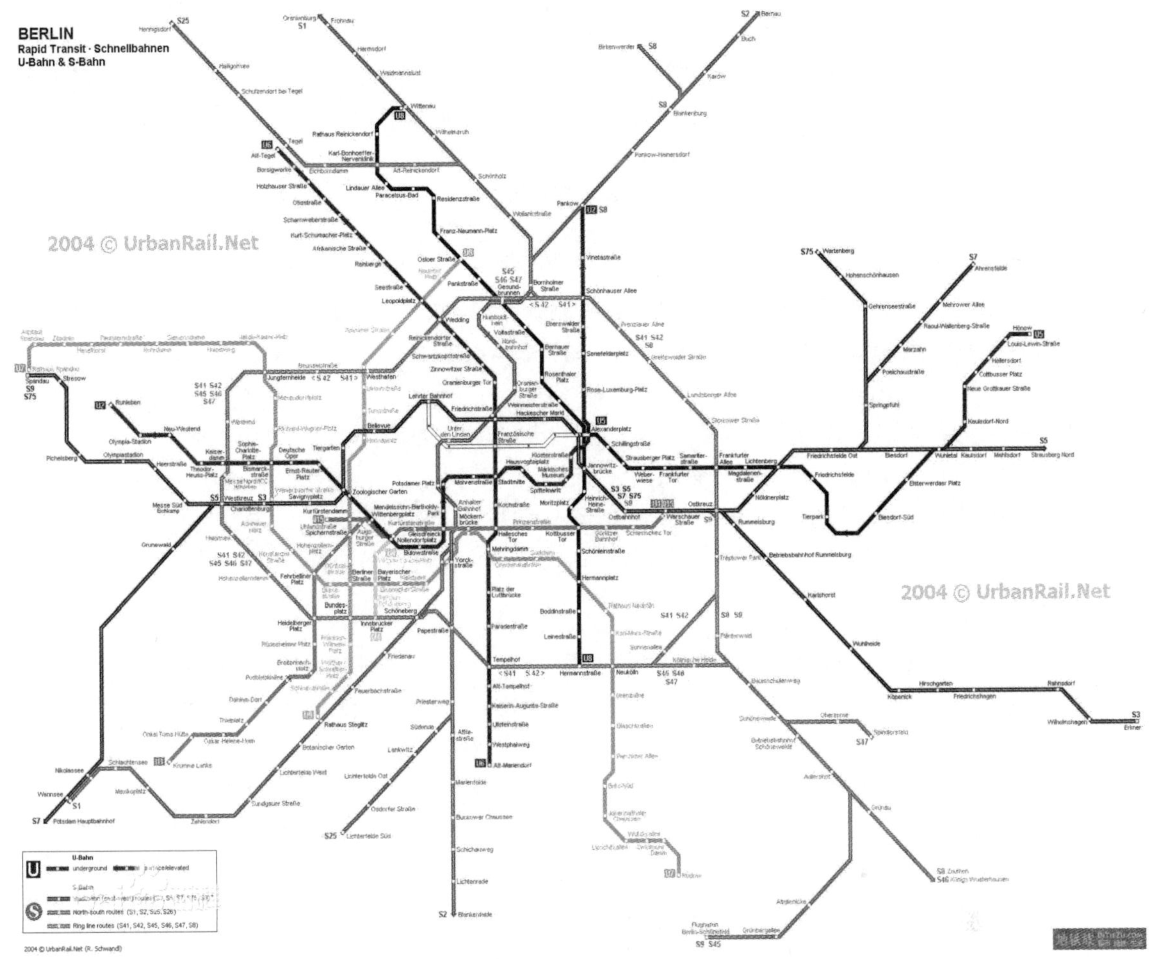

图 1-4　柏林地铁线网示意图

表 1-2　香港地铁和市域快速轨道交通线的区别

项　目	地　铁	市域快速轨道交通线
经营单位	香港地铁公司	九广铁路公司
运营类型	全部地铁	市域快速轨道交通线
线路长度	84 km	34 km
线路数量	5 条	1 条
车站数量	44 座	13 座
平均出行距离	4.8 km	10.5 km
运行间隔	高峰时间 1 min 52 s， 非高峰时间 3 ~ 10 min	高峰时间 3 min， 非高峰时间 5 ~ 6 min

从国内角度看，当前城市不断扩张，机动车更是超越道路设施发展速度而迅猛增长，交通拥堵问题愈加凸现，市民渴望畅顺出行的诉求也愈加强烈，一些城市疾呼政府提升公共交通服务，以进一步提升城市生活幸福感。此外，在城市人口和经济快速增长以及节能减排、

土地利用集约化等公共政策措施的强力推动下，建设城市轨道交通的呼声逐渐成为社会主流意见，并明确为城市未来可持续发展的系统工程和民生工程。截至 2014 年 6 月，我国已经获批建设地铁、轻轨项目的城市共 36 个，超过 70 条地铁线路正在建设，北京、上海、广州等城市轨道交通系统已进入网络化运营阶段。

6）北 京

北京地铁一号线从北京站至苹果园，全长 23.6 km，车站共 17 座，1969 年 10 月 1 日通车。二号环城线，全长 16.1 km，共 12 座车站，于 1984 年 9 月通车。而后一号线正向东延伸 13.6 km 到八王坟，再增建 12 座车站。地铁四号线起点为丰台马家堡，向北经菜市口大街、西单大街，由新街口向西，经西直门外大街至白石桥向北，沿白颐路、中关村大街、圆明园，终点为颐和园北宫门，线路全长 26.2 km，全部为地下线，共设 23 座车站。地铁五号线南起宋家庄，向北经东单、雍和宫，穿过北四环路后，由地下转至地面变为高架，沿北苑路继续北行，最终至昌平区的太平庄北，线路全长 27.6 km，共设车站 24 座。地铁八通线西起八王坟，东至通州土桥，全长约 19 km，共设 11 座地面车站。北京城市轨道交通线网如图 1-5 所示。

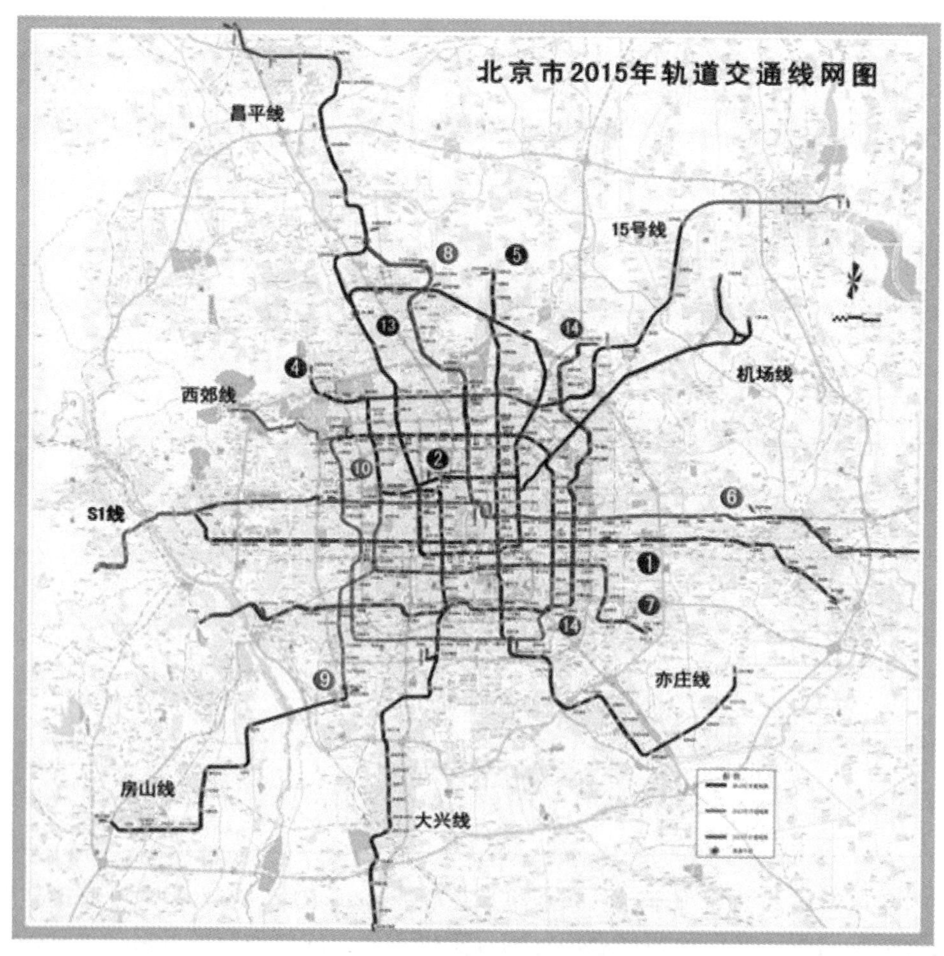

图 1-5 北京城市轨道交通线网

7）上　海

根据上海市最新进行的轨道网络优化方案，远期本市轨道交通网络由 17 条线路组成，其中市域快速轨道 R 线 4 条，市区地铁 M 线 8 条，市区轻轨 L 线 5 条，线网总长约 810 km，其中中心城内（外环线内）长度约 480 km。规划内容主要包括：

市域快速线（R 线）：由 4 条线路组成，总长 428 km。市域快速线主要分布在全市范围提供快速的交通服务，连接郊区新城、中心镇等重要地区，连接重要的对外交通枢纽（空港、海港、铁路客站等），构成全市范围的快速交通骨架。

市区地铁线（M 线）：由 8 条线路组成，总长 264 km。市区地铁线主要承担中心城的公共交通，疏解地面交通压力，采用高密度、大运量地铁系统为主，作为中心城公共交通的骨干。

市区轻轨线（L 线）：由 5 条线路组成，总长 118 km。市区轻轨线作为辅助线路，主要连接市域快速和市区地铁线，为局部区域提供交通服务，是前两级网络的补充。

在近期规划中，上海将建设延伸线 R2 线、M3 线，新建 R3 线、R4 线、M1 线、M5 线、M7 线、M8 线和 L4 线。上海城市轨道交通线网如图 1-6 所示。

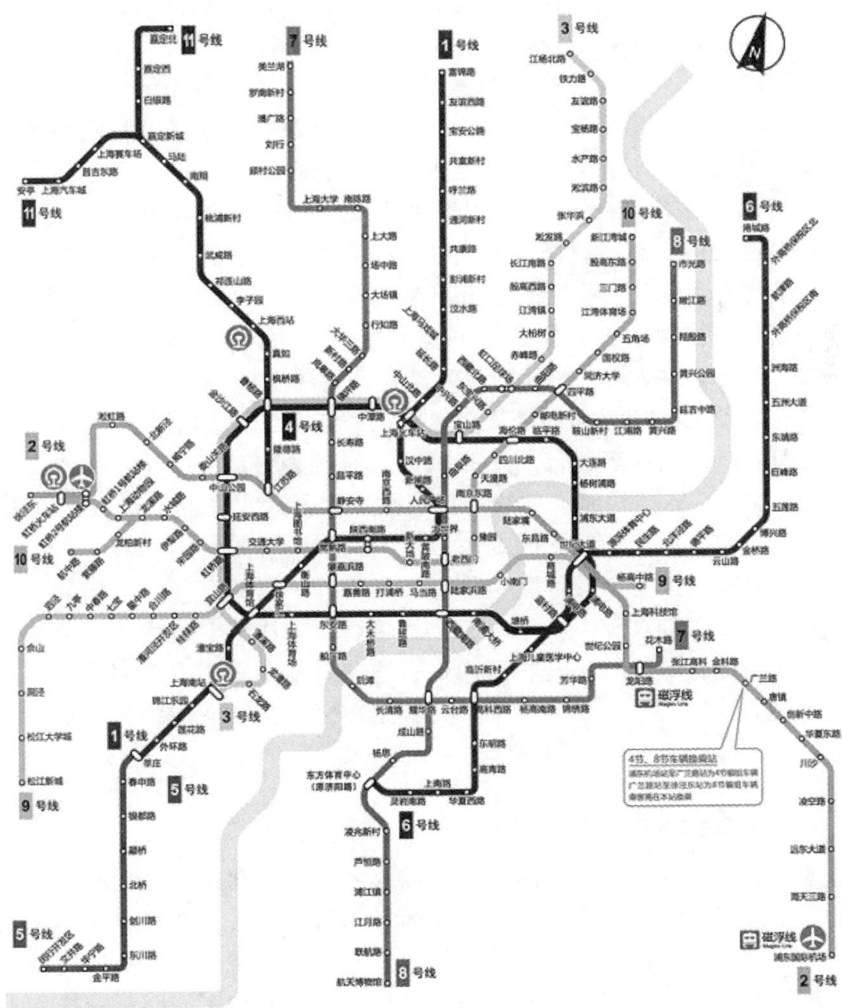

图 1-6　上海城市轨道交通线网

城市轨道交通是一种建设投资大、运营成本高的交通运输方式。城市轨道交通的运营成本高，很难做到运营盈利并收回投资。目前在世界的各大城市轨道交通中，除了中国香港地铁能做到投资回收、汉城地铁的盈利能弥补投资、新加坡和莫斯科地铁可以收支平衡运营外，绝大多数城市的地铁很难维持收支平衡[2]。降低运营成本对于城市轨道交通的发展具有重要的意义。

提高城市轨道交通的运营管理和运输组织水平是降低运营成本的重要方面。城市轨道交通是由线路、信号、车辆、车站等组成的复杂的、技术密集型的公共交通系统，只有各部门、各工种、各项作业之间相互协调配合，才能保证列车运行安全，提高运输效率。为保证运输任务的顺利完成，通常需要制定运输工作计划，对运输工作做出安排，以协调城市轨道交通各部门之间的工作。列车运行图是城市轨道交通系统的综合计划，在保证城市轨道交通运营各部门的相互配合和协调动作上起着重要的组织作用。

2. 轨道交通的智能化发展方向

总体来说，世界城市轨道交通正在快速而有序地发展，未来轨道交通的发展方向是智能化，这对运营管理工作提出了新的要求。行车计划和运行图编制自动化技术的研发是城市轨道交通智能化发展的一个重要内容。

城轨与大铁路相比具有客流量大、阶段性高峰明显及变化大以及站间距离短、车站配线数量少、列车交路种类多、车底频繁上下线等特点。因此，与铁路列车运行图的编制相比，城轨列车运行图的编制有其自身的复杂性[4]。列车运行图编制工作是一项费时、费力的繁琐劳动。目前城市轨道交通列车运行图编制途径主要有以下两种方式：

（1）由列控系统编制。目前我国的城市轨道交通（如上海、广州以及香港等） 均采用了国际上先进的列车自动控制系统（ATC），具有列车自动运行（ATO）、列车自动防护（ATP）和列车自动监控（ATS）等功能。ATS 中的时刻表编辑器 TTE 是我国目前最先进的时刻表编辑系统之一。它有方便的操作界面，还提供了自动编译的功能，编表者只需将一些特定的数据输入到 TTE，即可以得到列车运行图 TGI 及列车时刻表 BTT。但是它无法实现列车计划运行图的“自动编制”，在 Y 型线路、共线运行线路上需要人工介入，优化运行图的编制。

（2）人工编制。城轨列车运行图的编制由人工依靠经验并借用 Excel、AutoCAD 等第三方工具完成[4]。每编制一张列车运行图，往往要花费近一周的时间，工作量大，费时费力，难以适应城轨列车运行图随客流、技术设备、运输组织方法的变化而经常调整的需要，也不适应城市轨道交通智能化的趋势，现在国内地铁线路基本不采用人工编制。

以上编图方式的编制质量得不到保证，尤其是在复杂交路或网络环境下，不能适应轨道交通的智能化发展趋势。

3. 轨道交通行车组织方式的多样化

由于城市地理形态和区域规划的多样性，以及客流在时间与空间上的不均衡性，我国城市轨道交通网络建设和运营过程中，部分线路的行车组织方式也变得多样化，且越来越具复杂性，其中最显著的一个特征是列车交路种类的多样化。当城市轨道交通线路较长，客流分布不均衡，或者线路结构呈网络特征时，通过合理、可行的列车交路来安排列车输送能力能够充分利用有限资源，在不降低服务质量的前提下节省运输成本。无论是从线路结构特征还是从客流特征出发，城市轨道交通线路的开行计划必然要从传统单一交路形式逐步发展为更为复杂的交路形式。目前城市轨道交通交路一般可分为单一交路、分段交路、大小嵌套交路、交错运行交路和“Y”（双“Y”）型交路等形式[5-8]。除单一交路之外的其余交路均可称为复杂交路。复杂交路中的部分线路存在共线区段，将此类交路称为共线交路。在共线区段上，不同交路上的列车共同分担客流，且列车运行相互干扰，行车计划和列车运行图的编制具有较高的复杂性，需要综合考虑客流特征，运营主体利益，路网结构以及车底运用等多种因素。实现共线交路模式下行车计划和列车运行图的优化编制是我国城市轨道交通企业运输组织中亟待解决的问题。

4. 轨道交通的网络化发展方向

我国大城市轨道交通网络化进程正在快速推进，运营管理方式正在由单线独立运营管理向多线综合运营管理的方向转变。换乘是城市轨道交通不可避免的问题，乘客一般需要经过多次换乘才能到达目的地。为了充分满足乘客需求，需探讨整个轨道交通网络的衔接，获得良好的网络运营效果。满足乘客换乘需求，需从两个方向努力，一是技术设备的协调，二是运输组织的协调，本书的研究属于后者。列车运行图是城市轨道交通运输组织的一项综合性计划，其编制的质量直接影响到系统运营的安全与效率。因此，实现网络模式下城市轨道交通列车运行衔接协调对从网络整体角度优化出发，充分发挥轨道交通网络的整体效能，提高城市轨道交通网络化运营效率与服务水平，满足乘客出行需求等，都具有重要的理论意义和实用价值。

1.2 国内外研究现状

“城市轨道交通”“行车计划”“列车运行图编制”“网络列车运行衔接协调”等的研究现状如下：

1.2.1 城市轨道交通

近几年来，我国大规模修建城市轨道交通，由此也引发了众多学者对城市轨道交通的研究热潮。从 cnki 上查得的 1996—2012 年“城市轨道交通”的学术关注度趋势如图 1-7 所示，从图可以看出，自 1997 年起，城市轨道交通的学术关注度逐年上升。该学术关注度根据已检索文献的主题统计得到。

目前国内外有关城市轨道交通领域的研究主要集中在三个大的方面：一是宏观角度的研究，内容包括城市轨道交通所有制形式、建设期间投融资模式以及城市轨道交通企业架构等[9-12]；二是技术层面的研究，主要包括列车运行控制系统、售检票系统、旅客服务信息系统以及综合监控系统等的关键技术研发[13-15]，其研究和应用的主要目的在于运用科学技术提高服务质量和运营效率，保证行车安全；三是运输组织层面的研究。本书研究的着重点在第三方面。

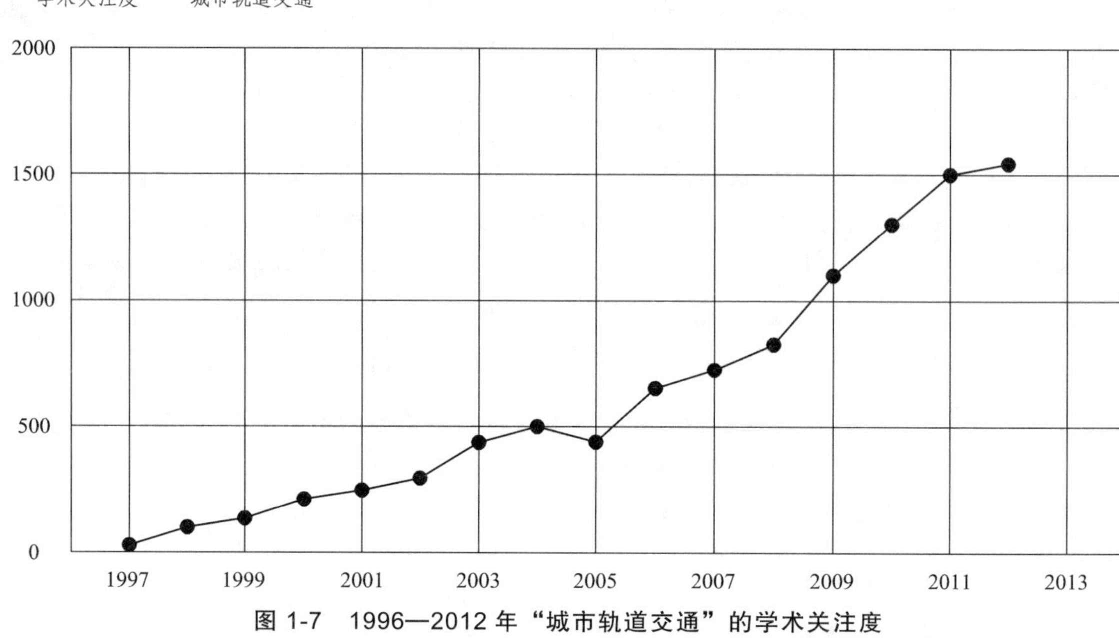

图 1-7 1996—2012 年“城市轨道交通”的学术关注度

对于城市轨道交通运输组织，我国部分学者进行了系统研究，并出版了专著。1998 年，由季令主编的《城市轨道交通运营组织》[82]对城市轨道交通客流预测、全日行车计划、车辆配备计划、列车运行图、通过能力以及列车运行组织等问题进行了全面研究，为本书提供了重要的参考。2000 年，由张国宝主编的《城市轨道交通运输组织》[16]对城市轨道交通运输组织领域的诸多关键问题，如客流预测、调查与分析，运输计划编制，列车运行图理论与编制，运输能力计算，列车运行组织，车站工作组织，调车工作组织，行车安全以及运输经济分析等内容进行了全面而深入的研究。2001 年，毛保华等人主编的《城市轨道交通运营管理》[1]详细阐述了国内外城市轨道交通的发展史、基本类型与相关技术经济特性，系统地分析了城市轨道交通系统规划理论，详细介绍了轨道交通系统运营组织、车站与线路设计的基本方法与相关技术要求等。2003 年，何宗华等人编写了《城市轨道交通运营组织》[17]，结合了轨道交通的发展，对行车组织中的关键问题以及客运管理等进行了系统分析和研究。2007 年，何静[18]编写的《城市轨道交通运营管理》对运输计划与运输能力、列车运行组织与调车工作、客流预测与分析、车站工作组织、运价与票务管理、轨道系统运营分析等问题进行了系统分析和研究。

北京交通大学房宵虹在博士论文[19]中对城市轨道交通网络化运输组织进行了定义，在对网络化协调内涵进行分析的基础上构建了城市轨道交通网络化运输组织协调理论研究的基本体系，对城市轨道交通路网客流分配方法、跨站停列车的停站时间、路网各线路上列车开行密度配置方案以及低峰网络多向列车运行图优化等诸多问题进行了深入研究。北京交通大学周艳芳在博士论文[20]中提出了城市轨道交通网络列车运行计划一体化编制理论框架，设计了城市轨道交通网络列车运行计划一体化编制的机制、流程，提出城市轨道交通网络列车运行计划一体化编制理论框架；对客流量相似的时段进行聚类，划分线路客流时段，以此作为列车发车频率变化的依据；基于多方案反馈交互决策满意度方法，设计了城市轨道交通线路列车发车频率；基于极大代数和循环排队网络的线路层构建了列车运行计划编制模型。黄荣在博士论文[21]中系统研究了共线、多列车交路、快慢车行车计划等运输组织模式下的网络化运营方法和实施技术；提出了共线运营模式下的票额清分算法及具体实施方案；研究了多列车交路模式下通过能力最大化的评估方法以及行车组织模式；以网络乘客的总体效益最大化为目标，构建了关于跨站选择的多目标线性模型。以上专著和文献为本书提供了重要参考。

1.2.2　行车计划

行车计划规定了城市轨道交通各时间段内的列车开行对数。本书重点研究大小交路模式下行车计划的编制。行车计划的编制需要综合考虑多方面因素：行车计划的基本要求是满足客流需求；在城市轨道交通系统中，列车在固定的轨道上顺序运行，由于线路、车站的能力是有限的，列车之间需满足一定的开行间隔。

文献[22]给出了各种循环方式下车底运用数下界的数学计算公式，研究了轨道交通多个循环区段上的开行方案，建立以最大化列车实载率和最小化时间分段数为目标的优化模型，采用分步优化的方法确定行车计划，但模型中未考虑乘客出行成本。文献[23]从乘客效益、社会福利等角度研究了城市轨道交通发车间距模型。文献[24]以乘客满意度和企业满意度加权平均值最大为总体目标的行车间隔时间优化模型，并在一条具体的实例线路上演示了计算和分析的过程。文献[19]研究了路网模式下不同折返模式下和不同停站模式下的单线路列车开行密度，并对网络模式下列车开行密度的路网传播进行了分析。文献[20]基于多方案反馈交互决策满意度方法的城市轨道交通线路列车发车频率优化设计，将列车发车频率设计问题看作多目标单变量决策问题进行建模，以运营成本和乘客成本以及运营虚糜惩罚最小为目标设计了列车发车频率优化模型，针对线路对运能供需协调度的差异性需求，设计了基于交互满意度的城市轨道交通时段列车发车频率求解方法。文献[25]从客流分布特性、列车交路形式和服务水平三个方面阐述了影响行车间隔的主要因素，并分析了不同的行车间隔对实际客流需求以及系统运输能力的影响，给出变化趋势曲线。

以上关于城市轨道交通行车计划的研究为本书提供了参考，但是本书重点研究大小交路模式下行车计划的编制，国内对该课题的研究极少。但国外学者 Furth、Delle Site、Ceder、Alejandro 对折返策略（short-turn）下城市地面公交的调度问题进行了较为深入的研究。文献[26]以公交车辆满载率为约束确定各交路车辆开行比例（schedule mode），但未考虑运营成本和乘客成本。文献[27]以最小化乘客出行成本和企业运营成本为目标，建立了车型（vehicle size）、发车频率（frequency）和相对行车间隔（relative offset）的优化模型，但未考虑乘客途中等待时间。文献[28]采用“广义成本平方根”（the square root formula of the generalized cost）的方法推导各交路上车辆开行频率的计算公式。以上文献为本书提供了重要的参考意义，但是地面公交系统与城市轨道交通系统的线路设备、移动工具的特征均不相同，以上文献中的研究成果不能直接应用于城市轨道交通系统。

1.2.3　城市轨道交通列车运行图

国有铁路与城市轨道交通在列车运行图编制方面有较多的共性，但是这不意味着可以完全照搬国有铁路列车运行图的编制理论和方法，原因在于城市轨道交通客流具有流量大、阶段性高峰明显及变化大、站间区间距离短、车站配线数量少、列车开行交路种类多、车底频繁上下线等特点，城市轨道交通列车运行图编制具有其自身的复杂性。城市轨道交通列车运行图编制需综合考虑列车不同时间段的行车间隔、车底数量及应用、列车交路、车场布置和列车出入库方式等因素[4]。不同的行车组织模式下，列车运行图的编制方法也不相同，下面将从长交路模式、共线交路模式和网络模式下列车运行衔接协调三个方面来阐述城市轨道交通列车运行图编制的研究现状。

1. 常规交路模式下运行图编制理论

目前国内外已有文献对城市轨道交通的列车运行计划，尤其是列车运行图编制理论和方法方面的研究比较少。

1）国内相关研究成果

文献[62]在对城市轨道交通线路和列车属性进行数学描述的基础上，以车辆段设置地点为核心，提出两站图和三站图编制理论，设计了分层顺序和反序推点算法来计算列车在中间站的到、发时刻，并以分时段列车等间隔时间运行为目标函数，构建了城市轨道交通列车运行图的通用数学模型并结合实例进行了验证。文献[4]对计算机编制城市轨道交通列车运行图的关键问题进行了探讨，研究了城市轨道交通列车运行图计算机编制过程中的行车间隔、车底数量、运行周期之间相互影响和制约的关系、列车出入库运行线的编制、过渡时间段列车运行线的编制、大小交路列车开行数量的匹配等问题。文献[65]介绍了北京交通大学 CBTC 系统中列车运行图系统采用的总体算法，并对折返站运行图绘制、高峰与非高峰时间段过渡运行线绘制、列车出入库线的绘制等实现难点进行了详细阐述。文献[66]对城市轨道交通车体运用计划编制模型进行了研究，建立了交路产生和车体配置的模型，并对求解方法进行了探讨。

2）国外相关研究成果

Christian Liebchen[67]介绍了柏林地铁所使用的列车运行图编制系统。系统基于事先建立的图论模型和周期性事件调度问题（PESP）而开发，在 2005 年柏林地铁运行图的编制中取得良好效果，编制的运行图有效减少了乘客在站等待时间和换乘时间，并节省了一组车底。J.E.CURY 等[68]介绍了巴西圣保罗南北线所采用的列车运行图自动编制方法，这种方法是基于建立分析模型来模拟城市轨道交通系统中列车和旅客的特征，通过考虑列车的服务水平、列车运行线的数量、列车的可靠性等因素来自动产生最优列车运行图。文献以早高峰时段列车运行线的铺画为例进行了验证，确定了良好的效果。Wanderson O. Assis 等[69]，介绍了利用预测控制公式的线性规划模型来计算地铁线路最优列车运行图的方法。模型由描述列车间隔时间变化和地铁沿线旅客乘降的动力学方程组成，并考虑客流量随时间的变化和相关的安全和操纵限制以使模型具有实用性。模型还考虑了旅客在站等待时间、旅客舒适度和可用车底数限制等因素。所建立的模型计算速度快，能够产生实际可用的优化方案，并能有效地处理不同时间段过渡列车运行线的铺画。

2. 共线交路模式运行图编制理论

列车运行交路对运行图编制的影响较大，当部分线路存在共线区段时，不同线路上的列车运行线相互干扰和制约，运行图编制难度大，本书重点研究城市轨道交通共线交路上列车运行图编制。目前国内外对于城市轨道交通复杂交路运输组织的研究，多集中在合理交路模式的选择，如文献[5-8]，而对共线交路模式下列车运行图的研究较少。

文献[63]分析了城市轨道交通的网络结构和客流特征条件下的共线交路形式，研究了共线交路情况下列车运行图底图结构设计、车底套跑与非套跑的运用方式、列车运行间隔的合理匹配、列车首末班车与换乘节点站衔接方案的优化、车场的有效利用以及列车延误影响等问题，对共线交路情况下列车运行图的铺画流程和方法进行了探讨。文献[64]对大小交路列车运行图铺画中行车间隔、车底数量、运行周期之间相互影响和制约、列车出入库运行线的自动编制、高峰与非高峰时间段过渡运行线的编制、大小交路列车运行图的铺画等关键问题进行深入分析，对大小交路条件下城市轨道交通运行图编制方法和折返进路选择模型进行了研究，但未涉及列车折返与正线列车运行冲突的调整策略。

3. 网络模式下列车运行衔接协调

城市轨道交通网络模式下列车运行衔接协调的关键是对列车在各换乘站的到发时刻建立良好的衔接匹配，以提高乘客换乘效率，及时疏散车站换乘客流，提升服务水平。随着我国城市轨道交通网络的形成和大规模建设，列车运行衔接同步协调优化问题已受到国内外学者的广泛关注。

1）国内相关研究成果

文献[72]从城市轨道交通列车运行特征着手，分析了列车运行衔接的周期性，在此基础上建立了以最小化路网乘客总换乘等待时间为目标的网络列车运力衔接模型，并设计了基于偏好导向的递阶循环协调算法。文献[73]以乘客换乘分析和列车运行过程分析为基础，研究网络模式下的列车在换乘站的衔接同步协调问题，按照协调时段追踪列车间隔差异性，将城市轨道交通网络换乘协调分为列车间隔相等和列车间隔不等两种情形，分析了每个换乘周期的最小换乘等待时间的计算方法，以换乘等待时间最少、换乘不满意度最低及大客流优先为目标，给出基于换乘协调的面向路网客流的城市轨道交通列车换乘站到发时间控制问题的协调方法。运营协调性评价是衡量城市轨道交通网络系统运营组织效率的重要途径。文献[74]从网络系统整体、客流、运营计划和换乘枢纽等多个方面分析影响协调性的关键要素，建立网络化运营综合协调的评价体系，应用模糊评价策略，针对指标类型及特点，对轨道交通网络实例利用系统生成的协调方案评判，分析不同运营条件下改善协调的途径。文献[19]对低峰网络多向列车运行图优化等诸多问题进行了深入研究，其在各线路列车运行图已独立铺画完成的基础上，兼顾多线换乘衔接的便捷性和合理性，在保证运营费用不增加的条件下构造了一个基于衔接时刻协调的低峰网络多向列车运行图优化模型。同时，结合列车到发时刻在换乘节点内部的衔接与网络换乘节点间的外部协调，提出了一种分层协调的优化策略，最终通过整体平移线路列车运行图的运行线的方法实现了网络列车运行的综合协调。

2）国外相关研究成果

国外相关研究成果多侧重于城市地面公交系统。文献[75]建立城市轨道列车同步问题的双目标规划模型，采用 Pareto 最优方法求解。文献[76]应用用户费用模型，对公交径路规划，时间分配等的公交路网优化问题使用元启发方法求解。文献[77]以乘客费用最小化为目标，应用连续线性规划模型研究兼顾良好的车底接续及理想运行曲线的时刻表。文献[78]应用动态规划模型，以总旅行时间最小为目标对公交系统的换乘进行研究。文献[79]应用模糊蚁群算法研究客流总量近似实际值时的公交系统换乘。文献[80]提出了公交系统运行图协调编制的混合整数规划模型，其将协调视为公交车同时到站，优化目标是最大化同时到站的公交车数量。文献[71]对文献[80]进行了改进，将协调视为带有一定间隔时间窗口的公交车同时到站，建立了混合整数规划模型，并设计了启发式算法，对本书提供了重要参考。文献[81]以最小化路网乘客总换乘等待时间为目标，建立了关于轨道交通网络列车运行图协调编制的单目标混合整数规划模型，并以香港城市轨道交通系统为例验证了模型的正确性，但该文中仅研究了同台换乘方式。

以上研究成果中，文献[72]、[73]对本书的借鉴意义较大，该文献充分利用了协调的周期性特性，深入研究每一个周期内最小换乘时间的计算以及换乘时间的分配策略，但这种方法是在研究时段内列车行车间隔不变的前提下实施的，实际的城市轨道交通网络中高低峰时段的划分大致相同，但又不完全相同，选取路网的某个时段作为协调时段，在该协调时段内，部分线路会存在两个运营时段的列车运行线，因此在同一个协调时段内，列车发车间隔并不是完全一致的，基于列车运行的周期性进行换乘时间的分配策略在路网运行衔接协调中具有一定局限性。

4. 列车运行图编制算法理论基础

本节主要对列车运行图编制的相关算法的理论基础进行阐述，为后文模型的建立与求解打下基础。重点阐述了列车运行图的概念、特征、要素、编制原则、步骤，以及多目标优化方法、禁忌搜索算法和大系统优化方法。

1）多目标优化方法

多目标最优化主要研究在某种意义下多个数值目标的同时最优化问题。自 70 年代以来，对于多目标最优化的研究，在国际上引起起了极大的关注和重视。多目标最优化的起源可以追溯到经济学中 A. Smith（1776）关于经济平衡和 F. Y. Edgeworth（1874）对均衡竞争的研究[101]。特别是，著名经济学家 V. Pafeto（1896，1906）在经济福利理论的著作中，不仅提出了多目标最优化问题，并且还引进了 Pareto 最优化的概念。这对于多目标最优化学科的形成起着十分重要和深远的影响。多目标最优化问题的数学模型为：

$$\min_{x\in R}(f_1(x), f_2(x), \ldots, f_p(x))^{\mathrm{T}} \quad (1\text{-}2)$$

$$\text{s.t} \quad g_i(x) \leqslant 0 \quad (i=1,2,\ldots,m) \quad (1\text{-}3)$$

$$h_j(x)=0 \quad (j=1,2,\ldots,l) \quad (1\text{-}4)$$

$$x \in R$$

现实世界的大多数最优化问题都要涉及许多个目标，因此，多目标优化问题在实际应用中较为广泛。将多目标优化模型转化为单目标优化模型是求解多目标模型的一个重要方法。多目标转化为单目标问题的方法主要有主要目标法、线性加权和法、极大极小法、理想点法、安全法等[101]。

（1）主要目标法。

主要目标法的基本思想是在多目标优化问题中，根据问题的实际情况，确定一个目标作为主要目标，而把其余目标作为次要目标，并根据决策者的经验，选取一定的界限值。这样就可以将次要目标作为约束来处理，于是就将多目标问题转化为在一个新的约束下，求主要目标的单目标最优化问题。

例如，在上述多目标优化模型中，假设将 $f_1(x)$ 作为主要目标，而其余 $p-1$ 个目标有一组允许的界限值 a_j，这样就将原问题转化为以下新模型：

$$\min_{x\in R} f_1(x) \tag{1-5}$$

$$\text{s.t.}\quad g_i(x)\leqslant 0 \quad (i=1,2,\dots,m)$$

$$h_j(x)=0 \quad (j=1,2,\dots,l)$$

$$f_j(x)\leqslant a_j \quad (j=1,2,\dots,p-1) \tag{1-6}$$

$$x\in R$$

（2）线性加权和法。

线性加权和法就是按照 p 个目标 $f_j(x)$ (j=1,2,...,p) 的重要程度，分别乘以一组权重系数 λ_j，然后相加作为目标函数，再对此目标函数在原约束集合上求最优解，即构造如下的单目标问题。线性加权和法是较为常用的方法，而且在理论中也有重要的意义。

$$\min_{x\in R}\bigcup(x)=\sum_{j=1}^{p}\lambda_j f_j(x) \tag{1-7}$$

$$\text{s.t.}\quad g_i(x)\leqslant 0 \quad (i=1,2,\dots,m)$$

$$h_j(x)=0 \quad (j=1,2,\dots,l)$$

$$x\in R$$

（3）极大极小法。

在对策论中，人们常遇到这样的问题，在最不利的条件下，如何寻求最有利的策略，在这个思想的启发下，对于极小化的多目标优化问题，如何把最大的目标值变成越小越好。因此，极大极小法是先求诸目标值 $f_j(x)$ $(j=1,2,\dots,p)$ 最大值，然后再求这些最大值中的最小值。按照上述基本思想，构造如下单目标优化模型。

$$\min_{x\in R}\bigcup(x)=\max_{1\leqslant j\leqslant p} f_j(x) \tag{1-8}$$

$$\text{s.t.}\quad g_i(x)\leqslant 0 \quad (i=1,2,\dots,m)$$

$$h_j(x)=0 \quad (j=1,2,\dots,l)$$

$$x\in R$$

（4）理想点法。

对于多目标优化问题，若决策者能够事先给每个目标函数 $f_j(x)$ $(j=1,2,\dots,p)$ 一个目标值 f_j^o，使其满足 $f_j^o\leqslant\min\limits_{x\in R} f_j(x)$ $(j=1,2,\dots,p)$，则称 $f^o=(f_1^o,f_2^o,\dots,f_p^o)^{\mathrm{T}}$ 为理想点。特别的，若

能求解出 $f_j^o=\min\limits_{x\in R}f_j(x)\ \ (j=1,2,\dots,p)$，则称 $f^o=(f_1^o,f_2^o,\dots,f_p^o)^{\mathrm{T}}$ 为最理想的点。理想点和最理想的点有时也称为理想点。

当已知理想点 $f^o=(f_1^o,f_2^o,\dots,f_p^o)^{\mathrm{T}}$ 时，我们在目标空间 R^p 中，适当地引进某种模 $\|\bullet\|$，并考虑在这个模的意义下，目标函数 $f(x)$ 与 f^o 之间的最小“距离”，考虑单目标问题模型如下所示，也即在约束集合 R 上，寻求目标函数 $f(x)$ 与 f^o 之间的“距离”尽可能小的解。

$$\min_{x\in R}\bigcup(x)=\|f(x)-f^o\| \tag{1-8}$$

$$\text{s.t.}\quad g_i(x)\leqslant 0\quad (i=1,2,\dots,m)$$

$$h_j(x)=0\quad (j=1,2,\dots,l)$$

$$x\in R$$

当给模 $\|\bullet\|$ 赋予不同的意义时，便可得到不同的理想点法，当然 $\|\bullet\|$ 的取法也并非是随意的，一般根据问题的背景或几何意义来构造，其中最短距离理想点法是一种较为常用的方法，该方法 $\|\bullet\|$ 将取做 R^p 中的 $\|\bullet\|_2$ 模，最短距离理想点法下的目标函数为：

$$\min_{x\in R}\bigcup(x)=\|f(x)-f^o\|_2=\sqrt{\sum_{j=1}^{p}(f_j(x)-f_j{}^o)^2} \tag{1-9}$$

（5）安全法。

安全法的本质是对线性加权和法中的约束集合再进一步加以限制，我们任取一个 $x^o\in R$，令 $R^o=\{x\in R\,|\,f(x)\leqslant f(x^o)\}$，$\bigcup(x)=\sum\limits_{j=1}^{p}\lambda_j f_j(x)$，然后在 R^o 上求 $\bigcup(x)$ 的极小值，即目标函数为 $\bigcup\limits_{x\in R^o}(x)=\sum\limits_{j=1}^{p}\lambda_j f_j(x)$。

2）禁忌搜索算法

禁忌搜索算法（Tabu Search，TS）是一种全局逐步寻优算法，是对人类智力过程的一种模拟，该思想最早由 Glover（1986）提出。TS 算法通过引入一个灵活的存储结构和相应的禁忌准则来避免迂回搜索，并通过藐视准则来赦免一些被禁忌的优良状态，进而保证多样化的有效探索以最终实现全局优化[92]。相对于模拟退火和遗传算法，TS 算法是一种搜索特点不同的启发式算法。TS 算法是一种通用的优化算法，目前在组合优化、生产调度、机器学习、电路设计和神经网络等领域取得了很大的成功，近年来又在函数全局优化方面得到较多的研究。

（1）禁忌搜索算法的基本思想和步骤。

TS 算法是对局部邻域搜索的一种扩展。局部搜索算法在启发式算法中应用较广。局部搜索算法是基于贪婪思想利用邻域函数进行搜索的。局部搜索算法的基本过程可以描述为从一个初始解出发，利用邻域函数持续的在当前解的邻域中搜索比初始解好的解，若能够搜索到如此的解，就以之成为新的当前解，然后重复上述过程，否则结束搜索过程，并以当前解最终解。由上可以看出，局部邻域搜索是基于贪婪思想持续地在当前解的邻域中进行搜索，搜索性能完全依赖于邻域结构的设计和初始解的选取，容易陷入局部最优而无法保证全局优化性。为了实现全局优化，可尝试的途径有：以可控性概率接受劣解来逃离局部最小，如模拟退火法；扩大邻域搜索结构，如 TSP 的 2-opt 扩展到 k-opt；多点并行搜索，如进化算法[92]。对于此问题，TS 采用的策略是设置禁忌表尽量避免迂回搜索，这是一种确定性的局部极小突跳策略。

禁忌搜索算法的基本思想是[92]：给定一个当前解（初始解）和一种邻域，然后在当前解的邻域中搜索若干个候选解，若最佳候选解对应的目标值由于“best so far”状态，则忽视禁忌特性，用其替代当前解和“best so far”状态，并将相应的对象加入禁忌表，同时修改禁忌表中各对象的任期；若不存在上述候选解，则选择在候选解中选择非禁忌的最佳状态为新的当前解，而无视它与当前解的优劣，同时将相应的对象加入禁忌表，并修改禁忌表中各对象的任期；如此重复上述迭代搜索过程，直至满足停止准则。禁忌搜索算法使用禁忌表记录已搜索的局部最优解的历史信息，这可在一定程度上使搜索过程避开局部极值点，从而开辟新的搜索区域。标准禁忌搜索算法的一般步骤可描述如下：

标准 TS 算法的一般步骤可描述如下：

Step1. 选定一个初始解 X_{now}；令禁忌表 $H=\varnothing$；

Step2. 若满足终止准则，转 Step 4；否则，在 X_{now} 的邻域 $N(H,X_{\text{now}})$ 中选出满足禁忌要求的候选集 $Can\_N(X_{\text{now}})$，转 Step 3；

Step3. 在 $Can\_N(X_{\text{now}})$ 中选一个评价值最好的解 X_{best}，令 $X_{\text{now}}=X_{\text{best}}$，更新禁忌表 H，转 Step2；

Step4. 输出计算结果，停止。

禁忌搜索算法的 Step2 中，X_{now} 的邻域 $N(X_{\text{now}})$ 中满足禁忌要求的解包括两类，一类是那些没有被禁忌的解，另一类是可以解除禁忌的解。

上述禁忌搜索算法可用流程框图直观描述，如图 1-8 所示。

从算法结构可知，邻域函数、禁忌对象、禁忌表和藐视准则，构成了禁忌搜索算法的关键。其中，邻域函数沿用局部局域搜索的思想，用于实现邻域搜索；禁忌表和禁忌对象的设置，体现了算法避免迂回搜索的特点；藐视准则，则是对优良状态的奖励，它是对禁忌策略的一种放松。

（2）禁忌搜索算法的关键参数和操作。

从算法流程可知，要设计一个禁忌搜索算法需要确定算法的以下环节[92]：

① 设置初始解，并确定合理的适配值函数；

② 邻域函数的设计和禁忌对象的确定；

③ 候选解的选择机制；

④ 禁忌表及长度的设置；

⑤ 藐视准则的设计；

⑥ 集中搜索和分散搜索策略的选择；

⑦ 终止准则的。

① 适配值函数

适配值函数的作用是对搜索状态进行评价，并结合禁忌准则和藐视准则来选取新的当前状态。适配值的选取根据优化问题的目标函数确定，一般将目标函数直接作为适配值函数或是将目标函数的变形作为目标函数。当计算目标函数值较为困难或需要的时间较长时，可以采用反映问题目标的某些特征值来作为适配值。其中，特征值的选取必须保证特征值的最佳性与目标函数的最优性一致。

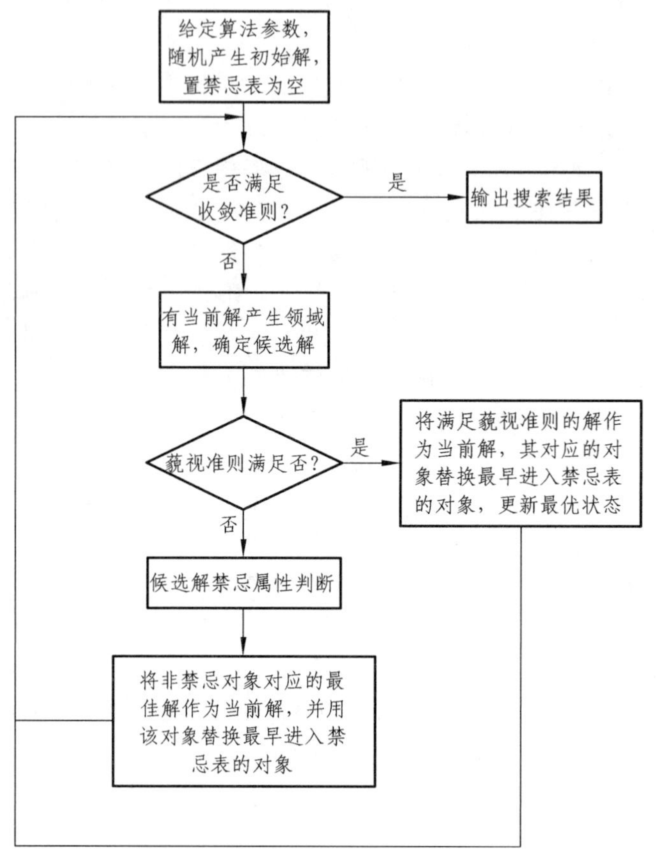

图 1-8　标准模拟退火算法流程图

② 禁忌对象。

TS 算法为了尽量避免迂回搜索而设置了禁忌表，禁忌对象是被置入禁忌表中的那些变化元素。以某个搜索状态而言，禁忌对象通常可选取搜索状态本身或状态分量，或者适配值的变化等。其中，以搜索状态本身或其变化作为禁忌对象是最为简单、最容易理解的途径。具体而言，当状态由 x 变化到状态 y 时，将状态 y 视为禁忌对象，从而在一定条件下禁止了 y 的再度出现。状态的变化包含了多个状态分量的变化，因此以状态分量的变化为禁忌对象将扩大禁忌的范围，并可减少相应的计算量。类似于等高线的原理，以适配值或其变化为禁忌对象则将处于同一适配值的状态视为相同状态，这在函数优化中经常采用。

③ 禁忌长度和候选解。

禁忌长度和候选解是 TS 算法的重要参数，在一定程度上影响着 TS 算法的性能。禁忌长度是禁忌对象在禁忌表中停留的任期，即是在不考虑藐视准则情况下不允许被选取的最大次数。禁忌对象只有在其任期为 0 时才能被解禁。候选解集是当前状态的邻域解集的一个子集。但是，在算法的设计过程中，较短的禁忌长度能够减少计算量和存储量，但是禁忌长度过短将造成搜索的循环。大量研究表明，禁忌长度的动态设置方式比静态方式具有更好的性能和鲁棒性[92]。禁忌长度的选取与问题特性、研究者的经验有关，它决定了算法的计算复杂性。同理，为了减小计算量和存储量，这就要求候选解集尽量小，但是候选解集过小将容易造成早熟收敛，陷入局部极小。对于部分组合优化问题，要做到整个邻域的择优往往需要大量的计算，因此可以根据一定的规则确定性或随机性地在部分邻域解中选取候选解，具体数据大小则可视问题特性和对算法的要求而定。

④ 搜索策略。

搜索策略是构造各种搜索算法和实现优化的关键，直接决定了算法性能。邻域搜索算法一般有三类搜索策略：一是贪婪策略，贪婪机制可构造局部优化算法；二是概率分布策略，概率分布机制可设计概率性全局搜索算法；三是系统动态演化策略，该机制可以设计具有遍历性和自学习能力的优化问题。局部搜索算法的搜索机制为贪婪机制，在搜索的过程中，一旦搜索到较优的解，就以该解替换当前解。

⑤ 搜索方式[102]。

搜索方式决定了优化结构，即每代有多少解参与优化。并行方式一般保留多个当前解，优化性能较好，但计算和存储量较大，串行方式始终只保留一个当前状态，处理简单，局部搜索算法一般多采用串行方式。

⑥ 邻域函数。

邻域函数是优化中的一个重要概念，其作用就是指导如何由一个（组）解来产生一个（组）新的解[92]。由于问题的编码不同使解空间的优化曲面形状和解的分布有所不同，邻域函数的设计往往依赖于问题的特性和解的表达方式（编码）。下面对邻域函数给出一个一般性的定义，并以 TSP 问题为例进行解释。

定义 2.1[92]　令 (S,F,f) 为一个组合优化问题，其中 S 为所有解构成的状态空间，F 为 S 上的可行域，f 为目标函数，则一个邻域函数可定义为一种映射，即 $N:S\to 2^s$。其涵义是，对于每个解 $i\in S$，一些“邻近” i 的解构成 i 的邻域 $S_i\subset S$，而任意 $j\in S_i$ 称为 i 的邻域解或邻居。

通常 TSP 问题的解可用置换排列表示，如排列（1，2，3，4）可表示 4 个城市 TSP 的一个解，即旅行顺序为 1，2，3，4。那么，k 个点的置换，也即 k-Opt，就可以认为是一种邻域函数。例如，不考虑由解的方向性和循环性引起的重复性，上述排列的 2 点交换，也即 2-Opt，对应的邻域函数将产生新解（2，1，3，4）、（3，2，1，4）、（4，2，3，1）、（1，3，2，4）、（1，4，3，2）、（1，2，4，3）。

邻域函数直接决定了邻域结构和邻域解的产生方式。当邻域结构确定后，候选解的产生方式是确定的，或随机性的，或混沌性的。就置换 Flow-shop 这类以置换为搜索状态的组合优化问题，常用的方法是互换（SWAP）、插入（INSERT）、逆序（INVERSE）等操作。

上面提到的 k-Opt 置换策略是组合优化问题中应用较为广泛的邻域结构设计策略，是改进解的一种经典的有效的方法，以 n 个节点的 TSP 问题为例，k-Opt 置换策略的基本思路是：以 TSP 问题的某一个可行解 s 为基础，从路径 s 的 n 个节点中选择 k 个节点进行互换，从而构成一条新路径 s'。较为常用的有 2-Opt 置换和 3-Opt 置换。k-Opt 的算法的时间复杂度为 $O(n^3)$。

⑦ 藐视准则。

在禁忌搜索算法中，为了实现高效的优化性能，对某些禁忌对象设置了解禁规则，称为

“藐视规则”，藐视规则一般可分为基于适配值的规则，基于搜索方向的规则和基于影响力的规则，其中，基于适配值的规则是较为常用的规则，在算法搜索过程中，记录全局的最优解，当某禁忌候选解由于此全局最优的时候，则藐视准则将使该禁忌候选解解禁。或者，可能会出现候选解全部被禁忌，此时应该设置藐视准则，使其对某些候选解解禁。

⑧ 终止准则。

一般的启发式搜索算法，如模拟退火、遗传算法均需要设置一个终止准则来结束算法，TS 算法也不例外。终止准则是判断算法收敛的标准，近年来，收敛理论领域得到较快的发展，为终止准则提供了明确的设计方案，但是理论分析所得的收敛准则往往都很苛刻，难以应用。实际设计时，可以选择与性能相关的近似准则，或兼顾质量和效率等多方面性能。严格实现理论意义上的收敛条件，即在禁忌长度充分大的条件下实现状态空间的遍历，对于大规模的组合优化问题，显然是不符合实际的，因此，在设计算法时常常给定一个近似的搜索算法。常用的方法包括[92]：

a. 给定最大迭代步数。此方法简单易操作，但难以保证优化质量。

b. 设定某个对象的最大禁忌频率，即：若某个状态、适配值或对换等对象的禁忌频率超过某一阈值，则终止算法，其中也包括最佳适配值连续若干步保持不变的情况。

c. 设定适配值的偏离幅度，即：首先估计算法问题的下界，一旦算法中最佳适配值与下界的偏离值小于某规定幅度时，则终止搜索。

（3）禁忌搜索算法的特点。

纵观算法流程，与传统的优化算法相比，TS 算法具有以下特点[92]：

① 在搜索过程中可以接受劣解，因此具有较强的爬山能力；

② 新解不是在当前解的邻域中随机产生，而或是优于“best so far”的解，或是非禁忌的最佳解，因此选取优良解的概率远远大于其他解。

由于 TS 算法具有灵活的记忆功能和藐视准则，并且在搜索过程中可以接受劣解，所以具有较强的爬山能力，搜索时能够跳出局部最优解，转向解空间的其他区域，从而增强获得更好的全局最优解的概率，所以 TS 算法是一种局部搜索能力很强的全局迭代寻优算法。但是 TS 也有明显的不足，即：

① 对初始解有较强的依赖性，好的初始解可使 TS 在解空间中搜索到好的解，而较差的初始解则会降低 TS 的收敛速度；

② 迭代搜索过程是串行的，仅是单一状态的移动，而非并行搜索。为了进一步改善禁忌搜索的性能，一方面可以对禁忌搜索算法本身的操作和参数选取进行改进，另一方面则可以与模拟退火、遗传算法、神经网络以及基于问题信息的局部搜索相结合。

3）大系统优化理论

（1）大系统分解协调方法。

大系统具有高维数、多变量、变量之间复杂耦合等特点，难以用一般的优化方法进行优化计算，必须采用大系统自身的理论和方法求解。大系统一般可以分为多个子系统，由于总目标与子系统目标之间、子系统目标之间一般都存在制约或矛盾关系，子系统的变量一般都存在耦合关系，因此一般求解的时候需要对大系统进行“解耦”，缩小问题规模，分解协调法是大系统常用的解耦方法[103]。分解协调法是将一个关联复杂的大系统，通过设置协调变量，介乎某些子系统之间的耦合关系，分解为若干个低级的相互“独立”的子系统，分别在这些子系统进行优化计算，然后在设置较高级的系统上建立协调准则，不断改善协调变量，最终使较低级的子系统的最优变成整体系统的最优。该方法的特点是层次分明，变量维数少，计算简洁，且更能够反映客观事物本身的结构。

分解协调法反映了大系统中各子系统既相互独立又相互联系的两重性特点。根据协调方式的不同，分解协调法又可以分为目标协调法和模型协调法。目标协调法是在协调过程中通过修正子系统的目标函数来获得最优解。模型协调法则是通过修正子系统的优化模型（约束条件）来获得最优解[103]。大系统分解的方法是分解协调法的关键，系统的分解层次应有恰当的限度，且同一分解层次的诸单元应有尽可能最大的独立性，即每个单元应具有最大的内聚度和最小的外部耦合度。将子系统之间相互联系的形式或方法称为系统的结构，递阶控制结构是较为常用的控制结构方案。

（2）大系统递阶控制方法。

在设计大系统结构方案时，应用最为广泛的是递阶控制结构方案。“递阶”表示层次等级的意思，其基本原理是将一个大系统分解为若干相互关键的子系统，相应地把大系统的最优控制问题分解为各系统的问题：由于各子系统是互相关联的，所以有必要在各系统之间进行协调。递阶控制的特点是，下级决策单元只接受上一级控制单元的命令，上一级决策单元不逾越下级决策单元而介入被控大系统，最上层的协调器负责协调控制整个大系统，各个决策单元和谐工作，以实现系统的优化。

递阶控制可分为两种具体的控制方式，分别是多层控制和多级控制[103]。

① 多层控制。根据控制任务和策略的分解来分层，各层是在不同长度的时间段内进行工作的。越到上层，考虑的问题越原则化。多层控制常用于工业或其他组织中的生产安排和管理。多层控制示意图如图 1-9 所示。

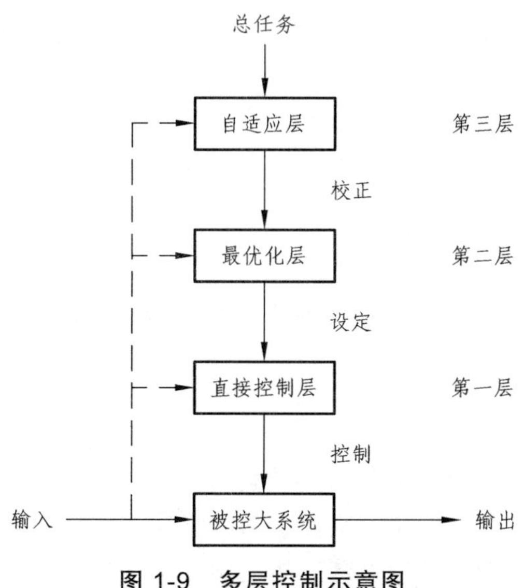

图 1-9　多层控制示意图

② 多级控制。将总目标分解成局部目标，并且利用各级局部决策单元和协调器进行控制和协调。多级控制常用于经济管理组织结构。多级控制示意图如图 1-10 所示。

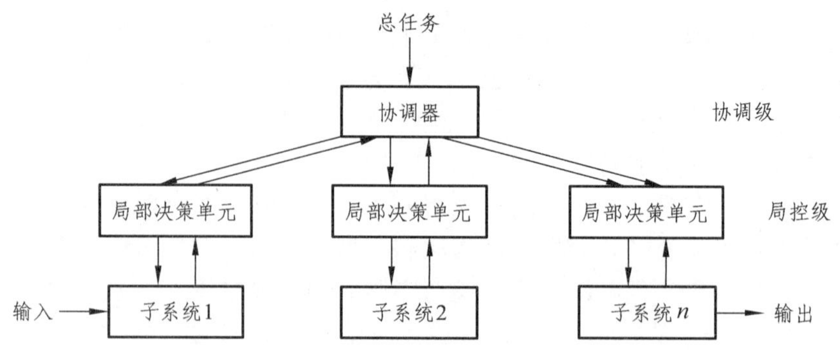

图 1-10 多级控制示意图

（3）递阶协调优化模型的计算原理。

大系统的分解协调方法和递阶控制方法共同构成了递阶协调优化模型的计算原理。分解协调方法提出了解决大系统问题应该将系统分解成更小的子系统，通过协调各子系统优化逐步实现本身大系统问题的优化。递阶控制方法提出了解决大系统控制问题时，将控制过程分为若干个控制层次，每个控制层次都有自身的控制任务，最高一级的控制意识以参数输入的方式施加到下一级，实现最终大系统控制。递阶控制方法应用到大系统优化中，就可以认为是：求解大系统优化问题时，不是一步到位，而是将优化问题分成多个层次，每个层次都有相应的优化任务，从高层到低层不断优化计算，构成大系统问题的优化解。

递阶协调优化模型的计算原理如下所示[103]：

Step1：引入协调参数 α，将原问题 F 分解成 n 个子问题，记为 $F(\alpha)_i$ $(i=1,2,...,n)$；

Step2：按从 1 到 n 的次序，依相应策略分别逐步求解子问题 $F(\alpha)_i$ $(i=1,2,...,n)$，设结果分别为 Z_i，并且先求出子问题的解都对后面子问题求解形成约束；

Step3：将计算结果 Z_i $(i=1,2,...,n)$，重新组合起来，形成原问题的最终解 Z；

Step4：判断最终解 Z 是否满足优化要求，如果满足则计算结束，如果不满足，则重新修改协调参数 α，返回 Step1 重新计算。

1.2.4 现有研究中存在的问题

总的来说，国内外学者对运行图编制问题作了深入的研究，其研究思路和方法各有所长。但是目前的研究主要存在如下问题：

1）现有研究成果的适用性

从以上研究现状来看，运行图编制相关研究成果主要集中在国有铁路，国有铁路运行图编制的侧重点和难点是确定合理的列车交会、越行方案，而城市轨道交通不存在列车的交会与越行，其运行图编制的关键点是合理疏解折返站交叉干扰，确定合理的列车行车间隔，因此关于国有铁路运行图编制的相关成果不能直接运用于城市轨道交通。

关于列车运行衔接协调，已有研究主要集中在轨道交通与公交模式间的换乘，对轨道交通内部不同线路间的换乘研究较少，部分关于城市轨道交通列车运行衔接协调的文献是基于协调的周期性假设进行研究的，研究成果在实际应用中存在一定的局限性，相关成果不能直接运用于城市轨道交通。

2）模型的实用性

总体上讲，目前国内外关于共线交路（包含大小交路）下的运行图、行车计划编制的相关文献较少。现已公开的关于城市轨道交通列车运行图编制的相关文献中，模型考虑因素过于简单，未系统地考虑折返间隔时间等相关约束，以及复杂交路对运行图编制的影响，实用性有待提高。

1.3 研究内容及研究目标

1.3.1 研究目标

在城市轨道交通网络建设过程中，部分线路的结构形式和客流特征也变得越来越复杂，列车运行交路从单一交路模式逐步发展为共线交路模式，为行车计划和运行图的编制工作带来了新的挑战。目前，针对共线交路模式下行车计划和运行图编制方法的相关研究较少，且在实际运营中缺乏信息手段支持。

本书致力于对大小交路模式下行车计划的编制问题、共线交路模式下运行图编制问题以及网络列车运行衔接协调问题展开深入研究，以期提高行车计划和运行图的编制质量，丰富城市轨道交通运输组织理论，为实现计算机编制行车计划及列车运行图提供参考，也为我国城市轨道交通运营企业的运营实际提供一定的参考。

1.3.2 主要内容

本书主要研究内容如下：

1）城市轨道交通系统概述

介绍城市轨道交通系统分类、技术经济特性、运营特征以及运营发展趋势等。

2）城市轨道交通运输计划与行车组织分析

运输计划是城市轨道交通行车组织的基础。城市轨道交通运输计划包括客流计划、全日行车计划、列车运行图、车辆配备计划、列车交路计划等，各个计划之间相互影响，相互联系，互为反馈，对各个运输计划的编制资料、编制流程和方法进行分析，为后文奠下理论基础。

3）城市轨道交通客流分析

城市轨道交通客流是城市轨道交通合理安排运力、编制运输计划、组织行车分析和分析运营效果的基础。城市轨道交通的客流是动态性质的，它因时因地而变化，但这种变化归根结底是有关地区的社会经济活动、生活方式以及轨道交通系统本身特点的反映。在城市轨道交通运营过程中，对客流动态实行经常的监督和系统分析，掌握客流现状与客流变化规律是轨道交通系统行车组织工作和客运组织工作得以顺利进行的前提。该部分重点对城市轨道交通客流特征，包括一般特性、时间特征、空间特征以及网络化客流特征进行分析，在此基础上分析客流变化规律以及客流预测、客流调查等。

4）城市轨道交通列车运行图编制基本业务分析

城市轨道交通采用的技术设备与国有铁路有诸多相似之处，城轨可以借鉴国有铁路的运行图编制方法。但是城市轨道交通系统服务于城市客流，城市客流以随机汇聚的人群为主，这一特点决定了城市轨道运行图编制的独特复杂性。该部分将紧紧围绕城市轨道交通的这一独特复杂性，确定城市轨道交通列车运行图编制原则、编制流程以及运行图要素等内容，为后文奠下理论基础。

5）大小交路模式下行车计划优化编制

大小交路模式下全日行车计划规定了各时段内各交路上的列车开行对数，是编制列车运行图、计算运营工作量和确定车辆配备计划的基础资料。城市轨道交通运营组织涉及两大主体，供给方（运输企业）和需求方（乘客）。本书将兼顾乘客和运输企业两者的利益，综合考虑乘客需求、线路能力等约束，建立大小交路模式下城市轨道交通全日行车计划优化编制模型，该部分的研究对于提高车辆运用效率、降低运营成本具有重要的现实意义。

6）共线交路模式下城市轨道交通列车运行图编制模型与算法

本书将城市轨道交通列车交路分为常规交路和复杂交路。常规交路又称为长交路，是指列车在线路的两个终点站间运行[64]，其他形式的交路均称为复杂交路。共线交路是复杂交路的一种特殊形式，共线交路列车运行图规定了各交路上列车占用区间的合理顺序和时机。城市轨道交通共线交路行车密度大，各子交路列车运行线相互制约和影响，其运行图的编制具有自身的复杂性。本书将结合国内外城市轨道交通运营组织实际，深入分析共线交路的种类、特征，以及共线交路模式下列车运行图编制的关键问题，在此基础上建立列车运行图编制模型及并设计有效的求解算法。

7）城市轨道交通网络列车运行衔接协调

换乘是城市轨道交通发展到网络阶段不可避免的问题。换乘效率的高低直接影响了轨道交通网络的服务质量。提高乘客换乘效率主要表现为乘客换乘等待时间的减少，缩短乘客换乘等待时间的关键是对列车在各换乘站的到发时刻建立良好的衔接匹配。本书以最小化乘客换乘等待时间为优化目标，构建城市轨道交通网络列车运行衔接协调模型。

8）计算机编制城市轨道交通列车运行图

计算机编制城市轨道交通列车运行图是实现城市轨道交通运营组织设计工作信息化和智能化的重要内容。从需求分析、系统数据分析、总体设计和关键技术设计等方面进行城市轨道交通列车运行图计算机编制系统设计。

1.4　本书的结构安排

本书的结构安排如下：

第 1 章对城市轨道交通列车运行图编制问题的研究背景、意义及国内外研究现状等内容进行介绍，提出本书的研究目标、主要内容以及论文的结构安排。

第 2 章城市轨道交通系统概述。介绍城市轨道交通系统分类、技术经济特性、运营特征以及运营发展趋势等。

第 3 章对城市轨道交通运输计划与行车组织分析。城市轨道交通运输计划包括客流计划、全日行车计划、列车运行图、车辆配备计划、列车交路计划等，各个计划之间相互影响，相互联系，互为反馈，对各个运输计划的编制资料、编制流程和方法进行分析。

第 4 章对城市轨道交通客流分析。城市轨道交通客流是城市轨道交通合理安排运力、编制运输计划、组织行车分析和分析运营效果的基础。该部分重点对城市轨道交通客流特征，包括一般特性、时间特征、空间特征以及网络化客流特征进行分析，在此基础上分析客流变化规律以及客流预测、客流调查等。

第 5 章分析了城市轨道交通列车运行图的特征、要素、编制数据及原则等相关基础理论，为运行图编制模型的构建奠下了基础；

第 6 章研究大小交路模式下行车计划编制问题。以最小化乘客出行成本和企业运营成本为优化目标，以乘客需求、线路通过能力为约束，构建关于大小交路模式行车计划优化编制的双目标混合整数非线性模型，大小交路模式下乘客出行成本的计算是构建模型的难点，从乘客在途时间成本和等待时间成本两方面，分析大小交路模式下乘客出行成本的计算方法。大小交路是共线交路中较为常见的一种形式，行车计划为列车运行图的编制提供了行车量这一重要参数。

第 7 章研究共线交路列车运行图编制问题。对共线交路相关概念进行定义，深入分析共线交路模式下列车运行图编制的关键问题，主要包括行车间隔、折返模式、折返站间隔时间、车底运用方式以及车底出入库方式；构建关于共线交路列车运行图编制的双层规划模型，实现了列车运行图与车底交路计划的一体化编制。

第 8 章研究网络列车运行衔接协调问题。分析换乘等待时间的表示方法；针对城市轨道交通网络的大系统特性，借鉴大系统优化的递阶控制方法和分解协调优化方法，首先确定线路换乘衔接方案，以最小化乘客总换乘等待时间为目标，构建了城市轨道交通网络列车运行协调优化模型。

第 9 章研究计算机编制城市轨道交通列车运行图。从需求分析、系统数据分析、总体设计和关键技术设计等方面进行城市轨道交通列车运行图计算机编制系统设计。

本书结构如图 1-12 所示。

问题的研究背景与意义
运输计划与行车组织分析
客流特征分析
运行图编制概述
运行图特征、要素
运行图编制数据、原则
运行图步骤、检查
大小交路模式下行车计划编制模型与算法
乘客出行成本的计算
行车计划编制模型
参数的灵敏度分析
常规交路、共线交路模式下运行图编制模型与算法
运行图编制关键问题
运行图编制模型
运行图编制求解算法
网络列车运行衔接协调优化
线路换乘衔接方案的生成
单一换乘衔接对优化模型
网络综合优化模型
计算机编制城市轨道交通列车运行图总体设计
需求分析
功能设计
总体设计
结论与展望

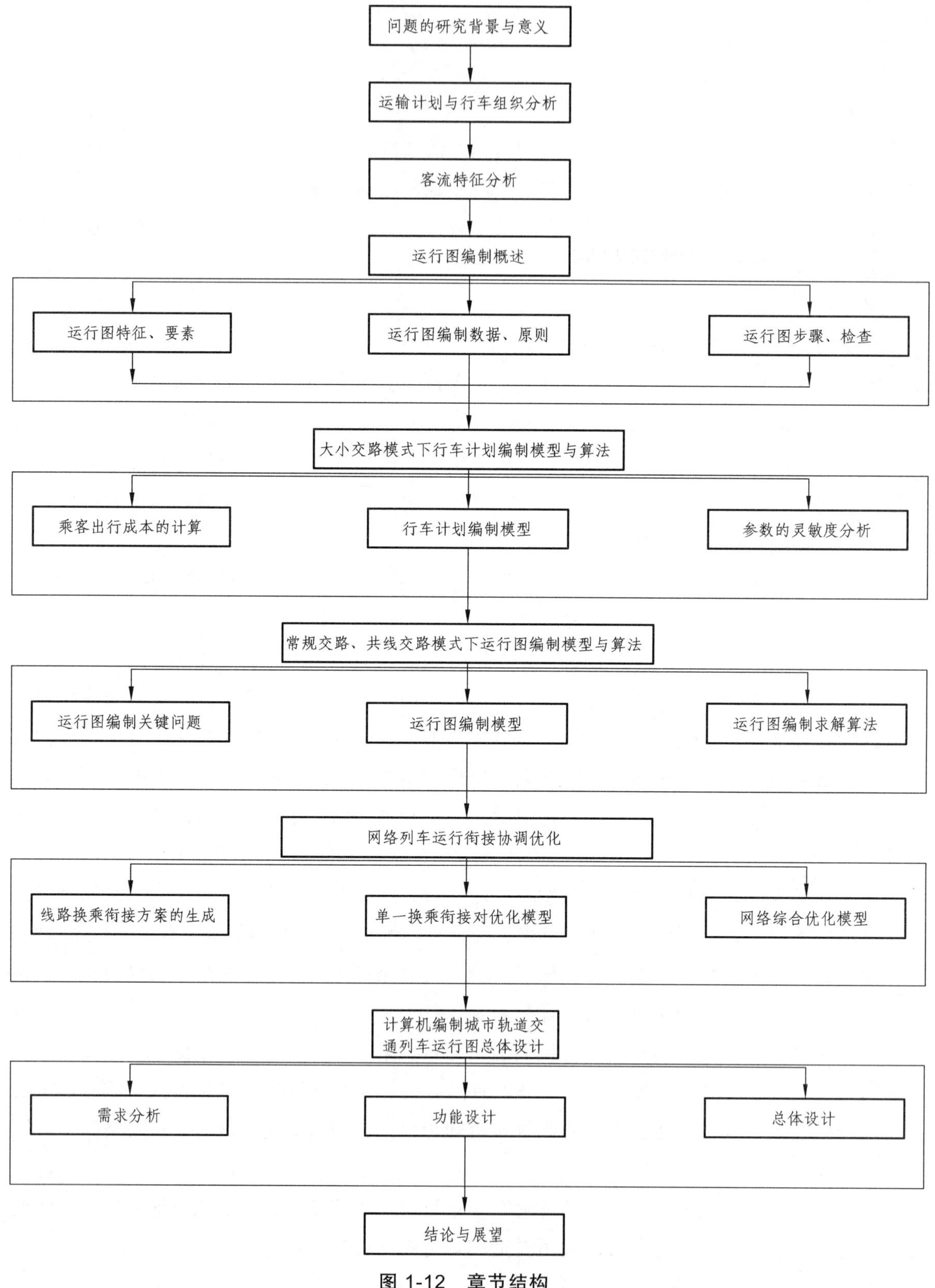

图 1-12　章节结构

第 2 章　城市轨道交通系统概述

2.1　城市轨道交通系统分类

城市轨道交通系统经过 100 多年的研究、开发、建设与运营，形成了多种多样的城市轨道交通方式。各国对城市轨道交通的分类各有差异，常用的分类方式如图 2-1 所示。

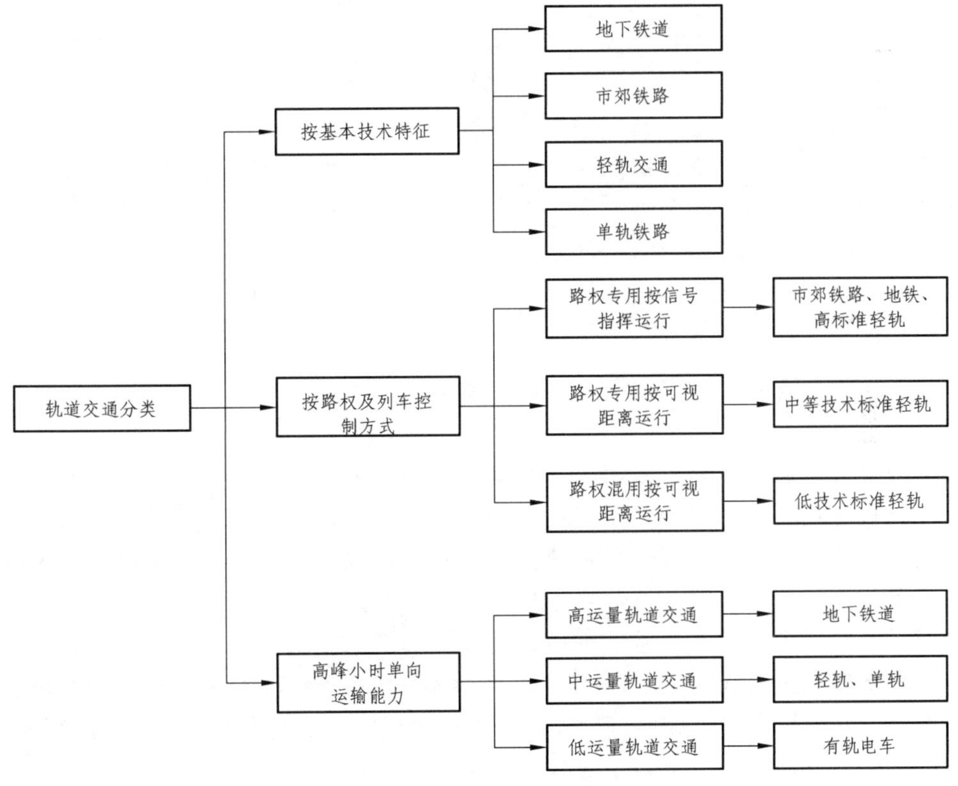

图 2-1　城市轨道交通系统分类

2.1.1　按基本技术特征分类

根据城市轨道交通系统基本技术特征的不同，主要可分为地下铁路、轻轨铁路、市郊铁路、单轨铁路等类型。

（1）地下铁道：简称地铁，是由电气或内燃牵引、轮轨导向、车辆编组运行在全封闭的地下隧道内，或根据城市的具体条件，运行在地面或高架线路上的大容量快速轨道交通系统。

为了降低工程费用，地铁系统中地面和高架线路所占的比重越来越大。在世界范围内，地下铁道地下部分约占 70%，地面和高架部分约占 30%，甚至有的城市地铁系统全部采用高架形式，只有部分城市地下铁道系统是完全在地下的。地铁的旅行速度约为 25 ~ 45 km/h，单向高峰小时断面流量大于 3 万人，是大运量的快速轨道交通系统。

（2）轻轨铁路：轻轨交通是在有轨电车基础上发展起来的电气牵引、轮轨导向、车辆编组运行在专用行车道上的中运量城市轨道交通系统。轻轨交通可以根据城市的特点和具体情况，采用地下、地面及高架相结合的形式进行建设，可以降低建设费用，具有很大的灵活性和适应性。轻轨交通还可以根据客流的需要采用不同车型，如单车和铰接车组成不同的编组方式。轻轨的平均旅行速度为 25 ~ 30 km/h，最大输送量为 1.5 ~ 3 万人/日，属中运量快速轨道交通系统。

（3）市郊铁路：市郊铁路是由电气或内燃牵引、轮轨导向、车辆编组运行在城市中心与市郊、市郊与市郊、市郊与新建城镇间，以地面专用线路为主的大运量快速城市轨道交通系统。在东京、伦敦、巴黎等城市都建有交大规模的市郊铁路运输网络。市郊铁路一般都修筑在地面上，有时局部高架或入地，但所占比例较少。市郊铁路最大输送量为 3 ~ 8 万人/日。通常其所有权不属于所在的城市政府，而由铁路部门经营。

（4）独轨铁路：独轨铁路是由电气牵引、具有特殊导向和转折装置、列车编组运行在专用轨道梁上的中运量城市轨道交通系统，通常分为跨座式和悬挂式两种。独轨铁路的平均旅行速度为 27 ~ 37 km/h，最大输送能力为 0.5 ~ 2 万人/日。但独轨铁路远不如上述轨道交通那么成熟，因而尚未得到广泛应用。

2.1.2 按路权及列车运行控制方式分类

根据城市轨道交通系统是否专用、列车运行控制方式的不同，可分为路权专用、按信号指挥运行，路权专用、按视线可见距离运行和路权混用、按视线可见距离运行等类型。

（1）路权专用、按信号指挥运行系统：该类型系统线路专用，与其他城市轨道交通线路没有平面交叉。由于路权专用及按信号指挥运行，行车速度高且行车安全性好。属于该类型的轨道交通系统包括市郊铁路、地下铁道、高技术标准的轻轨等。

（2）路权专用、按视线可见距离运行系统：该类型系统线路专用，与其他城市轨道交通线路没有平面交叉，行车安全性较好。但由于无信号，按可视距离间隔运行，运行速度稍低。属于该类型的轨道交通系统主要是中等技术标准的轻轨。

（3）路权混用、按视线可见距离运行系统：该类型线路与其他运输车辆和行人共用，与其他城市轨道交通线路有平面交叉。除在交叉口设置信号控制外，其余线路段按可视距离间隔运行，行车速度与行车安全较差。属于该类型的轨道交通系统主要是低技术标准的轻轨。

2.1.3 按高峰小时单向运输能力分类

根据城市轨道交通系统高峰小时单向运输能力的大小，可分为高运量、中运量和低运量等类型。

（1）高运量：该类型的高峰小时单向运输能力达到 3 万人以上，属于该类型的轨道交通系统主要是地下铁道。

（2）中运量：该类型的高峰小时单向运输能力为 1.5 ~ 3 万人，属于该类型的轨道交通系统主要有独轨铁路和高技术标准的轻轨铁路。

（3）低运量：该类型的高峰小时单向运输能力为 0.5 ~ 1.5 万人，属于该类型的轨道交通系统主要是有轨电车。

以上根据城市轨道交通系统的基本技术特征、路权是否专用与列车运行控制方式的不同以及高峰小时单向运输能力的大小进行的分类并不是绝对的。事实上，在一些不同类型城市轨道交通系统之间并没有明确的、清晰的界限。专业文献资料表明，国外对同一种轨道交通系统有轻型地铁和轻轨等不同称呼的情况。此外，一种轨道交通系统归入何种运量类型也是有条件的，因为计算轨道交通系统高峰小时单向运输能力的基本参数是列车间隔时间、车辆定员人数和列车编组辆数等，即使是同一轨道交通系统，这些参数也可能是多值的，这里进行分类的基本依据是根据某一轨道交通系统有关参数的常用取值。

2.2　城市轨道交通系统的技术经济特性

目前，城市轨道交通系统已经呈现多样性发展态势，各国对城市轨道交通系统的分类存在一些概念上的差异，这些差异是由于对城市轨道交通系统的技术经济特征认识不同所造成的。下面介绍几种常见轨道交通系统的技术经济特性。

2.2.1　地下铁道系统

地下铁道通常采用专用线路，没有平面交叉。线路除修建在地下隧道外，部分修建在地面或高架桥上。一般采用双线，个别城市也有四线情况。

地铁车辆宽度在 2.8 ~ 3 m。车辆设计除具有大容量的特点外，在牵引控制、调速控制以及故障诊断等方面广泛采用了各种先进技术，具有自动化程度较高的特点。车辆定员为 200 ~ 320 人。车辆的最高速度可达 80 ~ 100 km/h，运营速度约为 35 ~ 40 km/h。单向小时最大运输能力在 3 ~ 6 万人。

地铁列车在信号系统控制下运行。控制方式主要有色灯信号、自动闭塞设备、调度集中控制和列车自动控制系统、计算机集中控制两种类型。列车编组通常为 4 ~ 8 辆，但也有 10 ~ 12 辆编组的情况。列车运行的最小间隔可达到 75 s。

2.2.2　轻轨铁路系统

轻轨线路修建往往是因地制宜，既可修建在市区街道上，也可修建在地下隧道或高架桥上。地面轻轨线路可分为无平面交叉的专用行车线路、有平面交叉的专用行车线路和与其他机动车辆共用行车线路三种类型。轻轨线路多为双线，但支线、短程区间或道路用地较为紧张的地段也可为单线。

轻轨车辆是由老式有轨电车发展而来，旧式轻轨车辆宽度在 2.2 ~ 2.4 m，新式轻轨车辆为适应客运量增加的需求，宽度为 2.5 ~ 2.6 m。车辆设计除采用大容量外，还有轻型化、铰接式、低地板和宽敞舒适等特点。今年来各国制造的新型轻轨车辆有 4 轴车、6 轴单铰接车和 8 轴双铰接车 3 种车型，车辆定员在 130 ~ 270 人。轻轨车辆最高速度可达 60 ~ 80 km/h，运营速度约为 25 ~ 30 km/h。单向小时最大运输能力为 1.5 ~ 3 万人。

轻轨列车的运行控制有视觉控制、列车自动防护系统控制和列车自动控制系统 3 种类型。列车编组通常为 2 ~ 4 辆。列车运行的最小间隔一般为 2 min。

2.2.3 市郊铁路系统

市郊铁路一般是利用国家铁路干线进行市郊运输，主要承担城市功能的扩展，沟通城市中心边缘与市郊地区之间的联系。其线路和轨道形式与常规铁路相同，线路长度一般为 40 ~ 80 km，虽然市郊铁路的终点站可引入市中心区，但大多数车站仍在郊区。市郊运输的特点是装备重型化，其最高运行速度比干线铁路低，一般在 120 km/h 左右，但起、制动加速度高于干线列车，略低于地下铁道列车，站间距约 1 ~ 4 km，平均运行速度可达 40 km/h 以上。市郊列车通常由机车牵引，也可以采用动车组，有些列车还采用双层客车来增加座位数量。单向小时最大运输能力为 3 ~ 8 万人。

2.2.4 独轨铁路系统

独轨铁路一般采用高架设计，单、双线均有，但以单线为主。独轨铁路可分为跨骑式和悬挂式两种类型，两种类型的独轨车辆都是在走行轨道上采用胶轮行驶的电动客车，但其车辆形式却有所不同。跨骑式独轨车辆较宽，约为 3 m，车辆定员 140 ~ 190 人，其中坐席为 30 ~ 40 人，悬挂式独轨车辆宽约为 2.6 m，车辆定员 100 ~ 160 人，其中坐席为 40 ~ 50 人。车辆的最高速度可达 80 km/h，运营速度约为 30 km/h。单向小时最大运输能力为 0.5 ~ 2 万人。

列车运行、供电、车站设施、防灾报警装置、站台监视及乘客广播均由控制中心的计算机系统集中控制。列车编组通常为 4 辆，由于受站台长度限制，最多为 6 辆编组。由于独轨铁路的道岔转换时间较长，从而增长了列车的折返时间，因此列车运行最小间隔时间一般为 3 min。

在我国，城市公共交通应由地铁、轻轨、市郊铁路、常规公共交通系统等共同组成一个功能多样化和结构合理的现代化城市客运体系。对于不同的城市在城市轨道交通系统选型时要因地制宜，综合考虑城市的经济、地理及城市发展和建设的实际情况。

2.3 城市轨道交通运营特征

我国城市轨道交通系统一般具有如下运营特征：

（1）只办理客运作业，线路客流在时间和空间分布上是动态变化的，具有较强的波动性，且呈现一定的规律，这种变化是城市社会经济活动和生活方式以及轨道交通系统本身特征的反映。一般线路全日客流会出现早晚两个高峰客流时段，而由于车站乘降人数不同，线路单向各个断面的客流也会不可避免地出现不均衡现象。城市轨道交通的运营应该根据线路客流及其时空分布特征来选择合适的城市轨道交通系统类型，并合理安排运力。

（2）采用列车编组化运行，编组辆数少，运行密度高，运量大。城市轨道交通系统一般采用固定编组，运营简单，检修方便，常用的编组方式有全动车编组、动拖混合编组和动拖单元编组三种。由于线路客流在全日内存在较强的波动性，为了同时提高运营效益和乘客服务水平，采用小编组高密度的运营方式，我国编组辆数通常为 2 ~ 8 辆，而最小行车间隔可达 90 s。

（3）一般为双线独立运行系统。我国目前各城市已运营的轨道交通线路还很少，通常为单条轨道交通线路独立运营，不同线路之间的旅客在换乘车站换乘。

（4）站间距较短，一般为 0.8 ~ 2 km，由于我国城市轨道交通线路通常采用站站停车方式，即列车之间等速追踪运行，这就要求车辆具有较高的起制动水平。目前，我国有 A、B、C 三种城市轨道交通车型，技术先进，起动和制动加速度高，能很好地满足不同城市轨道交通类型的需求。

（5）具有较强的系统联动性。城市轨道交通系统是一个庞大而复杂的系统，从运营功能看大体可分为三大系统：列车运行系统、客运服务系统和检修保障系统。这三大系统同时正常协调地运行是安全、正点地按列车运行图行车，并为乘客提供良好服务的前提和保障。列车运行时，系统各个设备间互为联系，任何一环出现故障都会不同程度地使列车的正常运行受到影响，严重的甚至造成列车停运。

（6）具有严格高效的统一调度指挥体系。城市轨道交通系统的正常运行需要多专业多工种联合运行，对于时间、空间概念要求非常高，需要严格的高效率的统一指挥。发生一般的问题，如列车晚点、供电设备故障等，系统设备自动调整运行或自动进行设备切换运行；遇到重大事故，如列车故障停运或牵引供电设备故障停运等，则由各专业调度员按照预案或紧急抢修方案有步骤地指挥有关人员采取必要的措施迅速抢修。有关车站按照指令进行客运组织工作，以尽快恢复设备和列车的正常运行，必要时一边抢修，一边组织行车作业。这一切操作的顺序及内容均是以带编号的调度命令下达指挥执行的。

2.4　城市轨道交通运营发展趋势

2.4.1　单线独立运营向多线网络化运营过渡

各城市轨道交通系统都是从单线独立运营向多线网络化运营发展的，我国多个大城市如北京、上海、广州等轨道交通系统已经进入网络化运营阶段，由一条线路独立运营过渡到多线甚至网络化运营时，对技术装备等也会有新的要求：

（1）在线路间实现联通联运时，以相邻两线为宜，最多 4 线，过多会导致列车运营组织复杂化。列车跨线运行时，需铺画跨线运行图，并拟定列车跨线行车安全规则。

（2）车辆段设置，不再是一线一段，在相邻线路间可实现两线一段或多线一段，以实现车辆统一调配、统一运转、统一计划维修，从而达到车辆运用和维修的资源共享目的。

（3）信号制式要一致，采用统一的信号制式，实现各线的联通联运，为网络化运营管理创造条件。

（4）通信制式要一致，通信传输网络可以使用开放运输网络（OTN 网），或者使用同步数字系列（SDH 网）方式、接入网（ANM）方式，以传递整个系统的信息、图像、文字及多媒体等公用信息，保障多线运营或网络运营中的行车指挥、列车控制、牵引供电以及对控制中心中系统监控的执行、维修人员、办公室工作人员、车辆段、车站、车库、隧道内部电话等方面基础网络系统的通信联络需要。

（5）行车指挥中心（OCC）的运作办法将发生变化，除原有的一线一个行车指挥中心外，还将设置一处总指挥中心，以宏观调控各联网线路的分指挥中心中的列车运行调度、电力监控（SCADA）、车辆调度、防灾报警（FAS）、车站管理/旅客服务（BAS）、票务管理自动售检票（人 FC）、列车自动控制（ATC）等。总行车指挥中心与分行车指挥中心间的关系如国家铁路中的铁路局调度所与分局调度所间的关系，分行车指挥中心受总行车指挥中心的业务指导和领导。

（6）联通联运后，在线路的连接站，都形成正线平面连接，从而构成平面交叉，对行车将构成直接威胁。为保证行车的绝对安全，需在其中的一条线上，在连接处分别设置上行和下行的安全线（避难线），同时在该衔接站设置行车线路所，负责 2 条线路上的列车过轨而须办理的行车闭塞、操纵联锁信号和道岔。它同时须接受两相邻线路的分行车指挥中心的业务指导，但都接受总行车指挥中心的领导。它们之间的关系相当于国家铁路中的上下级关系，下级必须服从和执行上级发布的命令，呈半军事化组织管理。

2.4.2 城市公共交通一体化管理

随着我国大型城市公共交通换乘枢纽的建立，为城市轨道交通与城市公共交通实行一体化管理创造了条件。如北京的西直门、东直门、四惠，上海的新客站、火车南站，广州的广州火车站和广州东站等，在这些大型公交枢纽站上，往往有多条城轨线路汇聚在一起，其中有地铁、国铁、机场快速铁路、公共电汽车、出租车等，从而组成了立体公交网络，为乘客的零距离换乘创造了条件。为有效地利用这些资源与方便乘客的乘车，有必要对城轨交通、市郊铁路、地面公交车甚至通往机场的快速铁路，建立起一体化的管理机构和统一管理机制，例如统一运行图（时刻表）、统一票价票制、相互换乘。如德国、法国、美国等那样，由城市交通管理部门牵头组织，由此体现出人性化的管理方法和以人为本的宗旨。

2.4.3 城市轨道交通与铁路枢纽线路之间实现过轨运输

为减少乘客换乘，提高直达率，给乘客提供方便出行条件，许多国家都有地铁、轻轨与干线铁路过轨运输的范例，以扩大城市轨道交通的吸引范围和乘客的出行范围。较为典型的是日本东京有 7 条地铁线路与 13 条地面铁路线过轨联运，形成了 37 条直通线路。此种方法既省钱又省事，充分合理利用了城市轨道交通线路与干线铁路的运输资源。我国大城市中有充足的铁路枢纽线路，如北京枢纽有铁路正线 650 km，沈阳枢纽有 260 km，天津枢纽有 208 km，上海枢纽有 208 km，广州枢纽有 100 km 等，具备了城市轨道交通与铁路枢纽线路过轨的条件。

2.4.4　城市轨道交通行车组织发生较大变化

（1）开行短编组、高密度列车。目前我国城市轨道交通列车编组一般为 4 ~ 8 辆，国外地铁最大编组可达 12 辆。但城市轨道交通线路客流不同时段呈现交大的波动性，大编组列车可能导致非高峰期运营效率低下，乘客候车时间延长，服务水平下降，因此，在满足高峰小时客流的前提下，短编组、高密度的行车组织方式将成为趋势，既能保证一定的承载率，又能缩短乘客候车时间，方便乘客乘车。

（2）列车运行交路形式多样化发展。我国目前的城市轨道交通线路少，一般为单条线路独立运营，过渡到多线或网络化运营后，线路之间可贯通运营，列车运行交路形式将更加多样化。如广州地铁 9 号线，其运行交路设计与 3 号线贯通运营，采用 Y 型交路形式。

（3）开行快慢车。我国城市轨道交通中的列车运行组织一般都是等速追踪运行，没有快慢车的越行。一样的速度，一样的停站，虽然运营组织简单，但却在一定程度上造成了能力的浪费。随着市域快线的修建，列车速度将有所变化，而不是一律最高速度 80 km/h。今后完全有可能实行不同的行车区域有不同的最高运行速度，如市区站距短，近郊站距长，远郊站距还可延长，分别实行不同的旅行速度。在客流不均衡的情况下，对于某些车站可配置越行线路，供快车越行。如纽约地铁就采取开行快车和慢车的方法，以提高运营效率，同时也满足长距离乘客希望快速到达的要求。

2.4.5　城市轨道交通运营信息化

智能化技术如今在交通运输的技术装备、运营管理上都有所应用，且发展很快。它也一定能在城轨交通运输中得到广泛运用。

现今在城轨交通列车运行控制使用 ATC 技术、售检票使用 AFC 技术、车站监控使用综合监控 EMCS 技术、车站屏蔽门 PSD 技术等一系列新技术的基础上，还将应用微机控制与诊断和通信网络技术，以实现列车设备运行控制和故障诊断，并实现旅客信息的传递和服务；实现列车综合监控管理；运用移动闭塞概念，使后续列车随时都能监视前方列车，以三重系计算机控制，实现列车自动运行（ATO）和高密度的列车跟踪；在现行 ATC 技术的基础上，实现数字化的列车控制，扩大现行的行车指挥自动化的范围，它包括自动调整列车运行、自动办理列车进路、自动显示列车车次和位置、自动铺画列车运行图、运营指标统计、首末站程序发车、自动折返作业、车站发车监视、列车停站预告显示、列车组成预告显示等，从而实现列车自动驾驶、自动检测；在行车指挥中心由中心计算机实现识别列车位置和所在线路状态、道岔位置、轨道占用、调车信号、线路供电、控制各车站的“按时发车显示器”、识别列车车次、严格控制列车按图行车、列车运行调整并根据列车行驶方式的不同实施预定程序发车自动程序发车，总之使列车运行处于控制之下，又处于最佳运行状态之中；使用多媒体技术，把列车运行指挥与车站的信息化服务实行接口管理，使列车运行信息接入车站信息化服务系统，使之联通互动，以实现车站的服务信息自动发布和交换等。

本章小结

城市轨道交通系统运营特性是编制列车运行图和行车计划的基础，本章从基本技术特征、路权及列车运行控制方式、高峰小时运输能力等方面阐述城市轨道交通系统分类，介绍了地铁、轻轨、市郊铁路以及独轨铁路的技术经济特性，在此基础上分析城市轨道交通系统运营特征以及运营发展趋势，为下文奠下了理论基础。

第 3 章　城市轨道交通运输计划与行车组织

为了实现安全、高效、低成本的运营，城市轨道交通运输组织必须以运输计划为基础，根据客流的特点，合理编制运输计划，合理调度指挥列车运行，实现计划运输。

行车组织工作是指在运输生产过程中，为完成乘客输送任务所进行的一系列与运输有关的工作，它担负着指挥列车运行、保证行车安全、提高运输效率的重要任务，是城市轨道交通调度指挥和运营工作的核心。城市轨道交通系统的安全高效运作与行车组织工作密切相关。列车的行车组织首先应确定最小行车间隔、停站时间、折返方式和时间等，在此基础上编制列车时刻表，控制中心调度、司机、车站等各行车岗位都必须按照列车时刻表组织行车。

3.1　运输计划

运输计划是城市轨道交通行车组织的基础。城市轨道交通运输计划包括客流计划、全日行车计划、列车运行图、车辆配备计划、列车交路计划等。

3.1.1　客流计划

客流计划是对运输计划期间轨道交通线路客流的规划，是编制全日行车计划、列车运行图和列车交路计划的基础。在新线投入运营的情况下，客流计划根据客流预测资料进行编制；在既有运营线路的情况下，客流计划根据客流统计资料和客流调查资料进行编制。客流计划的主要内容包括站间到发客流量、各站方向别上下车人数，全日、高峰小时和低谷小时的断面客流量，全日分时最大断面客流量等。

客流计划以站间到发客流量资料作为编制基础，分步计算出各站上下车人数和断面客流量数据。断面客流量 P 的计算公式见下式：

$$P_{i+1} = P_i - P_{\mathrm{x}} + P_{\mathrm{s}} \tag{3-1}$$

式中　P_{i+1}——第 $i+1$ 个断面客流量，人；

P_i——第 i 个断面客流量，人；

P_{x}——在车站下车人数，人；

P_{s}——在车站上车人数，人。

断面客流量又可分为上行和下行断面客流量。在单位时间内，通过各个断面的客流量是不相等的。其中，单向断面客流量最大的断面称为最大客流断面，最大客流断面的客流量称为最大断面客流量。上下行的最大客流断面一般不在同一断面上。在以小时为单位计算断面客流量的情况下，分时断面客流量最大的小时称为高峰小时，与高峰小时相对应的为低峰小时。就行车组织的内容而言，高峰小时的最大断面客流量是一项重要的基础资料。表 3-1 是一条有 6 个车站的地铁线路的站间到发客流量斜表，根据站间到发客流量资料可以计算出各站上下车人数，根据各站上下车人数，又可以推算出断面客流量数据，见表 3-2。根据表 3-3 资料可绘制断面客流图，见图 3-1。

表 3-1　站间到发客流量

发/到	A	B	C	D	E	F	合计
A	—	7 019	6 098	7 554	4 878	9 313	34 862
B	6 942	—	1 725	4 620	3 962	6 848	24 097
C	5 661	1 572	—	560	842	2 285	10 920
D	7 725	4 128	597	—	458	1 987	14 895
E	4 668	3 759	966	473	—	429	10 295
F	9 302	7 012	1 988	2 074	487	—	20 863
合计	34 298	23 490	11 374	15 281	10 627	20 862	115 932

表 3-2　断面客流量

上行客流量	区　间	下行客流量
34 298	A—B	34 862
16 471	B—C	17 155
3 551	C—D	3 687
2 547	D—E	2 445
487	E—F	429

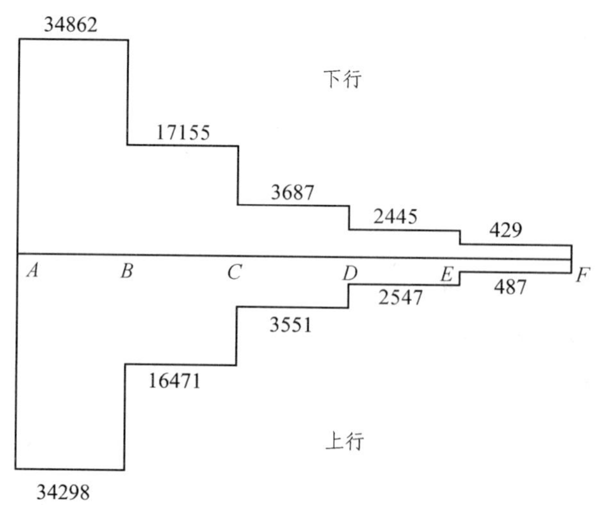

图 3-1　断面客流图

在客流计划编制过程中，高峰小时的断面客流量是行车计划编制的基本依据，其可以通过高峰小时站间到发客流量资料来计算，也可以通过全日站间到发客流量资料来估算。在用全日站间到发客流量资料时，在求出全日断面客流量数据后，高峰小时的断面客流量按占全日断面客流量的一定比例来估算，比例系数的取值可通过客流调查来确定。

3.1.2　全日行车计划

全日行车计划是营业时间内各个小时开行的列车对数计划，它规定了轨道交通线路的日常作业任务，是科学地组织运送乘客的办法。它又是编制列车运行图，计算运营工作量和确定车辆配备数的基础资料。全日行车计划是根据营业时间内各个小时的最大断面客流量，列车定员人数和车辆满载率，以及希望达到的服务水平综合考虑编制的。

1）编制资料

（1）营业时间。

城市轨道交通营业时间的安排主要考虑了两个因素：一是方便乘客，满足城市生活的需要，也即考虑城市居民出行活动特点；二是满足轨道交通系统各项设备检修养护的需要。根据资料，世界各国的城市轨道交通系统营业时间如表 3-3 所示。

表 3-3　世界主要城市轨道交通系统运营时间（h）[82]

城　市	类　型	始运年份	营业时间（h）
伦　敦	地　铁	1863	20
纽　约	地　铁	1868	24
芝加哥	地　铁	1892	24
布达佩斯	地　铁	1896	19
巴　黎	地　铁	1900	20
柏　林	地　铁	1902	21
东　京	地　铁	1927	19.5
莫斯科	地　铁	1935	19
北　京	地　铁	1969	18
华盛顿	地　铁	1976	18
香　港	地　铁	1979	19
上　海	地　铁	1993	18

（2）全日分时最大断面客流量。

全日分时最大断面客流量，可在求出高峰小时断面客流量的基础上，根据全日客流分布模拟图来确定。

（3）列车定员数。

列车定员数是列车编组车辆数和车辆定员数的乘积。列车编组辆数是以高峰小时最大断面的客流量作为基本依据。在一定的客流量情况下，采用缩短行车间隔时间，而不增加列车编组辆数的办法也能达到一定的运能，但在行车密度已经很大的情况下，为满足增长的客流需求，增加列车编组辆数往往成为采用的措施。这时，能否增加列车编组辆数，无疑和轨道交通系统保有的运用车辆数量有关，当然增加列车编组辆数也不是无限的，它会受到站台长度、车辆停车线长度和数量等因素的限制。

车辆定员的多少取决于车辆的尺寸、车厢内座位布置方式和车门设置数。一般地说，在车辆限界范围内，车辆长宽尺寸越大载客越多，车厢内座位纵向布置较横向布置载客要多，车厢内车门区较座位区载客要多。

（4）线路断面满载率。

线路断面满载率是单位时间内（通常是早高峰小时）通过最大客流断面的车辆载客能力被利用的百分比。它的计算公式如下：

$$\beta = (p_{\max} / c_{\max}) \times 100\% \tag{3-2}$$

式中 β——线路断面满载率；

$p_{\max}$——单向最大断面客流量，人；

$c_{\max}$——高峰小时线路输送能力，人。

考虑线路断面满载率这个指标主要是为了在高峰小时，通过车辆在区间超载来提高列车利用率和运营的经济性。此外，满载率也是衡量乘客舒适程度的一个指标。

2）编制程序

（1）计算营业时间内各小时应开行列车数；

（2）计算行车间隔时间；

（3）最终确定全日行车计划。

下面举一个实例对整个全日行车计划的编制过程和方法加以说明。

1）编制资料

某城市地铁 1 号线预测 2020 年早高峰小时（6:30—7:30）客流量为 39 000 人。全日分时最大断面客流分布模拟图，见图 3-2。列车编组为 6 辆，车辆定员为 310 人。线路断面满载率在高峰小时为 120%，在其他运营时间为 90%。

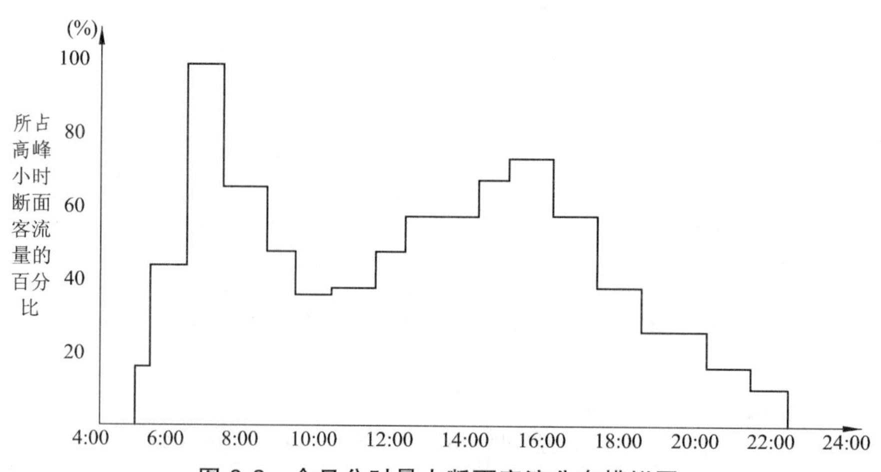

图 3-2 全日分时最大断面客流分布模拟图

2）编制步骤

（1）根据全日客流分布模拟图计算全日分时最大断面客流量数据，计算结果见表 3-4。

表 3-4　全日分时最大断面客流量（人）

时　间	单向最大断面客流量	时　间	单向最大断面客流量
5:00—5:30	3 119	14:30—15:30	24 959
5:30—6:30	16 769	15:30—16:30	26 519
6:30—7:30	39 000	16:30—17:30	33 929
7:30—8:30	25 349	17:30—18:30	21 839
8:30—9:30	19 499	18:30—19:30	14 819
9:30—10:30	15 209	19:30—20:30	10 529
10:30—11:30	15 599	20:30—21:30	10 139
11:30—12:30	18 329	21:30—22:30	7 800
12:30—13:30	21 839	22:30—23:00	3 119
13:30—14:30	21 839		

（2）计算营业时间内各小时应开行的列车数，计算结果见表 3-5，计算公式如下：

$$n_i = (p_{\max} / p_{列}) \times \beta \tag{3-3}$$

式中　β——线路断面满载率；

n_i——全日分时开行列车数，列或对；

$p_{列}$——列车定员数，人。

表 3-5　全日分时开行列车数（人）

时　间	单向最大断面客流量	时　间	单向最大断面客流量
5:00—5:30	2	14:30—15:30	15
5:30—6:30	10	15:30—16:30	16
6:30—7:30	18	16:30—17:30	16
7:30—8:30	16	17:30—18:30	14
8:30—9:30	12	18:30—19:30	9
9:30—10:30	10	19:30—20:30	7
10:30—11:30	10	20:30—21:30	7
11:30—12:30	11	21:30—22:30	5
12:30—13:30	14	22:30—23:00	2
13:30—14:30	14		

（3）计算行车间隔时间，计算公式如下：

$$t_{间隔} = 3\ 600 / n_i \tag{3-4}$$

式中 $t_{间隔}$——行车间隔时间，s。

（4）最终确定全日行车计划。

计算所得的某段时间内的行车间隔时间可能会较长，行车间隔时间太长，将会增加乘客候车等待时间，不利于吸引客流，因此，在编制城市轨道交通系统全日行车计划时应把方便乘客、提高服务质量作为一项重要因素给予考虑。最终确定的行车间隔时间标准一般不宜大于 6 min。在其他时间，行车间隔时间标准也不宜大于 10 min。另外，对全日行车计划中的高峰小时行车间隔时间应验证是否符合列车在折返站的出发间隔时间。根据以上原则，最终确定全日行车计划，见表 3-6。

表 3-6 全日行车计划

时 间	单向最大断面客流量	行车间隔（min:s）	时 间	单向最大断面客流量	行车间隔（min:s）
5:00—5:30	3	10:00	12:30—14:30	14	4:20
5:30—6:30	10	6:00	14:30—15:30	15	4:00
6:30—7:30	18	3:20	15:30—17:30	16	3:45
7:30—8:30	16	3:45	17:30—18:30	14	4:20
8:30—9:30	12	5:00	18:30—21:30	10	6:00
9:30—11:30	10	6:00	21:30—22:30	6	10:00
11:30—12:30	11	5:25	22:30—23:00	3	10:00

编制完毕的该线路全日行车计划全天开行列车 218 对，其中早高峰小时 6:30—7:30 开行列车 18 对，行车间隔时间为 3 min 20 s，晚高峰小时 15:30—17:30 开行列车 16 对，行车间隔时间为 3 min 45 s，早高峰小时单向最大运输能力为 40 170 人。全日客运量按早高峰小时全线各站乘车人数总和占全日客运量的一定比例估算，比例系数的取值可通过客流调查来确定。

3.1.3 车辆配备计划

车辆配备计划是为完成全日行车计划而制定的车辆保有数安排计划，车辆配备计划推算运用车辆数、在修车辆数和备用车辆数，确定在一定类型的设备和行车组织方法条件下，为完成一定的运输任务而必须保有的车辆。

1）运用车辆数

运用车辆数是为完成日常运输任务而必须配备的技术状态良好的车辆数，运用车辆的需要量与高峰小时开行的列车对数，列车的旅行速度以及在折返站的停留时间等各项因素有关，可按下式计算：

$$N = n_{高峰} \theta_{列} m / 60 \tag{3-5}$$

式中 N——运用车辆数，辆；

$n_{高峰}$——高峰小时开行列车数，对；

$\theta_{列}$——列车周转时间，min；

m——列车编组辆数，辆。

列车周转时间是指列车在线路上往返一次所消耗的全部时间。它包括了列车在区间运行，列车在中间站停车供乘客乘降以及列车在折返站作业的全过程。

$$\theta_{列}=\sum t_{运}+\sum t_{站}+\sum t_{折停} \tag{3-6}$$

式中 $\sum t_{运}$——列车在线路上往返一次各区间运行时间的和，min；

$\sum t_{站}$——列车在线路上往返一次各中间站停站时间的和，min；

$\sum t_{折停}$——列车在折返站停留时间的和，min。

当列车在折返站的出发间隔时间大于高峰小时的行车间隔时间时，须在折返线上预置一个列车进行周转，此时运用车辆数需相应增加。

2）在修车辆数

在修车辆是指处于定期检修状态的那部分车辆。车辆的定期检修是一项有计划的预防性维修制度。车辆检修概念包括车辆检修级别和车辆检修周期。车辆的检修级别和周期是根据车辆运用的技术性能、各部件在正常情况下的使用寿命以及车辆运用的环境等因素进行确定的。通过对车辆的不同部件制定不同的技术标准、检修级别和检修周期，到期进行车辆的检修，使车辆在经过定期检修后，能在整个检修周期内保持良好的技术状态。车辆的检修周期是关系在修车辆数计算和配属车辆数计算以及车辆段建设规模和车辆段作业组织的重要技术指标。轨道交通车辆的检修级别通常分为日检、双周检、双月检、定修、架修和大修 6 种。表 3-7 是某地铁线路的车辆检修周期。确定检修周期时，时间间隔和走行公里数取小者。在以时间间隔作为确定检修周期的情况下，根据每种检修级别的年检修工作量和每种检修级别的检修停时，就可以推算在修车辆数。

表 3-7 某地铁线路车辆检修周期及检修停时[82]

检修级别	时间间隔	走行公里数	检修停时
日 检	1 日	—	—
双周检	2 周	4 000	4 小时
双月检	2 月	20 000	2 日
定 修	1 年	100 000	10 日
架 修	5 年	500 000	25 日
大 修	10 年	1 000 000	40 日

3）备用车辆数

轨道交通系统为了适应客流变化，确保完成临时紧急的运输任务，以及预防运用车辆发生故障，必须把若干技术状态良好的车辆储备起来，这部分车辆称为备用车辆。备用车辆的数量可控制在运用车辆数的 10%。

3.1.4　列车交路计划

1. 列车交路计划

列车交路计划规定了列车的运行区段、折返车站和按不同列车交路运行的列车对数。在各区段客流量不均衡的情况下，采用合理的列车交路安排是运输计划的一个重要组成部分。合理的列车交路既能提高列车和车辆运用效率，避免运能虚靡，降低运营成本，又能给予乘客较大的方便。因此，采用不同列车交路相结合的列车运行方式，能使行车组织做到经济合理。

1）常见的列车交路形式

我国目前常用的列车运行交路形式主要有常规交路形式和长短交路形式两种。常规交路为长交路，列车在线路起、终点站间按最大需要开行贯通式列车的交路形式[64]，如图 3-3（a）所示，该交路行车组织简单、乘客无须换乘、不需要设置中间站折返站。但如果线路各区段断面客流不均衡程度较大，会产生部分区段列车运能的浪费。长短交路是根据客流空间分布特性，列车在不同的折返区段运行，根据折返站位置和折返区段的不同，长短交路可分为分段交路、大小嵌套交路和交错运行交路三种形式，如图 3-3（b）~（e）所示。

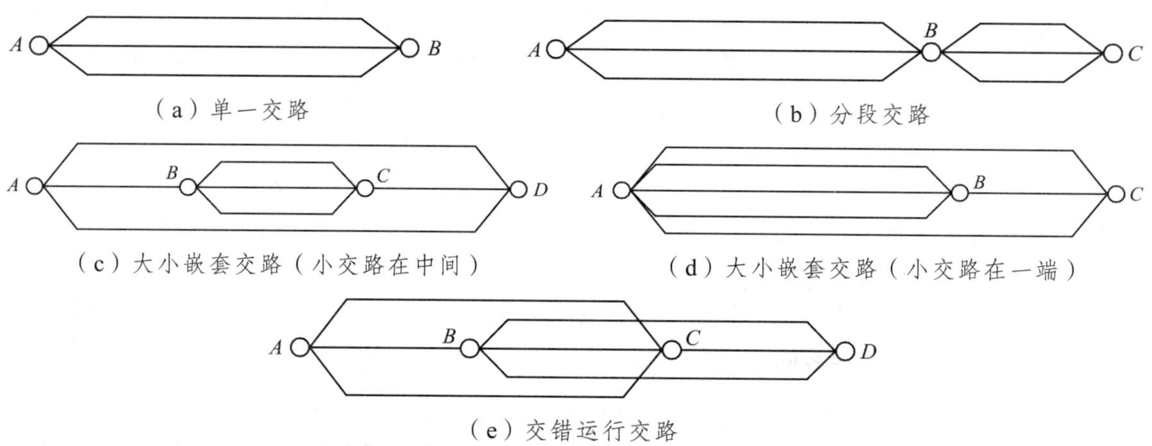

图 3-3　城市轨道交通列车运行交路形式[64]

（1）分段交路。分段交路是城市轨道交通运输组织中较为常见的一种交路形式。一般在部分线路的延伸线上，客流量尚较少，不适宜开行长交路，一般组织在既有线和延伸线上组织分段交路，两个交路在某中间站上折返，且两交路的车体编组数量和开行对数可以不同，运输组织较为灵活。分段交路形式如图 3-3（b）所示。分段交路能够较好地解决线路相邻区段客流差异较大的问题，但是运输组织对中间折返站的线路配置要求高，且由于长途客流均需在中间折返站上换乘，这为中间折返站的客运组织带来了一定难度。

（2）大小嵌套交路。大小嵌套交路是城市轨道交通运输组织中最为常见的一种交路形式，适用于线路高峰小时客流量不均匀，区间断面客流量有明显落差的线路区段。大小交路的车体编组数量和开行对数可以不同，运输组织较为灵活。根据小交路区段在线路中的位置，大小嵌套交路分为两种，分别如图 3-3（c）、（d）所示。在实际运营组织中，大小交路应用较为广泛的是长大市郊线路，线路两端位于郊区，线路中部位于市中心区域，市区段的日客流量远大于郊区段，一般会组织高峰时段在市区段开行大小交路。组织合理的大小交路模式能够在不增加运输成本的基础上，提高服务质量。

（3）交错运行交路。如图 3-3（e）所示，交错运行交路的两个小交路交叉重叠，存在部分共线区段，该类型的交路形式主要适用于长大市郊线路，当客流表现出向中心城区集中，具有明显的向心单峰客流特征时，可以开行交错运行交路，用来输送郊区和市区间的向心客流，并满足高密度的中心城区内部出行需求。

2）列车运行交路设计原则

（1）交路设置要以预测客流为依据，结合客流分布及乘客出行特点，方便乘客在不同时间段、不同区段的出行要求，考虑“以人为本，服务至上”的原则，保持适当的服务水平。

（2）在尽可能地满足乘客出行方便的前提下，尽量减少运用车数，提高车辆运用效率，节省列车的购置费用，兼顾降低运营成本，提高运营效益。

（3）各设计年度交路设置应尽可能保持连续性，在兼顾运营管理的可操作性和运营组织灵活性的同时，考虑工程实施的可行性与经济性，尽量减少或避免工程废弃。

2. 列车折返方式

列车运行到终点站或在短交路和长短交路情况下运行到中间折返站需要进行折返作业。列车折返方式根据折返线的布置分站前折返和站后折返两种方式。

1）站前折返方式

站前折返方式是列车经由站前渡线折返。图 3-4（a）所示是列车在终点站经由站前渡线折返，（b）是短交路运行时列车在中间站经由站前渡线折返。在采用站前折返方式时，列车空车走行少，折返时间较短；上下车乘客能同时上下车，可以缩短停站时间；此外，站线和折返线相结合，能够节省投资费用。站前折返的缺点是出发列车和到达列车存在着进路交叉，影响行车安全；上下车乘客同时上下车，在客流量大的情况下，站台秩序会受到影响。

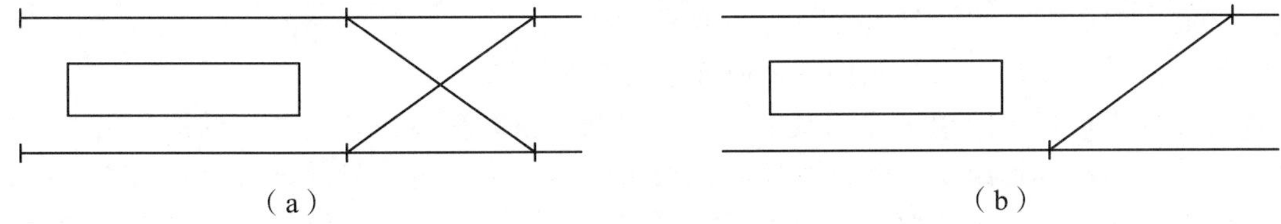

图 3-4　站前折返方式

列车到发作业产生交叉干扰的条件是进路有交叉，并且占用进路的时间相同，两个条件必须同时具备才构成真正的进路交叉。在行车密度很大的情况下，采用站前折返方式，要完全消除到发列车的交叉干扰难度较大。

2）站后折返方式

采用站后折返方式能避免采用站前折返时存在的缺点；出发列车与到达列车不存在进路交叉，行车安全；而且列车进出站速度高，有利于提高旅行速度，因此，站后折返方式被广泛采用。站后折返可分为站后环线折返、站后尽端折返线折返、列车经由站后渡线折返，分别如图

3-5（a）、（b）和（c）所示。其中站后渡线的方式常作为列车在中间站进行中途折返使用。

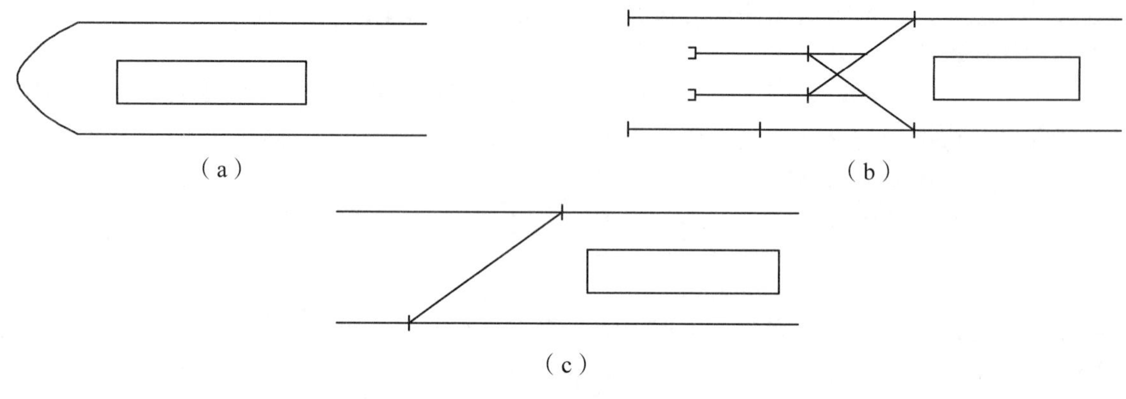

图 3-5　站后折返方式

站后环线折返能保证最大的通过能力，节约设备费用与运营成本。但它也存在一些缺点，如由于列车在小半径曲线上运行造成单侧钢轨磨耗，折返线不能停放检修列车和难以进一步延长等，所以在线路的终点站常采用尽端线折返设备。采用尽端线折返设备，列车既可以折返，也可以临时停留检修。

3.2　行车组织

3.2.1　行车组织基础概念

1）运营时刻表

运营时刻表是列车在车站的到达、出发或通过时刻以及在停车站的停车时间的表格，其编制以列车运行图为依据，是列车运行图的表格化。它是列车在车站（车厂）出发、到达和折返时刻的集合。完整的时刻表包括了版本号、时刻表编号、车站站名、车厂名、列车车次、行车间隔时间、列车出发与到达时间、列车折返时间等要素。

运营时刻表是行车组织工作的基础。车站根据运营时刻表规定的列车到达和出发时刻，安排车站的行车和客运组织工作；车辆部门根据时刻表在每日运营前准备好运营需求的列车数；乘务部门根据时刻表的要求确定司机的派出时间和作息计划；维修部门根据时刻表安排施工维修计划。

2）列车运行图

列车运行图是列车运行时刻表的图解，规定各次列车按一定的时刻在区间内运行及在车站到、发和通过。列车运行图是列车运行的时间与空间关系的图解，它是表示列车在各区间运行及在各车站停车或通过状态的二维线条图。列车运行图是城市轨道交通系统的综合计划，是为运营调度部门提供一种组织列车在各站和区间运行的一种图解形式。运行图中列车运行线和车站中心线的交点，即为列车到、发或通过的时刻。一般采用一分格或二分格，即每一等分表示 1 min 或 2 min。

运行图根据各城市轨道交通系统实际特点可分为不同种类，但基本上都包含了区间运行时分、停站时间、折返时间、出入厂时间、行车间隔等基本元素。通过收集相关数据编制或调整运行图参数，可以直接达到调整运营状态的目的；通过分析运行图的执行参数，可以准确掌握当前的运营状态，为优化和调整行车组织提供科学依据。

3）列车车次及编组

列车按照用途可分为客车、空客车、调试列车、专列、工程车、轨道车、救援车等，各种列车可根据不同的车次号来识别，不同城市轨道交通系统根据各自运营实际规定了不同的车次分类，车次号规定的不同与信号系统对列车的描述不同相关，现以广州地铁五号线为例对列车车次加以说明：

（1）客车车次：8位数，左边三位为目的地码，中间三位为服务号，右边两位为序列号。个位偶数为上行，奇数为下行，顺序编号。各种客车的服务号为：客车服务号001～049；空客车服务号071～089；调试车服务号051～059；专列服务号95～99。

（2）工程列车、救援列车车次：3位数，其中工程车车次编号501～519、轨道车车次编号571～589、救援列车的车次编号671～679（含客车、工程车）。

（3）客车标志规定有：广州地铁徽记、车辆编号、标志灯等。工程列车尾部必须挂有标志灯。当工程列车按首尾机车编组时，应使用首端机车驾驶，当首端机车故障而使用尾端机车驾驶时，按推进运行办理。

（4）列车编组，在列车中的机车和车辆的制动机，应全部加入列车的制动系统。客车始发不准编挂空气制动系统故障的车辆，在运行途中发生制动系统临时故障时，允许切除一辆，到达终点站后退出服务或按列车故障处理指南的要求处理。编入工程列车的车辆不准有关门车（关门车是指关闭制动支管上的截断塞门，车辆能通风，但本身不起制动作用），如在运行途中因自动制动机发生故障时，报告行调并按其指示办理。

4）追踪间隔时间

追踪间隔时间是指追踪运行的两列车在运行过程中相互不受干扰的运行的最小间隔时间，与闭塞分区长度、信号系统参数、折返方式等有关。

5）停站时间

停站时间是指列车在中间站办理乘客乘降作业所需要的停车时间标准，包括客流上下车时间、开关门时间和车门关闭后的等待开车时间三个部分。停站时间是影响行车间隔的最大因素，也是最难控制的因素。

6）旅行速度

旅行速度是指列车从始发站发出到到达折返站时的平均运行速度。

7）技术速度

技术速度是指不包含停站时间在内的列车在站间平均运行速度。

8）行车凭证

行车凭证是列车占用前方进路的凭据。根据行车条件和列车驾驶模式的不同，行车凭证分为车载信号、信号机显示的开放信号或引导信号、调度命令、路票等。

9）通过能力

通过能力是指在采用一定的车辆类型、信号设备和行车组织方法的条件下，线路的各项固定设备在单位时间内（通常是高峰小时）所能通过的列车数，主要取决于最小行车间隔和停站时间。

3.2.2 行车组织的基本规定

各城市地铁行车组织的基本规定略有不同，现以广州地铁 5 号线为例。

（1）列车时刻表是行车组织工作的基础，以命令的形式发布执行，由于每个地铁的管理模式不同，所以列车时刻表有不同的发布形式。

（2）行车时间以北京时间为准，从零时起计算，实行 24 小时制。行车日期划分以零时为界，零时以前办妥的行车手续，零时以后仍视为有效。

（3）指挥列车在正线运行的命令只能由行调发布，列车司机必须严格遵照《列车时刻表》规定的时间、按信号行车，并接受行调的指挥和命令。

（4）正线、辅助线（含出/入车厂线）的行车组织由行调负责。车厂线的行车组织由车厂调度负责。所有与正线相关或影响行车的作业，于开始前必须得到行调批准。

（5）空客车、调试列车、工程车和救援列车出入车厂均按列车办理。

（6）所有车辆检修调度（简称 DCC）交付使用的列车，操纵权属司机，所有与列车相关的操作必须得到司机同意或授权。客车在运行中司机应在前端驾驶，如推进运行时由一名具备客车引导员资格的员工在前端驾驶室引导和监控客车运行。

（7）在车厂范围内指挥列车或车厂调车的信号以地面信号和调车专用电台为主，手信号旗/灯为辅。

（8）调度电话、站车无线电话用于联系行车工作，须使用标准用语。

（9）客车晚点统计方法：比照列车时刻表单程每列晚点 3 min 以下为正点，3 min 及以上统计为晚点；排队晚点时则按统计指标的相关要求进行统计。行调应根据客车晚点情况及时采取措施，调整客车运行。

3.2.3 行车组织指挥架构

城市轨道交通行车组织遵循高度集中、统一指挥、逐级负责的原则。在日常运输工作中，为统一指挥、有序组织运输生产活动，城市轨道交通系统一般设立线网总控制中心和区域控制中心两级，其中区域控制中心负责管辖一条或多条线路的调度指挥工作。不同城市轨道交通系统根据自己的运营实际设置了不同的行车指挥架构，但差别不是很大，以广州地铁的行车指挥架构为例，见图 3-6。

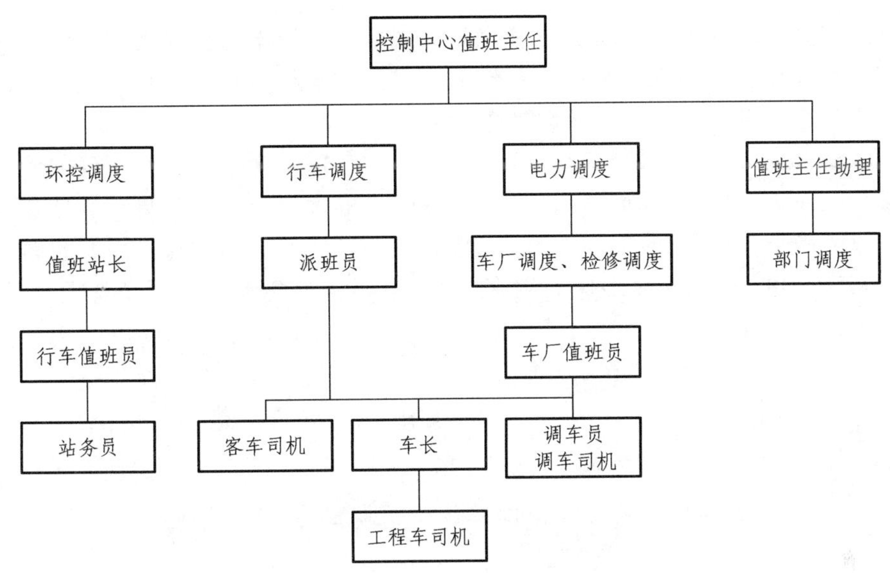

图 3-6　广州地铁行车指挥架构图

图中一级指挥为：行车调度、电力调度、环控调度、值班主任助理；二级指挥为：车站值班站长、车厂调度、DCC 检修调度、部门调度（备注：电力调度兼任供电部调度、环控调度兼任机电部调度）；各级指挥根据各自职责任务独立开展工作，并服从 OCC 值班主任总体协调和指挥。

行车组织按照时间顺序主要划分为运营前准备、运营中的行车组织和运营结束后的作业共三个阶段，不同行车岗位的工作人员在不同的阶段有不同的作业，在此主要介绍行车调度、车站行车值班员和司机的岗位工作内容：

1）行车调度

行车调度是负责行车指挥工作的核心，是日常运输工作的具体组织者、指挥者，对实现列车按图安全高效行车，负有重大责任。主要负责地铁运营的日常行车组织、指挥工作，按照列车运行图的要求组织行车；遇到各种设备故障、突发事件造成列车晚点或运行秩序紊乱时，迅速采取有效措施恢复按图行车，实现安全、准点和优质的运营服务；负责组织、实施正线、辅助线范围内的行车设备检修以及各种施工、工程车运输作业。

2）车站行车值班员

行车值班员主要负责监控和操作站级行车相关的信号、机电等设备，通过 CCTV 监视各区域情况；信号设备故障时负责站级的降级行车组织，现场人工排列进路；运营结束后负责车站施工作业登记、施工安全监控、施工负责人管理等工作；负责登记和注销各项施工手续；在线路施工和工程列车开行时安排好安全防护工作；遇故障或突发情况时将应急信息向上级部门汇报，做好对乘客的应急广播等服务工作。

3）客车司机

负责值乘期间电动列车的驾驶，凭有效的行车凭证按列车运行图规定的发车时间开车，确保运营列车运行有序。运行中负责对列车的运行状态和相关行车设备进行监控，对列车运行径路进行瞭望，发现异常，及时、准确报告。遇危及行车安全或设备安全情况时，及时采取停车措施，并进行有效处理。掌握站台作业时关门的时机与技巧，加强站台与屏蔽门之间空隙情况的确认，确保乘客上、下车时的安全。

在列车广播自动报站系统故障时，及时进行人工广播，为乘客提供正确的到站信息。在车辆或信号系统发生故障导致列车不能正常行驶时，准确报告故障信息，并依据故障处理指引，及时对故障做出正确判断和处理，降低故障可能造成的影响。在发生紧急行车事务时，保持镇静、沉着应对，最大限度地保障乘客的人身安全。在需要就地紧急疏散乘客时，及时、正确引导乘客进行有序疏散。

3.2.4 行车指挥基本规定

（1）行车有关人员必须服从行调指挥，执行行调命令，行调应严格按列车运行图指挥行车。

（2）列车在区间时，客车由司机负责指挥，工程车由车长负责指挥；列车在车站时，由车站值班站长负责指挥；行调可使用无线调度电话直接指挥列车司机。

（3）指挥列车运行的命令和口头指示，只能由行调发布。行调发布命令前应详细了解现场情况，听取有关人员意见。

本章小结

运输计划是城市轨道交通运输组织的基础，本章重点介绍了客流计划、全日行车计划、车辆配备计划、列车交路计划的编制内容和流程。行车组织工作是城市轨道交通调度指挥和运营工作的核心。城市轨道交通系统的安全高效运作与行车组织工作密切相关。本章重点介绍了行车组织基础概念、行车组织的基本规定、指挥架构以及行车指挥基本规定等内容。

第 4 章　城市轨道交通客流分析

城市轨道交通客流不仅是规划城市轨道交通网络、安排工程项目建设顺序、设计车站规模和选择车站设备容量的依据，也是城市轨道交通合理安排运力、编制运输计划、组织行车分析和分析运营效果的基础。城市轨道交通的客流是动态性质的，它因时因地而变化，但这种变化归根结底是有关地区的社会经济活动、生活方式以及轨道交通系统本身特点的反映。在城市轨道交通运营过程中，对客流动态实行经常的监督和系统分析，掌握客流现状与客流变化规律是轨道交通系统行车组织工作和客运组织工作得以顺利进行的前提。

4.1　城市轨道交通客流概述

城市轨道交通客流是在单位时间内，轨道线路上乘客流动人数和流动方向的总和。客流既表明了乘客在空间上的位移及其数量，又强调了这种位移带有方向性和具有起讫位置。乘客数量、流动方向、出行时间及运行距离构成了城市轨道交通客流的四要素。依照时间分布特征、空间分布特征和来源，城市轨道交通客流可以分为以下几类：

（1）基本客流，指城市轨道线路既有客流与按正常增长率而增加的客流的总和。

（2）转移客流，指因为城市轨道交通具有快速、准时、舒适、整洁等优点，使得原来选择公交、自行车出行的客流转移到城市轨道交通出行。

（3）诱增客流，指因为地铁线路运营后促进了沿线土地的开发、经济的发展、商业的繁荣以及住宅形成所诱发的新增客流。

（4）车站客流，指在城市轨道交通车站上、下车换乘的客流。

（5）车站客流量，指在规定时间内地铁车站上、下车和换乘的客流量，以及经由不同出入口、收费区的进出站客流量和分方向的换乘的客流量。一般包括全日、高峰小时和超高峰期车站客流量。

（6）断面客流，指通过城市轨道交通线路各区间的客流。断面客流有上行和下行之分。

（7）最大断面客流量，指在单位时间内通过城市轨道交通线路各个断面客流量的最大值。一般而言，上下行方向的最大断面不在同一个断面上。

（8）高峰小时最大断面客流量，是指在以小时为单位计算断面客流量时，全日分时断面流量中的最大值。城市轨道交通系统的高峰小时一般出现在早晨和傍晚，称之为早高峰小时和晚高峰小时。另外，超高峰期是指在高峰小时内存在于一个上、下车客流特别集中的时段，一般约为 10 ~ 20 min。高峰小时断面量可为城市地铁修建、车辆类型选择、列车编组及行车密度确定等决策提供基本依据；同时，车站高峰小时客流量和超高峰期客流量可为车站规模的确定以及站台和售检票等辅助设备容量和能力的设计提供依据。

4.2 城市轨道交通客流特征

4.2.1 城市轨道交通客流一般特性

城市轨道交通服务于城市日常出行居民，从居民出行需求来看，城市轨道交通客流具有以下基本特性：

1）普遍存在性

无论是宏观区域还是微观区域，需求与供给、生产与消费的普遍存在，以及在空间上处于不同地点，决定了必须把解决距离阻隔作为一项基本工作。空间距离的联系仅仅在空间范围和联系强度等方面有所区别，其共同的内容包括人们居住与生活的出行、上下班与旅游观光产生的客流。

2）复杂多样性

由于客流的构成、旅客的出行目的不同，决定了这种复杂多样性在运输方向、范围以及强度等在时间段分布上的不同，要求客运组织应与其适应。

3）时空集散性

由于城市居民和流动人口在购物、观光、通勤、通学等方面的规律性，城市轨道交通客流表现出一定的规律性，例如在 07:00—08:00、17:00—18:00 为交通高峰时期，中午前后有 1 ~ 2 段低谷时期。下节中将对城市轨道交通客流时间和空间特征进行重点分析。

4.2.2 城市轨道交通客流时间特征

1. 小时客流量在一日内的变化

小时客流量是用以确定城市轨道交通出入口、通道等设备容量的基础数据，尤其是在计算全日行车计划和车辆配备计划时。城市轨道交通线路主要是以通勤、通学客流为主，小时客流量随城市生活的节奏变化在一日之内呈起伏波状图形，城市轨道交通一日之内的小时客流分布可以归纳为单向峰型、双向峰型、全峰型、突峰型、无峰型等五种。各峰型示意图如图 4-1 所示。

（1）单向峰型：轨道交通线路所处的交通走廊具有明显的潮汐特征或车站周边地区用地功能性质单一时，车站客流分布集中，有早、晚错开的一个上车高峰和一个下车高峰。

（2）双向峰型：车站位于综合功能用地区位时，客流分布与其他交通方式的客流分布一致，有两个配对的早、晚上下车高峰。

（3）全峰型：轨道交通线路位于用地已高度开发的交通走廊或车站位于公共建筑和公用设施高度集中的地区时，客流分布无明显的低谷，双向上下车客流全天都很大。

（4）突峰型：车站位于体育场、影剧院等大型公用设施附近，演出或体育比赛结束时有一个持续时间较短的突变的上车高峰。一段时间后，其他部分车站可能有一个突变的下车高峰。

（5）无峰型：当轨道交通本身的运能比较小或车站位于用地还没有完全开发的地区时，

客流无明显的上下车高峰，双向上下车客流全天都较小。

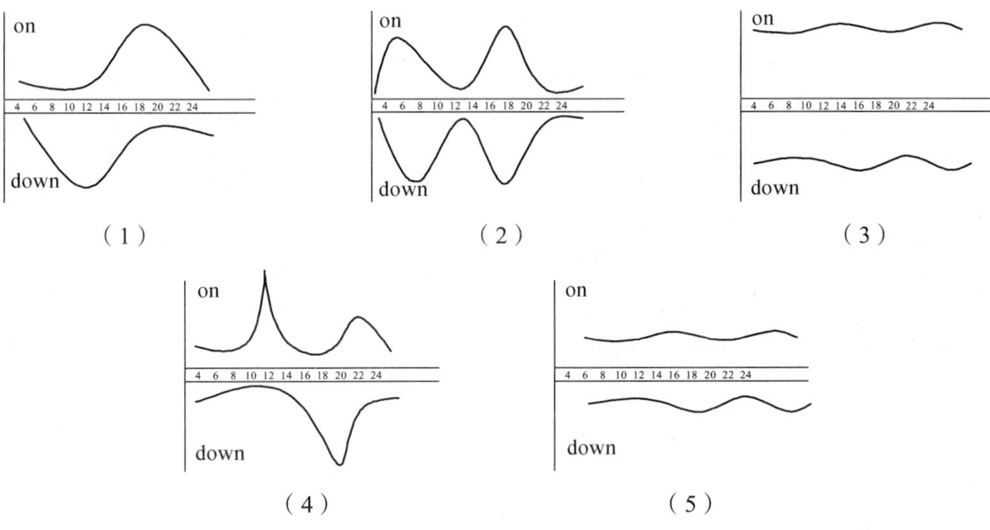

图 4-1　一天内各小时客流分布曲线

全日分时最大断面客流量是确定车站出入口、楼梯、售检票设备数量、计算站台、楼梯、通道宽度和配备车站定员的依据。当车站设备的数量、容量不够时，会给行车秩序、站厅秩序、乘车秩序和乘客的安全带来不利影响。小时客流量的分析不准，也会给行车、乘降工作带来不利影响。必须指出，在高峰小时内客流分布也是不均衡的，一日内小时客流量的调查资料显示，还存在一个 20 min 左右的超高峰期。

2. 全日客流量在一周内的变化

城市轨道交通线路主要是以通勤、通学客流为主，双休日客流有所减少，而连接商业网点、旅游景点的轨道交通线路在双休日和节假日客流显著增加。全日客流量在一周之内呈现有规律性的变化。从运营经济性考虑，应根据不同的客流量在一周内实行不同的全日行车计划。另外，星期一与节假日后的早高峰小时客流、星期五与节假日的晚高峰小时客流，都会比其他工作日早、晚高峰小时客流量大。为适应这种短期内客流的变化，运营部门要制定相应的措施。

3. 客流的不均衡性

客流的不均衡性主要表现为以下三个方面：

（1）上下行客流的不均衡系数 α_1

$$\alpha_1 = \frac{\max(A_{\max}^{上}、A_{\max}^{下})}{(A_{\max}^{上} + A_{\max}^{下})/2} \tag{4-1}$$

式中　$A_{\max}^{上}$、$A_{\max}^{下}$ ——分别为上、下行最大断面客流量，人。

当 α_1 较大时，即在上、下行方向最大断面客流量不均衡的情况下，直线走向（需要折返）的轨道交通线路要做到经济合理地配备运力比较困难，而在环形轨道交通线路上则常采用内、外环线路安排不同运力的方法来解决，即在环线轨道交通上可分别上、下行安排不同的运力与此相适应。

（2）断面客流的不均衡系数 α_2

$$\alpha_2 = \frac{A_{max}}{\sum A_i / n} \tag{4-2}$$

式中 A_{max}——单向最大断面客流量，人；

A_i——单向断面分时客流量，人；

n——轨道交通所设区间数量。

当 α_2 较大时，即在断面客流量不均衡时，运营部门常采用在客流量较大的区段加开区段列车的措施，但在行车密度很大的情况下，加开列车会有一定难度，而且加开区段列车对运营组织和车站折返设备都会提出新的要求。

4.2.3 城市轨道交通客流空间特征

1. 方向上的客流分布特征

上、下行两个方向的客流量在同一时间段内是不相等的，根据上下行客流的特征，城市轨道交通线路分为双向型和单向型。双向型线路的上下行客流量大致相等，市区线路多属于双向型；单向型的上下行客流量差别很大，通向郊区或工业区的线路多属于单向型。

2. 断面上的客流特征

由于各车站的客流量是不相等的，因此列车途经的各断面客流量也不相等，线路各断面上的客流分布是有一定特征，但对整条线路归纳起来，主要有以下几种类型：

（1）均等型。环线布置或是位于用地已高度开发的线路，各车站的上下车客流大致相等，沿线客流比较稳定，不存在客流明显突增的路段。

（2）中间突增型。当城市轨道交通线路途经高密度开发区、大型的对外交通枢纽或是车站利用常规公交线路扩大辐射范围时，线路客流存在突增的路段，位于该区域车站的上下车客流明显激增。

（3）两端萎缩型。当城市轨道交通线路的两端位于尚未完全开发的城市边缘或郊区时，线路两端的车站客流会小于中间路段的客流。

（4）逐渐缩小型。当城市轨道交通线路两端的车站位于城市中心地区或大型对外交通枢纽时，随着线路向外延伸，客流会逐渐缩小。

4.2.4 城市轨道交通网络化客流特征

城市轨道交通通过换乘站连接成网络，乘客通过多次换乘到达目的地成为常态。网络运营条件下的城市轨道交通系统，客流特征具有明显的特征，主要体现在以下几个方面：

（1）网络化后客流量增大，换乘客流量所占比重较大，多个城市的换乘客流量超过了本线客流。

（2）网络化后全网的平均运距增加，但单线的平均运距减小。

（3）网络化后线路的高峰小时最大断面流量发生在换乘点前后，第一换乘站点距离起点站越远，最大断面值越大。市区线路一般在较大规模的枢纽站出现断面客流下降，而郊区线路一般在第一个换乘站出现客流断面的最高值，随后呈下降趋势。

（4）网络化后新增线路会带来全网客运量的增加，其中交叉线或本线延伸会使得既有线路客流的突增，如图 4-2 所示便是延伸线开通后的客流断面变化趋势，但是平行线的分流作用会造成某条线路的客流量突减。

（5）网络化后新线开通运营的客流培育期较短，即使新增线路位于开发强度不高的地段其进站客流量较少但其换乘客流却较大。例如杭州地铁 1 号线于 2012 年年底开通运营，2 号线东南段和 4 号线于 2014 年年底、2015 年年初相继开通，杭州地铁从一条单一线路发展成了三线成网，2015 年春节小长假期间，杭州地铁 1、2、4 号线单线进站客流累计 171.2 万人次，其中 1 号线 157 万人次，2、4 号线本身进出站客流较少，为 14.2 万人次，但近江、彭埠、钱江路等换乘站的换乘客流量是其本线进站客流的两倍之多，线路之间换乘客流 29.23 万人次。

（6）网络化后市区线的客流强度较高，郊区线的客流强度较低。

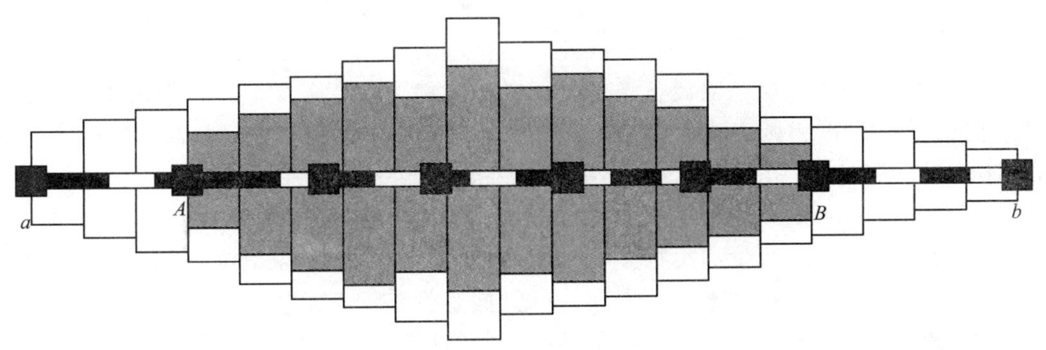

图 4-2　延伸线开通客流断面变化趋势

4.3　城市轨道交通客流变化规律

客流是城市轨道交通投资决策的基础，也是衡量建设项目经济成本、预测建设项目投入运营后经济效益的关键指标。城市轨道交通的客流是动态变化的，呈现出一定的特征和规律性，客流特征和变化规律是客流预测的参考依据。因此，很好地掌握客流特征及其在城市轨道交通这特殊时空下的变化规律对城市轨道交通挖掘客流潜力，提高客流强度，提升运营效率具有重要的意义。由于城市规模、经济、社会等属性存在差异，因此人们的出行特征也具有一定的差异性，但是总体变化规律具有共同之处。本节分析了一些国内外城市轨道交通发展较为成熟的典型城市的客流发展规律，对比其各自的客流变化规律，总结出城市轨道交通客流发展的一般性规律，为今后的城市轨道交通建设及运营组织提供可参考的依据。

4.3.1　客流不确定性分析

客流量是城市轨道交通设计的基础资料，对城市轨道交通设计起着非常重要的作用，然而城市轨道交通客流受到多种因素的影响，其值表现为某种时空不确定性。以下从城市建设与规划的同步性、路网建设、运营组织管理及气候条件等四方面进行分析。

1）城市建设超前或落后于城市规划

城市建设与规划不同步将导致城市人口、出行方式等预测参数的较大范围的变动，从而使客流表现出一定的不确定性。当城市建设超前于城市规划时，居民出行强度增加，反之，则出行强度相对较低，这就导致了客流难以把握而出现不确定性情况。

2）路网及公交配套的完善程度

这主要包括城市轨道交通路网自身完善程度及与常规公交的衔接程度。目前我国正处于私家车向公共交通过渡的阶段，随着城市轨道交通路网自身建设的不断完善，可提高系统服务质量，从而吸引不同程度的客流；另一方面，城市轨道交通还需考虑与常规公交的衔接，这将使得公共交通出行比例不断增加。这些都使城市轨道交通客流量随其完善程度呈现出某种不确定性。

3）运营组织管理

在一定的城市轨道交通运输设备条件下，其运输能力、服务质量等都取决于运营组织管理策略。通过优化合理的城市轨道交通运营组织管理策略，不仅可实现其高效、经济、安全、便利的目标，同时也能吸引更多的客流，因此这些运营组织策略将使得客流量发生一定变化。首先，在票价方面：不同城市根据交通结构特点使用的城市轨道交通票价不一，香港地铁相比大陆尤其是北京地铁的票价高出很多，在经济效益驱使下一旦票价进行调整势必影响城市轨道交通客流量。其次，在换乘组织方面：一方面是换乘配合组织，对城市轨道交通内部各线路、车站之间的换乘进行优化可缩短乘客整个旅行时间，吸引客流，反之可能导致原有客流的流失；另一方面是换乘方式组织，换乘方式（站台换乘，站厅换乘、通道换乘）关系到乘客换乘时间长短，是乘客选择城市轨道交通的一项参考指标。

4）气候条件及季节变化

首先，城市轨道交通是受气候条件影响最少的交通方式。当气候条件发生变化（如骤雨、狂风、暴雪等恶劣气候）时势必影响出行者对原有交通方式的选择，那么城市轨道交通客流量将难以估计，原预测客流值不再适用；其次，客流本身随季节的变化而发生变化。在不同年份随国家政策、大型活动等不确定因素的变化，城市轨道交通客流也表现为一定的不确定性。

综上所述，导致实际客流与预测客流偏差较大的原因不仅受客流自身的这种不确定性影响。另一方面也受其预测技术的限制，其所存在的四方面的不足也导致了实际客流和预测客流偏差较大。

4.3.2 城市轨道交通客流的影响因素

目前影响城市轨道交通客流的因素有很多，其包括经济性和非经济性因素，主要影响因素包括以下几种：

1）城市发展导向和土地开发

土地利用与客流的关系是“源”和“流”的关系，城市各个区域的功能布局决定了出行活动、出行流量及出行方向。城市发展导向及土地开发都伴随着客流的大幅增长。

城市轨道交通建设包含两重意义：一方面是为满足沿线建成区域既有客流的交通需求；另一方面是为引导城市沿轴线发展，促进沿线土地开发，支持城市空间发展规划。通常在城市轨道交通的建设或某一路段的建设侧重于后者的情况下，其客流量的大小将取决于城市总体规划和地区规划及其交通建设实施情况，但客流量主要还是受市区人口疏散力度以及沿线土地开发性质和强度变化的影响。

2）人口规模和经济总量的增长

城市中的出行量尤其是城市轨道交通乘客出行量与人口规模、出行率也有着密切的联系。因此，除要分析常住人口、暂住人口和流动人口之外，还应分析人口的年龄、职业、居住等其他参数的特征。据调查资料显示，不同人群的出行率不同，而且城市人口总量和经济发展规模还为城市轨道交通的大力发展提供了持续的客流来源和坚实的经济基础。

3）城市居民日均出行频率和出行总量

城市居民日均出行总量直接决定了一个城市交通系统的客流承担量，上海市 2014 年出行总量达 5 550 万人次/日，较 2009 年增加了 12%。

4）城市公共交通和轨道交通所占比例

居民出行方式、出行习惯和公共交通所承担的出行比例等都会对客流产生较大影响。

与国外发达国公共交通所占 60%～70% 相比，我国公共交通所承担比例不高。例如，大中城市一般不超过 20%，上海达 23% 以上。另外，我国城市轨道交通占公共交通的比例约占 20%，这与规模相似的国外大城市的 60% 相比，存在巨大的上升空间。

5）票　价

票价对客流的影响以及乘客收入水平对客流的影响是综合产生作用的结果。这是因为城市轨道交通的客源一般来自中、低收入的人群，其对票价较为敏感。一般来说，提高票价将导致客流量降低。

城市轨道交通作为一项公益性项目，票价水平很难适用目前这种成本加利润的制定原则，因此需要根据乘客的承受能力和系统服务的特点、水平及优势特点，同时与常规公交之间保持合理的比价关系，使乘客的出行效益和出行费用相互匹配，努力寻求票价水平和客流之间的平衡点，从而达到提高其票务收入的目标。此外，随着人们生活水平的提高和收入的增加，在出行方式多样化选择的情况下，服务水平成为了决定客流量大小及影响客流潜在需求的关键因素。

6）设施建设和建设标准

城市轨道交通的制式和敷设方式（与造价有关），系统规模和列车编组及配车数量，以及建设标准和配线等都直接决定了其造价与运营成本。同时，设施的建设标准决定了工程造价和运营设施保障水平，更是为乘客的舒适度奠定了良好的基础。

7）网络规模及结构

将城市轨道交通某条线路上的若干个车站作为服务于客流的窗口，这种车站的分布对城市地域的覆盖范围非常有限，因此使得乘客出行的可达性较差，客流吸引力较低。因此，一方面随着城市轨道交通网络运营规模的不断扩大，车站分布的地域覆盖范围也不断扩展，最终提高了系统的可达性和客流吸引力，使得各条城市轨道交通线的客流量都逐步增加。另一方面，随着网络规模的扩大，若其编织过密或者网络构架结构不合理，都将造成城市轨道交通线路间的相互分流，并最终导致部分线路客流成下降趋势。

8）网络运输能力配置

交通供给和交通需求之间动态平衡决定了客流的最终规模。一方面，在交通供给水平比较低的条件下，势必造成部分客流需求被抑制。然而城市轨道交通供给水平由其运输能力配置来决定，在运输能力不足时，会导致列车运行间隔较长、候车时间增加、列车超员、拥挤等现象，并致使服务水平降低，甚至使得部分客流转移至其他交通方式而限制城市轨道交通客流量的增长。倘若运能配置适当，则可使其优势得到充分发挥，增加乘客使用城市轨道交通的出行效益和舒适性，这也定将增加城市轨道及交通系统的整体吸引力和客流量。

9）交通衔接配套

与其他交通方式之间建立合理的衔接关系，有利于城市轨道交通的客流增长。城市轨道交通与其他交通方式之间，应该形成以城市轨道交通为骨干、各种方式合理分工、相互补充的协作关系，建立和完善以城市轨道交通车站为中心、各种交通方式换乘方便的综合交通体系，可以为城市轨道交通积聚和疏散大量客流，增加城市轨道交通的间接吸引客流量。

10）交通运输政策

城市交通一般采取以公共交通为主、个体交通为辅的交通运输政策，优先发展公共交通、大力发展城市轨道交通、控制自行车与私人汽车的发展，这对引导市民出行利用公共交通与城市轨道交通方式有着非常重要的意义，对客流也有着重要的影响。

11）季节性因素

每年1、2、6三个月是客流量相对较低的月份。

12）短期影响因素

如天气、节假日、大型活动等都会对全网客流或局部造成一定的影响。极端恶劣天气一般对当天的客流影响较大。

4.3.3 城市轨道交通客流成长规律

对于一条城市轨道交通线路，决策者最希望了解的信息就是其客运量的发展趋势。影响全日客运量发展趋势的主要因素有：城市轨道交通线网的发展；与其衔接的其他交通方式的变化；沿线用地开发等。城市轨道交通线路从通车运营到未来发展的各年中，根据其客流量的变化可以划分为以下三个阶段：

（1）客流培育期（成网前阶段）：通常情况下城市轨道交通线路的客流培育期是在通车后 4～5 年，在这个时间段内，主要是对居住地、就业地的选择过程和对人们出行习惯的培养过程，因此在这个时期客流量增长缓慢，波动变化较多，例如上海轨道交通 1 号线。但当城市轨道交通线路铺设在土地开发已很成熟，潜在客流量已较大的地区时，一般不存在明显的客流培育期，而是在线路通车运营后的 10 年时间内客流均处于高速增长态势，例如首尔地铁 1 号线。

（2）客流高速增长期（轨道骨架网阶段）：经过对国内外城市轨道交通线路的客流发展趋势的研究，可以得出结论，各个城市不同线路的客流增长期大多在开通后的 5～10 年。这个时间段内客流增长的幅度最大。

（3）客流稳定期（稳定的轨道网络阶段）：高速增长期之后的时间段内，在这个时期城市轨道交通线路客流经过长期地培育，客流量变化稳定，一般呈现稳定的上升趋势。这时主要的客流来源于其他线路的开通，体现了城市轨道交通网络化的作用。

4.4　城市轨道交通客流预测

客流预测是一门科学，可以以现行运输统计制度提供的部分基础资料为依据，辅以对城市、港口、车站等处的调查，然后在此基础上进行预测。客流预测可分为区域预测、运输方式运量预测、平均运程预测、到发运量预测等。不同的预测类型决定了预测结果的不同用途。根据预测期间的长短，可分为短期（1～5 年）、中期（6～10 年）和长期（10 年以上）预测。

4.4.1　客流预测模式

城市轨道交通系统的规划、建设和运营不但要以现状客流作为主要依据，还要以近、远期预测客流作为依据。同时，城市轨道交通系统是整个城市交通系统的组成部分，因此轨道交通系统的客流预测也不能脱离整个城市交通系统的客流预测。目前，城市交通客流预测一般有以下几种模式：一是采用城市交通规划中的“四阶段”预测模式，分析和预测城市道路网和轨道交通系统的客流量；二是运用趋势外推的方法预测未来新建轨道交通线路的客流量；三是以车站确定的吸引区域来计算各站点、断面、线路的客流量。

（1）四阶段客流预测模式。四阶段是指交通的产生、交通的分布、交通方式的分配和交通在相关网络中的分配。交通的产生是确定各发点的总发送客流和各到点的总到达客流；交通的分布是确定各到发点间的客流；交通方式的分配是确定轨道交通网络分摊的客流；交通在相关网络中的分配是确定轨道交通系统各线路的客流。这是一种在现状 OD 调查以及未来城市发展规划、土地利用基础上，定量预测城市远期客流的预测模式，能较好反映城市客流与城市发展的关系，但当城市未能按发展规划实现时，预测的客流分布与将来实际客流分布就会存在较大差异。

（2）趋势外推客流预测模式。趋势外推客流预测模式是指根据道路交通量和公共汽车线路的现状客流量资料，按时间序列采用数学方法，利用有关参数求出轨道交通线路的客流。

这是一种基于现状的预测方法，能较好反映近期交通量的增长情况，但在预见轨道交通系统建成后的交通分布上，趋势外推客流预测的结果可靠性稍差。

（3）车站吸引区域客流预测模式。车站吸引区域是以车站为圆心，一定的到达车站时间或到达车站距离为半径的圆来确定的。到达车站的时间或距离又可以分为步行、自行车和公共汽车三种方式。因此，车站吸引区域客流预测模式又称为三次吸引客流预测模式。该模式认为，在合理确定车站吸引区域的前提下，能借助有关公式计算出通过三种方式到站乘车的人数。这种客流预测模式不以线路为单位，而以车站吸引区域范围半径及吸引区域内土地利用的性质对客流的影响来预测客流。

4.4.2 客流预测方法

城市轨道交通客流预测方法可分为定性预测方法和定量预测方法两类。定量预测方法又有时间序列客流预测方法和因果关系客流预测方法两类。定性预测方法中较多使用的有德尔菲法（Delphi）等。

1）时间序列客流预测方法

该类客流预测方法的基本思路是根据客流从过去到现在的变化规律来预测未来的客流。这类方法的主要优点是需要数据少，运算简便，只要采用时间段的统计客流数据变动趋势没有大的异常波动，预测结果一般较好。这类方法的主要缺点是无法反映客流变动的原因，因而不能指明影响客流因素变动时客流的变化趋势和结果。常用的时间序列客流预测方法有移动平均法、指数平滑法、月度比例系数法、自回归分析法和随机时间序列预测模型等。

（1）移动平均法是借助移动平均数修匀原始客流时间数列的变动，以描述其趋势的方法。所谓移动平均，就是按原始客流时间数列的一定项数计算移动平均数，逐项移动，边移动边平均，得出一组移动平均数，即由这组移动平均数构成的新的客流时间数列。新的客流时间数列可以把原始客流时间数列中的某些不规则变动，特别是周期性变动加以修匀，从而显示出客流长期变化的基本趋势。用移动平均法修匀原始客流时间数列比较客观，也比较容易得到客流变化的趋势。但移动平均法对原始客流时间数列两端的值无法进行修匀计算，因此每一次移动平均都会使数列变短，使进一步观察受到影响。另外，当原始客流时间数列的最后几项变动较大时，预测客流的可靠性也受到一定影响。

（2）指数平滑法也称为时间数列的指数平滑法，它也是通过修匀历史数据中的随机成分去预测未来，但它所使用的修匀方法与移动平均法不同，它引入一个认为确定的系数以体现不同时期因素在整个预测期中所占的权数。指数平滑法对实际客流时间数列的长度没有特别要求，资料较少时也能进行预测，但一般仅适用于原始客流时间数列变化较稳定的情况，另外只要正确选择加权指数，也能对远近期数据的不同影响作用作出合理的反映。这种方法的局限性是不能考虑其他因素对客流变化的影响。

（3）月度比例系数法的基本思路是根据客流变化的月度循环特征和规律性，去预测未来月份的客流。它根据过去若干年的月度客流统计资料，计算出平均的每月客流在年度客流中所占的比例，进而在未来年度总预测客流已得出的前提下，按比例系数计算该年度各月份的预测客流。使用月度比例系数法时，必须根据客流的实际变动不断对比例系数进行重新计算并加以调整。

（4）自回归分析法也称鲍克斯-詹金斯法，它是通过分析原始客流时间数列的不同自相关系数来选择适当的预测模型。当原始客流时间数列内的数值在某一固定间隔期具有较高的相关系数时，就可应用自回归模型来进行客流预测。自回归分析法在客流的短期预测方面具有一定的精度，因而得到较广泛的应用。但该方法需要较多的历史数据和较深的数学知识，计算量较大，计算较为复杂。

（5）随机时间序列预测模型是把时间序列作为随机变量的序列加以处理，认为时间序列是时间 t 的一组变量，其中，单个时间序列值的出现具有不确定性，但整个时间序列却具有固有的规律性。研究这些规律并进行简化，建立时间序列模型，可用于预测。对于平稳时间序列，主要有 3 种预测模型，即：自回归移动平均模型，简称 ARMA 模型；自回归模型，简称 AR 模型；移动平均模型，简称 MA 模型。对于非平稳时间序列，需用差分法进行处理使其平稳化。该方法的特点与自回归分析法类似，在客流的短期预测方面有较好的精度，但需要较深的数学知识，方法较为复杂，同时需要较多的历史数据，计算工作量也较大。

2）因果关系客流预测方法

由于客流的变动与经济的和非经济的因素之间存在密切的关系，并且这些因素之间又都是相互影响的，因此可以通过研究影响客流的因素来预测未来的客流。这类方法与时间序列客流预测方法的区别在于前者的自变量是时间，而后者的自变量是除时间以外的其他因素。这类方法的主要优点是能够考虑较多的对客流可能产生影响的因素，揭示引起客流变化的原因。同时在数据量足够多的情况下，常能得到较好的预测精度。这类方法的主要缺点是由于自变量的选择、有关参数的确定本身带有主观性和预测性，存在着预测的准确性会受到影响的可能性。常用的因果关系客流预测方法有回归预测法、引力模型和乘车系数法等。

（1）回归预测法。回归预测法是通过回归分析，建立一个合适的因变量和自变量之间的函数关系，来近似地表达客流和影响客流因素之间的平均变化关系。它包括一元线性回归预测、一元非线性回归预测、多元线性回归预测和逐步回归分析预测等方法。当研究客流与一个影响客流因素之间的关系时，称为一元回归预测；研究客流与多个影响客流因素之间的关系时，称为多元回归预测。如果客流在函数关系式中表现为自变量的一次函数，就称为线性回归预测，否则称为非线性回归预测。

（2）引力模型。引力模型因数学关系式与物理学的万有引力定律而得名。在研究地区间人的流动问题时，研究者发现人的流动数量似乎都是正比于地区人口的总数而反比于地区间的距离，这种现象正如物体之间的引力关系，于是提出了引力模型来预测客流。在对早期提出的引力模型进行修正的基础上，现在使用的一些引力模型既考虑了对地区间客流有影响的人口等各种吸引因素，又考虑了对地区间客流有影响的距离阻力因素。引力模型简单易懂，但在利用该模型进行客流预测时，参数的确定往往比较困难。

（3）乘车系数法。乘车系数法是一种以总人口和人均乘车次数来预测旅客发送量的方法，它是一种传统的客流预测方法。乘车系数是一定吸引范围内旅客发送量与总人口的比值，它可根据历年资料和可能发生的变化进行确定。这种客流预测方法的局限性是乘车系数本身的变动有时难以预料。此外，在计算总人口时，间接吸引范围的人口确定也比较复杂。

3）德尔菲法

在历史客流数据较少的情况下，借助预测者的专业知识和实际经验，并综合考虑多种影响因素对客流进行预测称为定性预测。德尔菲法就是目前采用较多的定性方法之一，又称为专家调查法。虽然参加定性预测的专家意见是一种主观判断，受到对问题认识差异的影响，但主观判断并不就是主观随意性，只要有相当数量对问题有研究的专家参加定性预测，尽管专家的预测结果不会完全一样，但会是围绕一个中心值波动，那么，这个中心值就是确定预测结果的客观基础。为了避免个人知识、经验和素质的局限性影响预测的精确度，德尔菲法选择一组专家作为征询意见的对象，同时为了防止互相影响而不能做到独立判断，专家的意见一般以匿名方式填写。调查的组织者将调查问卷寄给专家，征询他们的意见，在收到专家的意见后，将专家的意见进行归纳汇总形成新的调查问卷，然后对专家进行再征询，对经过归纳汇总的意见进行分析、判断和提出新的意见。经过多次这样的反馈，当专家的意见逐步趋于一致，预测的结果也就基本形成。

4.5 客流调查

在城市轨道交通运营过程中，要掌握客流在时间、空间上的动态变化规律，必须经常进行各种形式的客流调查。

4.5.1 客流调查种类

客流调查问题涉及客流调查的内容、调查地点和时间的确定，调查表格和设备的选用，以及调查方式的选择等事项。根据不同的情况和不同的需要，轨道交通系统的客流调查种类主要有全面客流调查、乘客情况抽样调查、断面客流目测调查和节假日客流调查等。

1）全面客流调查

全面客流调查是一种全线客流的综合调查，通常也包含了乘客情况抽样调查。这种类型的客流调查时间长、工作量大、需要较多的调查人员，但在对调查资料进行整理、统计和分析的基础上，能对轨道交通系统的客流现状及客流规律有一个全面清晰的了解。全面客流调查有两种调查方式，即随车调查和站点调查。随车调查是在车门处对全天运营时间内所有运行列车的上下车乘客进行调查，站点调查是在车站检票口对全天运营时间内所有车站上下车乘客进行调查。轨道交通系统多采用后者。全面客流调查的内容通常包括全线客流调查和乘客抽样调查两部分。全线客流调查一般应连续进行二或三天，在全天运营时间内，调查全线所有车站的所有乘客的下车地点和票种情况，并将调查资料以 5 min 作为间隔分组记录下来。乘客情况抽样调查通过问卷方式进行，内容包括乘客构成情况调查和某类乘客乘车情况调查两项。乘客构成情况调查通常在车站进行，而某类乘客乘车情况调查可在特定的地点进行。

2）乘客情况抽样调查

该项调查通过问卷方式进行，内容包括乘客构成情况调查和乘客乘车情况调查两项。乘客构成情况调查是在车站进行，被调查人数取全天在车站乘车人数的一定比例，调查表内容有年龄（老、中、青），性别（男、女），居住地（本地、外地），出行目的（工作、学习、购物、游览、访友、就医、其他）。调查时间可选择在客流比较正常的运营时间段。某类乘客乘车情况调查可在月票发售点或其他地点进行，常见的有对持月票乘客进行的调查，被调查人数取某类乘客总数的一定比例，调查表内容有年龄、性别，职业，家庭住址，到达车站的方式（步行、骑自行车、乘公交车）和时间，乘坐列车比过去乘坐公交车节省的时间。

3）断面客流目测调查

这是一种经常性的客流抽样调查，根据需要，可选择一或两个断面进行调查，一般是对最大客流断面进行调查，调查人员用目测估计各车辆内的乘客人数。

4）节假日客流调查

这是一种专题性客流调查，重点对春节、元旦、国庆节、双休假日和若干民间节日期间的客流进行调查。调查的内容包括机关、学校、企业等单位的休假安排，城市旅游业、娱乐业的发展程度，以及城市居民生活方式的变化等。该项调查一般是通过问卷方式进行。

4.5.2　客流调查汇总指标

在进行了客流调查后，对花费了许多时间、人力和财力所获得的客流调查资料，应认真整理，或列成表格，或绘成图表，然后采用适当的统计方法来汇总计算各项指标，进行正确的分析。轨道交通系统全面客流调查后汇总计算的指标主要有以下各项：

（1）全线各区间分时断面客流量；
（2）全线分时最大客流断面；
（3）全线分时最大断面客流量；
（4）全线各站分时上车人数；
（5）全线各站分时下车人数；
（6）全线各站分时换乘人数；
（7）全线各票种分时乘客数；
（8）本线乘客乘车站数；
（9）跨线乘客乘车站数；
（10）乘客分时平均运距；
（11）全线分时客车公里；
（12）全线分时客位公里；
（13）全线分时乘客公里；
（14）全线分时乘客密度；
（15）全线分时平均满载率；
（16）全线分时最大客流断面满载率；
（17）车站别普票乘客构成情况；
（18）车站别月票乘客乘车百分比；
（19）月票乘客居住区域百分比；
（20）月票乘客以不同方式到站时间；

（21）月票乘客平均节省时间；

（22）轨道交通系统三次吸引乘客百分比。

本章小结

城市轨道交通客流是城市轨道交通合理安排运力、编制运输计划、组织行车分析和分析运营效果的基础。城市轨道交通的客流是动态性质的，它因时因地而变化，对客流动态实行经常的监督和系统分析，掌握客流现状与客流变化规律是轨道交通系统行车组织工作和客运组织工作得以顺利进行的前提。本章重点分析了城市轨道交通客流特征，包括一般特性、时间特征、空间特征以及网络化客流特征等，在此基础上分析客流变化规律以及客流预测、客流调查等内容。

第 5 章　列车运行图编制概述

本章的目的在于对城市轨道交通列车运行图的编制相关概念进行阐述。包括列车运行图的基本概念与特征。

5.1　城市轨道交通列车运行图概述

5.1.1　列车运行图概念及特征

列车运行图是用以表示列车在轨道交通区间运行及在车站到发或通过时刻的技术文件，它规定各次列车占用区间的程序，列车在每个车站的到达和出发（或通过）时刻，列车在区间的运行时间，列车在车站的停站时间，在折返站的折返作业时间，车底交路、列车重量和长度以及列车出入车辆段时机等。列车运行图能直观地显示出各次列车在时间上和空间上的相互位置和对应关系。

列车运行图是轨道交通企业实现列车安全、正点运行和经济有效地组织铁路运输工作的生产计划。轨道交通是一个复杂系统，列车的运行是一个复杂的过程，其要求多个部门协调配合。在运输企业内部，列车运行图不仅规定了线路、车站、车辆等运输设备的运用，同时也规定了各业务部门的工作要求。列车运行图使各行车有关部门严格按照一定的程序有条不紊地进行工作，把整个运输生产活动联结成一个统一的整体。因此，列车运行图在协调各部门、各工种的各项作业方面起着极为重要的作用，是轨道交通运输组织的综合计划和行车组织工作的基础，对运输企业的生产效率和经济效益有着重要影响。

列车运行图是联系运输企业和乘客的纽带。列车运行图是轨道交通系统内部使用文件，以首末班列车出发时刻和行车间隔的形式对外公布，它是乘客安排出行计划的重要依据。科学合理地编制列车运行图，对保证行车安全，适应市场需求，提高运输能力、效率和效益，具有重要意义。

城市轨道交通主要服务于城市客流，客流具有流量大、阶段性高峰明显且变化大等特征，同时，城市轨道交通线路具有站间区间距离短、车站配线数量少、列车开行交路种类多、车底频繁上下线等特点，这导致了城市轨道交通列车运行图的下列特征：

（1）城市轨道交通多采用平行成对运行图且列车间不存在越行与会让。城市轨道交通一般为双线，车种单一，上下行线路上的列车按照右侧行车的方式上下行成对开行。城市轨道交通车站配线少，一般中间站不设置侧线，列车利用正线停车，折返站设置折返线办理列车折返作业，列车间不存在越行和会让作业，列车停站时分相对固定，列车运行线基本为平行运行线。

（2）列车发车间隔具有明显的时段性。城市轨道交通服务于城市日常出行客流，由于客流在一天内的变化，城市轨道交通为满足不同时间段旅客乘车的需求，采用不同的发车频率，列车的发车时间间隔具有明显的时段性。

（3）我国城市轨道交通在夜间不行车，夜间一般为 23 点至次日 6 点，在夜间，车底一般入段维修，日间列车行车密度高且行车间隔具有明显的时段性。

（4）车底出入库频繁。高低峰过渡时段由于到达列车数量和出发列车数量的不均衡性，车底频繁上下线。

（5）城市轨道交通列车运行图的种类多。由于城市地区客流的差异，城市轨道交通需要编制的运行图种类较多，一般有平时运行图、周末运行图、节假日运行图等。

（6）列车运行时间短，起停车频繁，行车密度高。城市轨道交通在设计上一般是站间距离较短，通常在 1 km 左右，使得列车在站间区间运行时间短，起停车频繁，行车密度高。

5.1.2　列车运行图图形表示方法

列车运行图是运用坐标原理对列车运行时间、空间关系的图解表示，因而实际上它是对列车运行时空过程的图解。在列车运行图上，对列车运行时空过程的图解可以有两种不同的形式。其一为以横坐标表示时间，纵坐标表示距离。这时，列车运行图上的水平线表示分界点的中心线，水平线间的间距表示分界点间的距离，垂直线表示时间。其二为以横坐标表示距离，纵坐标表示时间。这时，列车运行图上的水平线表示时间，垂直线表示分界点中心线，垂直线间的间距表示分界点间的距离。

如图 5-1 所示为某城市轨道交通运行图。列车运行线与水平线的交点，就是列车在每个车站到、发或通过的时刻。所有表示时刻的数字，都填写在列车运行线与横线相交的钝角内。列车通过车站的时刻，一般填写在出站一端的钝角内。为区别不同的列车，如专运列车、客运列车、施工列车等，列车运行线分别采用不同的符号表示，并在每条运行线上标明列车的车次。

（1）纵坐标：表示距离分割，根据区间实际里程，采用规定的比例，以车站中心线所在位置进行距离定点（在实施设计运行图时，以区间运行时分来确定各车站中心线位置）。

（2）横坐标：表示时间变量，按要求用一定的比例进行时间划分。

（3）水平线：是一族平行的不等分线，表示各个车站中心线所在的位置。

（4）垂直线：是一族平行的等分线，表示时间等分段。

（5）斜线：列车运行线，一般以上斜线表示上行列车，下斜线表示下行列车。

（6）在列车运行图上，列车运行线与车站的交点即表示该列车到达、出发或通过的时刻。由于城市轨道交通列车停站时间较短，一般不标明到、发不同时间。

（7）在列车运行图上，每个列车均有不同的车号与车次。一般按不同的列车类别规定代号与列车号，如专运列车、客运列车、施工列车等；按发车顺序编列车车次，上行采用双数，下行采用单数。以 ATC 方式运行时，采用列车运行目的地站代号编制。

为了适应使用上的不同需要，列车运行图按时间划分方法的不同，可有如下四种格式：

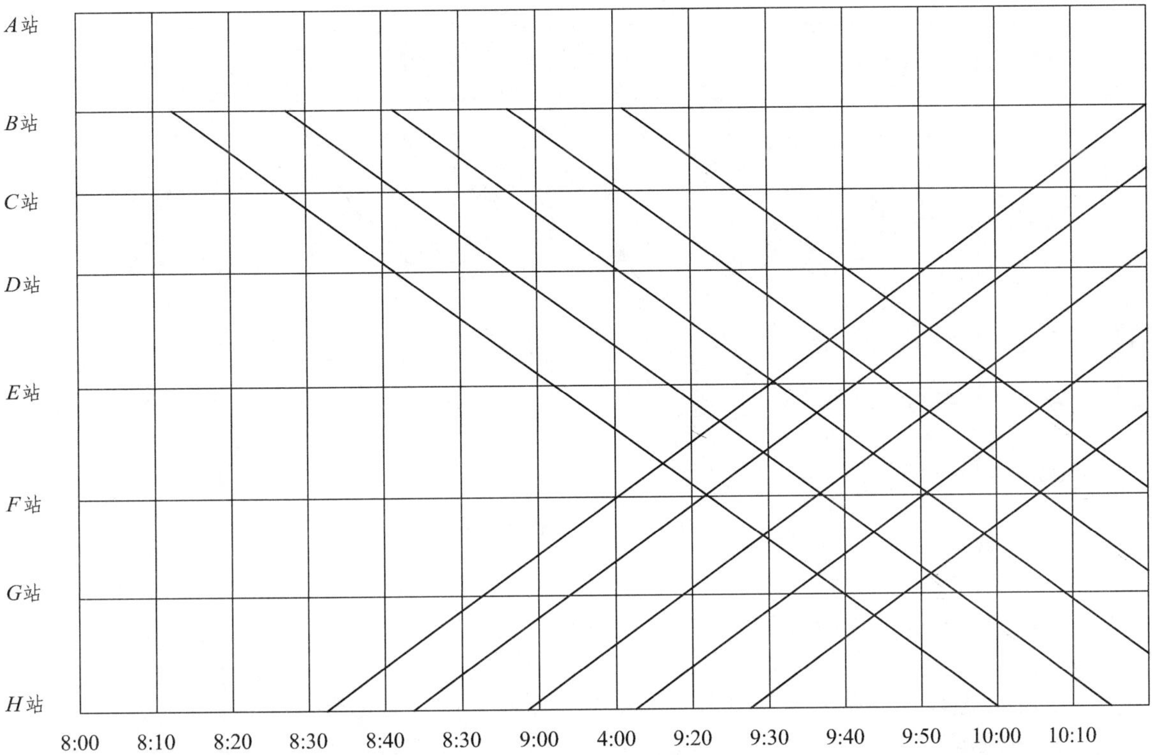

A站
B站
C站
D站
E站
F站
G站
H站
8:00 8:10 8:20 8:30 8:40 8:30 9:00 4:00 9:20 9:30 9:40 9:50 10:00 10:10

图 5-1　列车运行图

（1）一分格运行图。它的横轴以 1 min 为单位用细竖线加以划分，十分钟格和小时格用较粗的竖线表示。

（2）二分格运行图（见图 5-2（a））。它的横轴以 2 min 为单位用细竖线加以划分，十分钟格和小时格用较粗的竖线表示。

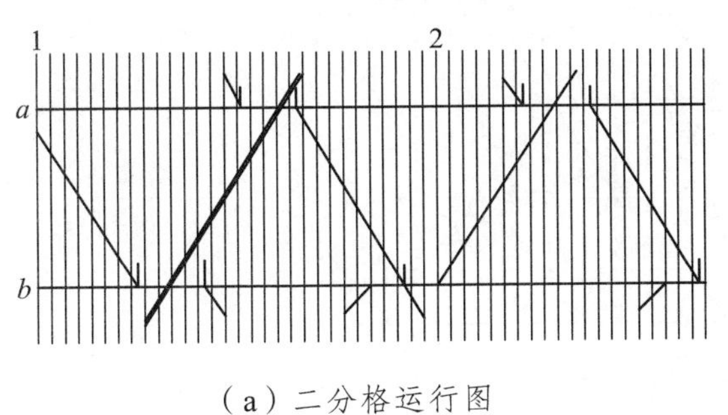

（a）二分格运行图

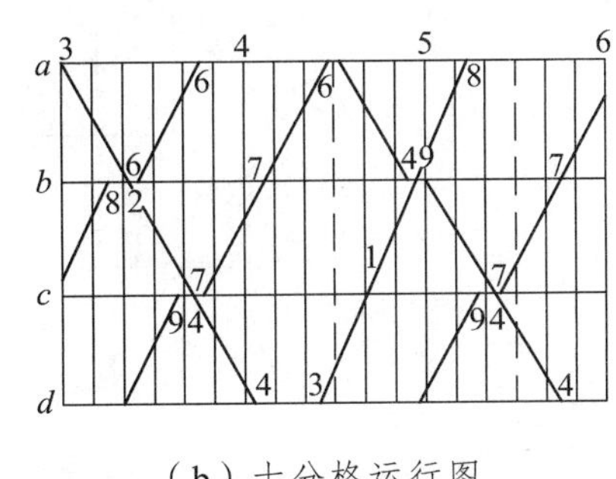

（b）十分格运行图

图 5-2

（3）十分格运行图（见图 5-2（b））。它的横轴以 10 min 为单位用细竖线划分，半小时格用虚线表示，小时格用较粗的竖线表示。

（4）五分格运行图（见图 5-3）。它的横轴以 5 min 为单位用竖线加以划分。五分格图主要在编制列车实际图时使用。

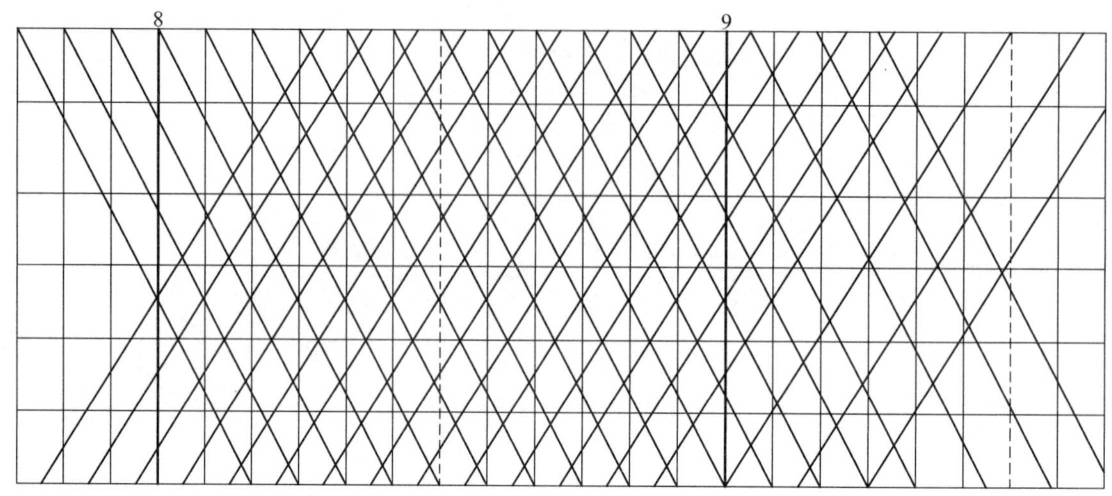

图 5-3 五分格运行图

5.1.3 列车运行图的分类

按使用范围以及线路的技术设备（如单线、复线）和列车运行速度、上下行方向的列车数量、列车的运行方式等条件，列车运行图可以分为多种不同类型的列车运行图。

1）按照区间正线数

（1）单线运行图。在单线区段，上下行方向列车都在同一正线上运行，因此，两个方向列车必须在车站上进行交会，如图 5-4 所示。（因城市轨道交通多采用双线运行，单线运行图只有在某方向线路故障时采用）

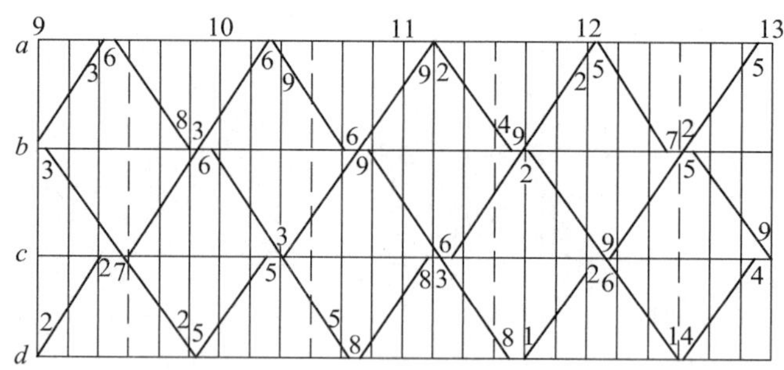

图 5-4 单线成对平行运行图

（2）双线运行图。在双线区段，上下行方向列车在各自的正线上运行，因此，上下行方向列车的运行互不干扰，可以在区间内或车站上交会。但列车的越行必须在车站上进行，如图 5-5 所示。

（3）单双线运行图。在有部分双线的区段，单线区间和双线区间各按单线运行图和双线运行图的特点铺画运行线，如图 5-6 所示。

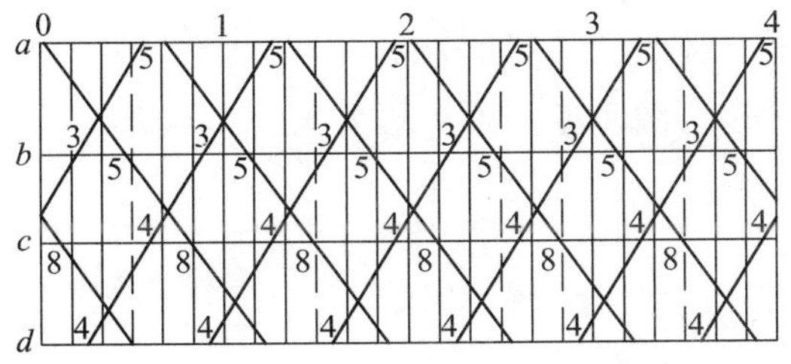

图 5-5　双线成对平行运行图

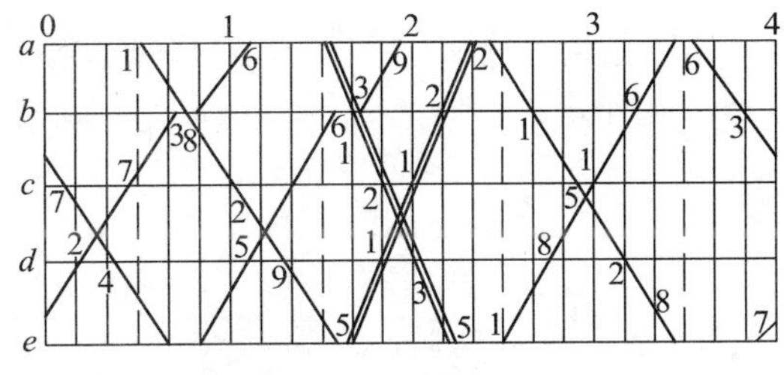

图 5-6　单双线运行图

2）按照列车运行速度

（1）平行运行图。在同一区间内，同一方向列车的运行速度相同，且列车在区间两端站的到、发或通过的运行方式也相同，因而列车运行线相互平行，如图 5-4 和图 5-5 所示。

（2）非平行运行图。在运行图上铺有各种不同速度的列车，且列车在区间两端站的到、发或通过的运行方式不同，因而列车运行线不相平行，如图 5-7 所示。

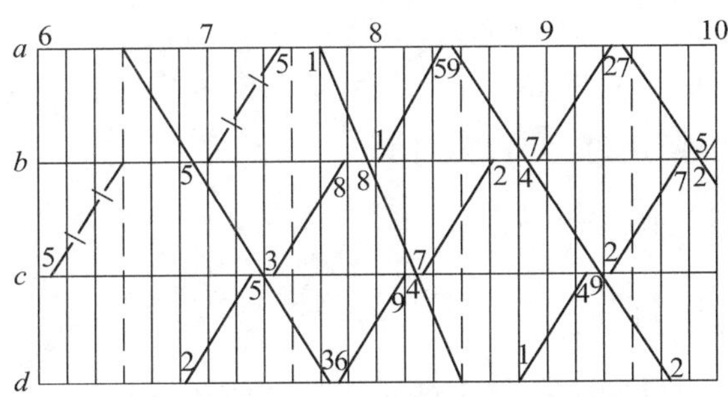

图 5-7　单线非平行运行图

3）按照上下行方向列车数

（1）成对运行图。这是上下行方向列车数相等的列车运行图，如图 5-4 和图 5-5 所示。

（2）不成对运行图。这是上下行方向列车数不相等的列车运行图，如图 5-8 所示。

4）按照同方向列车运行方式

（1）连发运行图。在这种运行图上，同方向列车的运行以站间区间为间隔。单线区段采用这种运行图时，在连发的一组列车之间不能铺画对向列车，如图 5-8 所示。

（2）追踪运行图。在这种运行图上，同方向列车的运行以闭塞分区为间隔，在装有自动闭塞的单线或双线区段上采用，如图 5-9 所示。

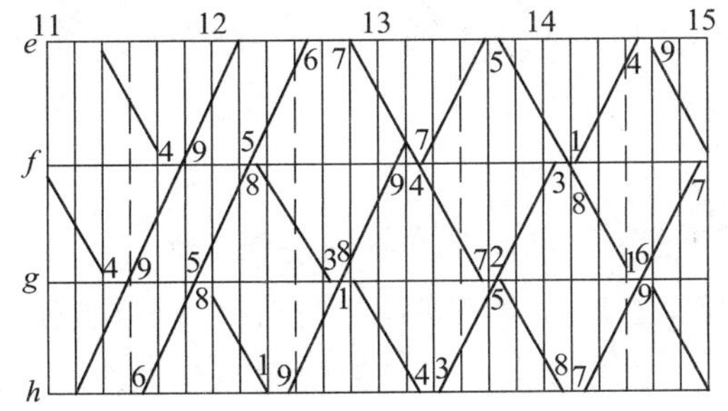

图 5-8　单线不成对运行图

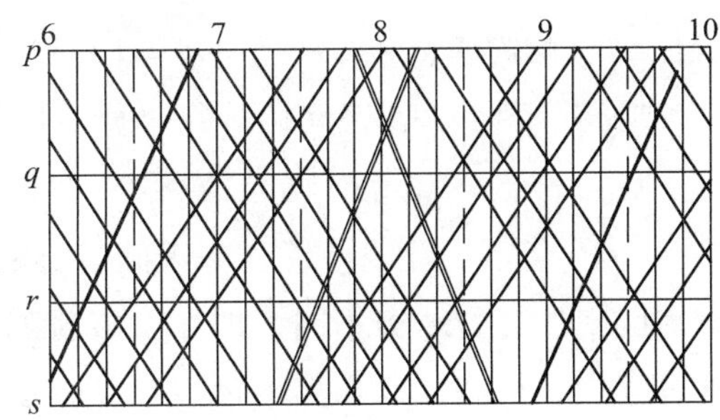

图 5-9　双线追踪非平行运行图

应该指出，上述分类都是针对列车运行图的某一特点而加以区别的。实际上，每张列车运行图都具有多方面的特点，例如某一区段的列车运行图（见图 5-9），它既是双线的、非平行的，又是追踪的。

5.1.4 列车运行图要素

运行图是由一些基本的要素构成的，为了编制列车运行图，必须首先确定组成列车运行图的各项要素。列车运行图要素包括：最小行车间隔时间；列车在车站的停站时间；列车区间运行时分；列车运行折返方式与折返作业时间标准；列车运送速度；行车通过能力；列车编组与车辆配置和追踪列车间隔时间等。

1. 区间运行时分

列车运行时分是指列车在两相邻车站之间的运行时间标准，它由车辆部门采用牵引计算和实际试验相结合的方法进行查定[16]。其计算公式为：

$$T_{运} = t_{纯} + t_{起} + t_{停} \tag{5-1}$$

式中 $T_{运}$——列车区间运行时分；

$t_{纯}$——列车不停车通过两个相邻车站所需的区间运行时分；

$t_{起}$——起车附加时分；

$t_{停}$——停车附加时分。

列车区间运行时分的运行距离为车站中心线之间的距离。由于上下行方向的线路平面、纵断面条件等影响因素可能不相同，列车区间运行时分应按上、下行方向分别查定。此外，列车区间运行时分还应根据列车在每一区间两个车站上不停车通过和停车两种情况分别查定。列车不停车通过两个相邻车站所需的区间运行时分称为纯运行时分。列车到站停车的停车附加时分和停站后出发的起动附加时分，应根据列车重量以及进出站线路平面、纵断面条件查定。

例如 A—B 区间的上行纯运行时间 $t'' = 4\,\text{min}$，下行纯运行时间 $t' = 5\,\text{min}$；A 站和 B 站起动附加时间均为 1 min，即 $t_{起}^{A} = t_{起}^{B} = 1\,\text{min}$；$A$ 站和 B 站停车附加时间均为 0.5 min，即 $t_{停}^{A} = t_{停}^{B} = 0.5\,\text{min}$，则 A—B 区间的运行时分可以缩写为：

上行：$4_{1}^{0.5}$　　下行：$5_{0.5}^{1}$

图 5-10 所示为沈阳地铁列车区间运行时分，从图中可以看出：不同的列车运行等级下，列车在区间的运行时分不同，即在 1 级时列车运行速度最快，区间运行时分最短。在实际的运营过程中，行调可以根据实际情况设置运行等级，以便使实际运行图最大限度地符合计划运行图。

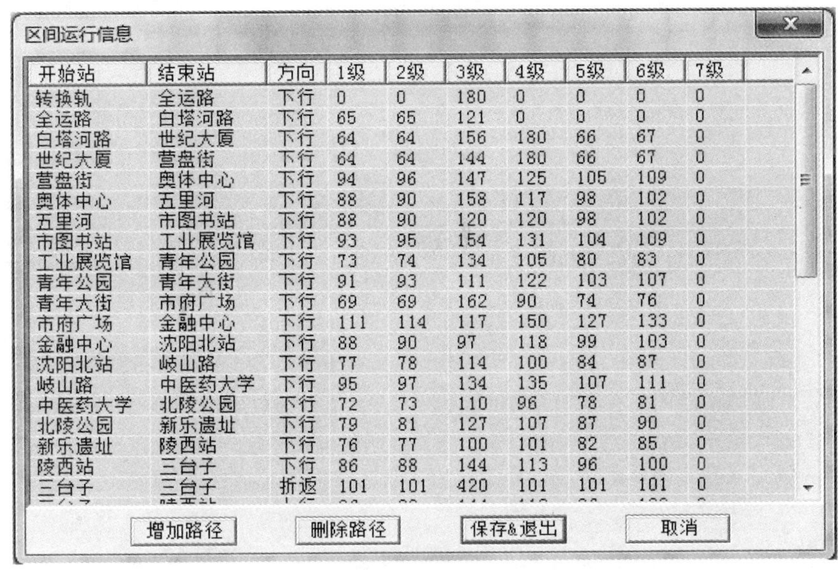

区间运行信息

开始站	结束站	方向	1级	2级	3级	4级	5级	6级	7级
转换轨	全运路	下行	0	0	180	0	0	0	0
全运路	白塔河路	下行	65	65	121	0	0	0	0
白塔河路	世纪大厦	下行	64	64	156	180	66	67	0
世纪大厦	营盘街	下行	64	64	144	180	66	67	0
营盘街	奥体中心	下行	94	96	147	125	105	109	0
奥体中心	五里河	下行	88	90	158	117	98	102	0
五里河	市图书站	下行	88	90	120	120	98	102	0
市图书站	工业展览馆	下行	93	95	154	131	104	109	0
工业展览馆	青年公园	下行	73	74	134	105	80	83	0
青年公园	青年大街	下行	91	93	111	122	103	107	0
青年大街	市府广场	下行	69	69	162	90	74	76	0
市府广场	金融中心	下行	111	114	117	150	127	133	0
金融中心	沈阳北站	下行	88	90	97	118	99	103	0
沈阳北站	岐山路	下行	77	78	114	100	84	87	0
岐山路	中医药大学	下行	95	97	134	135	107	111	0
中医药大学	北陵公园	下行	72	73	110	96	78	81	0
北陵公园	新乐遗址	下行	79	81	127	107	87	90	0
新乐遗址	陵西站	下行	76	77	100	101	82	85	0
陵西站	三台子	下行	86	88	144	113	96	100	0
三台子	三台子	折返	101	101	420	101	101	101	0

增加路径　删除路径　保存&退出　取消

图 5-10　沈阳地铁列车区间运行时分

2. 列车停站时分

列车停站时间长短服从于乘客乘降的需要，因而主要取决于车站的乘客集散量、车辆的车门数和座位布置以及车站的疏导与管理措施等。

在正常运行情况下，城市轨道交通列车在中间车站停站进行客运作业，供旅客降乘。列车在中间非折返站的停站时间取决于下列因素[16]：

（1）车站乘客乘降量；

（2）平均上、下一位乘客所需时间，该项时间取决于车辆的车门数及车门宽度、车厢内的座椅布置方式、站台高度和车站客运组织措施；

（3）开关车门时间；

（4）车门和车站屏蔽门的同步时间；

（5）确认车门关门状态良好时间。

由于乘客发生量在时间上的不均衡性，以及乘客在列车各节车厢内分布的不均衡性，列车停站时间除了考虑旅客上、下车时间（据实测资料表明，每名乘客上、下车约需 0.6 s）和开关车门反应时间以及动作时间（约需 6 s）外，还应有一定的富余量。这往往使得列车停站时间成为列车最小行车间隔时间的制约因素，而且停站时间过长会降低列车旅行速度。因此，车站应采取积极的疏导和管理措施，包括列车上的报站广播等设施，让上、下车旅客提前做好准备，以免延误乘降。一般来讲，列车停站时间应控制在 30 s 以下。

在客流高峰时段，列车停站时间有可能成为线路运输能力的限制因素，因此在满足作业需要的情况下，应最大限度地缩短列车停站时间，以提高线路通过能力和运输效率。有时，为更好地组织列车运行秩序和提高运用效率，列车在沿线不同车站也可考虑不同停站方式。譬如在早、晚高峰小时内，若客流集散地比较集中，就可以突破站站停车的方式，不停车通过某些客流量较小的车站，以加快旅客送达速度和列车的回空。图 5-11 即为沈阳地铁初始设置的停站时间表，其中包括了一般的停站时间及高峰和低峰时的停站时间。

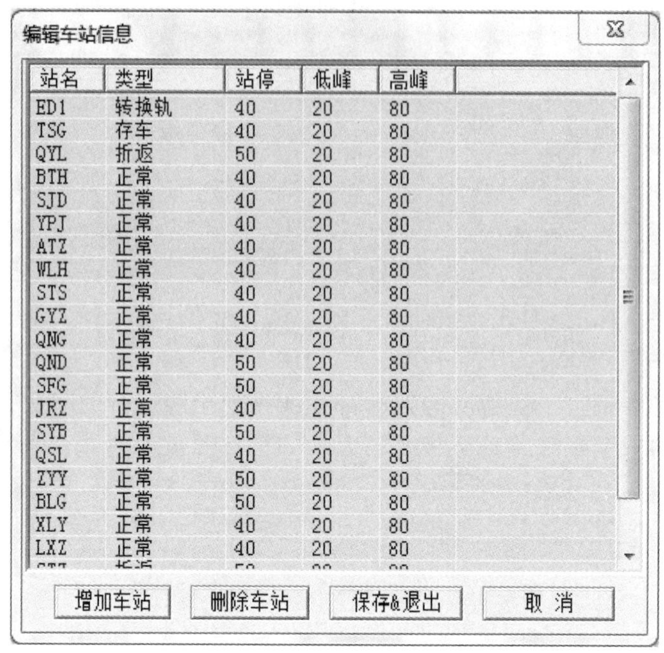

图 5-11　列车停站时间示意图

3. 追踪间隔时间

城市轨道交通线路一般为自动闭塞或移动闭塞，在同一区间内，同方向运行列车追踪运行。区间内追踪运行的两列车在运行过程中相互不受干扰的最小间隔时间称为区间追踪列车间隔时间[16]。区间追踪列车间隔时间取决于同方向列车间隔距离、列车运行速度及信联闭设备类型，应根据线路具体情况查定。

缩短行车间隔时间可以减少乘客在站候车时间，有利于提高服务质量，增大对乘客的吸引力，也有利于减少列车编组辆数，节省工程投资。但是，缩小行车间隔时间受到多种因素的制约。

一般说来，行车间隔时间的极小值取决于信号系统、车辆性能、折返能力、停站时间等诸多因素，在有先进技术设备和足够工程投资作保证的前提下，停站时间往往成为最重要的制约因素，因为在高峰小时内，线路上个别车站的乘客集散量可能特别大，导致列车在该站的上、下车时间较长。一般来说，最长停站时间控制在 30 s 左右时，该线最小行车间隔时间可定为 2 min。按此可计算线路最大运输能力和编制列车运行时刻表，当然在列车运行秩序稍有紊乱时，信号系统和列车折返系统应有能力进一步缩短行车间隔时间，使列车运行秩序尽快恢复正常。

现有地铁中，最小追踪间隔一般是在信号设计时即根据牵引计算和信号系统的设计情况通过相关算法计算完成，以便查定列车最小间隔时间是否满足设计需求。

4. 折返站间隔时间

城市轨道交通线路上，非折返车站一般不设置配线，为了保证行车安全，列车在到达、自折返站出发或办理折返作业时均需满足一定的车站间隔时间。折返站间隔时间是编制列车运行图的重要约束，其类型取决于车站办理的列车作业内容和折返站辅助配线形式，本书将在第 7 章详细阐述折返站间隔时间的种类。

5. 折返作业时间标准

列车折返作业时间标准指列车到达终点站或在区间站进行折返作业的时间标准。不同的折返站布置形式，列车折返所需时间不同。折返作业时间标准受折返方式、列车长度、列车制动能力、信号设备水平、司机操作水平等因素的影响。不同折返站配线设置形式下列车折返作业时间过程及折返作业时间标准将在第 7 章中详细分析。下面简要介绍一下折返作业时间的构成。

列车的折返首先涉及一个是否所有列车都在线路上全线运行的问题，由于各区间断面客流量一般是不均衡的，个别线路甚至相差较大。如果按照最大断面客流量开行一种列车，将使车辆客位利用率不高，造成一定程度的浪费，所以应视线路的具体情况采用长短交路相结合的组织方法，不仅能提高列车和车辆运用效率，降低运营成本，避免了运能虚靡，同时还可给乘客带来极大方便。

短交路的起止点车站一般为中间折返站，如果线路一端客流特大时，短交路也可能在终端站折返。中间折返站的设置要考虑车站两端区间断面客流量的差别，同时还要顾及不同种类列车间客位利用率的均衡性。在短交路中，短途乘客会上长交路列车，但长途乘客不会上短交路列车，这种乘客心理会导致长交路列车负荷偏重，短交路的列车又较空闲，或者引起乘客在站台的多余滞留和不必要的换乘。因此，短交路不宜过短，而且同时开行的列车种类不宜超过两种。高峰小时内为保证乘客上下班，不因误乘短交路列车而滞留在中间站台上，应适当减少短交路列车开行数量。

列车运行到终端站或对短交路而言列车运行到中间折返站时，要进行列车折返作业，列车折返方式根据折返线的布置可分为站前折返、站后折返等。

不同的折返布置形式，列车折返所需时间是不同的。折返时间受折返线的形式、列车长度、列车制动力、信号设备及驾驶员操作水平等诸多因素的影响。在所要求的列车行车间隔时间小于列车折返所需时间时，必须采取其他措施，如在折返线预置另一列车进行周转或在该站配备调车司机，避免原司机在折返线从车尾步行到车首，延长折返时间。

列车折返时间有纯折返时间和全折返时间两种。

纯折返时间是指列车从折返站一侧站台发车（开往折返线）时始，至完成折返到达另一侧站台时止的时间。

全折返时间是指列车从折返站一侧站台发车（开往折返线）时始，至折返后在另一侧站台上客完毕发车时止的时间（即包含在始发站停车等待上客的时间）。

6. 列车编组与车辆配置

根据系统的设计客运量、车辆定员数和通过能力，可计算出车辆运行的编组方式。高峰小时内每班次列车的平均载客量应为系统设计客运量与通过能力之比。由每班次列车的平均载客量除以车辆定员数，便可分别得到列车的编挂车数。至于车辆定员数，目前一些发达国家的轻轨、城市轨道交通运营计划按站立 4 ~ 6 人/m^2 标准来考虑。结合我国具体国情，人口多，乘车难，舒适度不能要求过高，站立标准可按 6 人/m^2 定员，考虑超员情况，按 9 人/m^2

确定为宜。

由线路长度、设计客流量、列车载客量和与之相应的行车间隔及列车在终点站的折返时间，并假定高峰期间列车采取全程运行方式，便可推算出运行列车数。配置车辆总数应按适当比例考虑备用车数和检修车数，以保证客运工作的正常进行。

7. 追踪列车间隔时间

1）追踪列车间隔时间的意义

在自动闭塞区段，一个站间区间内同方向可有两列或两列以上列车，以闭塞分区间隔运行，称为追踪运行。追踪运行列车之间的最小间隔时间，称为追踪列车间隔时间 I，如图 5-12 所示。追踪列车间隔时间，取决于同方向列车间隔距离、列车运行速度及信联闭设备类型。

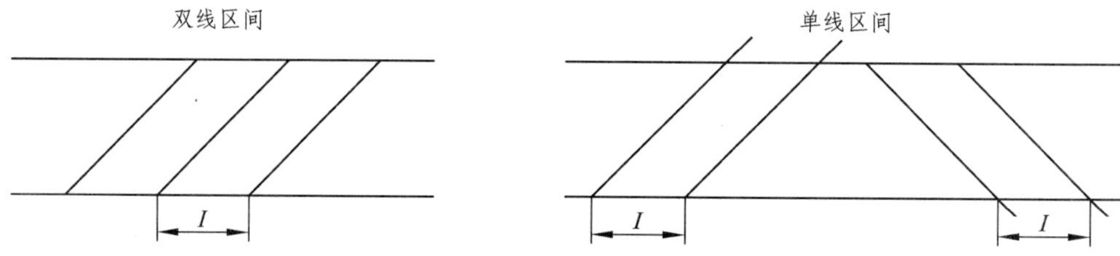

图 5-12 追踪列车间隔时间图

2）移动自动闭塞追踪列车间隔时间计算原理

移动自动闭塞是在确保行车安全前提下，以使追踪列车间的间隔达到最小为目标，以车站控制装置和机车控制装置为中心的一个闭塞控制系统。在这一系统下，区间内运行的每一列车均与前方站的中心控制装置周期性地保持高可靠度的通讯联系；车站中心控制装置接到列车信息后，根据列车牵引特性曲线及区间相关参数，解算出每一追踪列车的允许最大运行速度发送给列车，而对于接近进站的列车，则根据调度命令发出该列车进站及进入股道等信号。移动自动闭塞系统在我国已取得一定的研究成果。

采用移动自动闭塞系统可以有效地压缩追踪列车间隔时间，提高区间通过能力。在移动自动闭塞区间，追踪列车间隔时间如图 5-13 所示。据此，在区间内运行的追踪列车间隔时间 $I_{追}$ 可按式（5-2）计算。

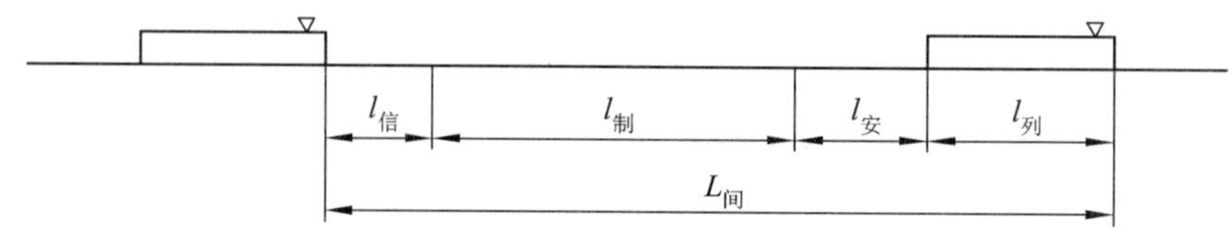

图 5-13 移动自动闭塞追踪列车间隔图

$$I_{追}=0.06\frac{l_{制}+l_{列}+l_{安}}{v_{运}}+t_{信} \quad (\mathrm{min}) \tag{5-2}$$

式中 $l_{制}$——列车制动距离，m；

$l_{安}$——系统安全防护距离，m；

$t_{信}$——列车动态信息传输时间，min。

8. 列车运送速度

城市轨道交通的优越性之一就是列车运送速度快，约为公共汽车和无轨电车的一倍，可以大大节省乘客的旅行时间，同时列车运送速度快，则车辆周转快，有利于减少车辆配备数，节省设备投资。

在实际工作中，通常把速度分为 4 个不同的概念，即运送速度、运行速度、技术速度和旅行速度。

（1）运送速度是列车在运营线路上运载乘客时的速度（包括列车在各中间站的停站时间）；

（2）运行速度是在列车运行时间中扣除加减速附加时间和在站停车时间后计算所得；

（3）技术速度则是在列车运行时间中扣除在站停车时间后计算所得；

（4）旅行速度即列车运营速度，它是列车在区段或线路内运行的平均速度。

列车技术速度与车辆性能、信号设备和线路条件等因素有关，但在技术速度既定的条件下，列车运送速度还与线路平均站间距密切相关，站间距短，则列车运送速度较低。其原因是站间距短，不仅列车运行速度受到限制，而且会增加总的停站时间和加减速附加时间。虽然站间距短可能减少乘客步行入站候车时间，但会延长乘客在列车上的旅行时间，并会大大增加投资和运营费用。国外，特别是欧洲早期修建的城市轨道交通，站间距一般偏短，最短的只有 400 m 左右，但近年来新建的城市轨道交通及轻轨线路站间距有变长的趋势，其范围大致是 800 ~ 2 400 m，平均为 1 600 m。

9. 行车通过能力

轨道交通系统的通过能力指每小时通过线路的列车数，是一个综合指标，取决于线路技术条件、信号系统、车辆性能、折返能力、停站时间、乘客素质和管理水平等诸多因素。根据客流量的需要，通过能力一般可按每小时 20 ~ 30 对考虑，即行车间隔时间为 2 ~ 3 min，必要时应预留进一步缩小行车间隔的潜力。

10. 出、入车辆段（停车场）作业时间标准

由于车辆段（停车场）与线路接轨形式的不同，列车出、入车辆段作业与正线列车到发、列车折返作业等可能存在交叉干扰。在编制运行图时，应考虑列车出入段的交叉干扰。

11. 停送电时间

停送电时间指每天运营开始前送电和运营结束后停电所需操作和确认时间。

12. 营运时间

营运时间指城市轨道交通运营线路运送乘客的时间，具体为每日首、末班车始发站开车点之间的时间。

13. 列车交路类型

当城市轨道交通线路较长，客流分布不均衡时，通过合理、可行的交路组合来安排列车输送能力是一种充分利用有限资源、降低运输成本的有效方法。列车交路类型是编制运行图的重要依据，具体交路类型将在第 7 章详细分析。

14. 数量要素

数量要素包括全日分时段客流分布、列车满载率、出入库能力、列车最大载客量。

15. 相关要素

与其他交通方式的衔接：包括大交通系统如铁路、港口、机场、公路交通枢纽等；城市交通方式如公交线路、车站布置、自行车停放、其他车辆停放等。

与大型体育场所、娱乐、商业中心的衔接：这些场所会有突发性的客流冲击地铁，造成车站一时运力和人力安排的困难。

列车检修作业：为保证列车状态完好，需均衡安排列车运行与检修时间，即使每个列车均有日常维护保养与检修时间。

驾驶员作息时间：根据驾驶员作息制度，交接班地点与方式，途中用餐等因素，均衡安排各个列车的运行线。

车站的存车能力：线路上的车站大多数无存车线，只有在终点站、区间个别车站设有存车线，可存放一定数量列车，在日常运行时可作为停车维护用，在夜间可存放列车减少空驶里程，均衡早上发车秩序。

电客车的能耗：在计算、查定电客车的各区间运行时分时，要协调区间的运行等级、限速与给电时间的关系，尽可能使之达到最佳。同时也要使同一区段同时启动的列车最少。

5.2 城市轨道交通列车运行图的编制

5.2.1 列车运行图的编制原则和步骤

城市轨道交通列车均为可载客列车，在车站只进行乘客上下车的客运作业，而且不存在车辆解体、编组和车辆技术作业及跨线运输等问题，列车行车密度较高。

在新线开通或线路客流量、技术设备和行车组织方式发生变化时都需编制列车运行图。其编制要求和步骤如下：

1）编图原则

列车运行图的编制应遵循以下原则[16]：

（1）保证行车安全。列车运行速度高是城市轨道交通系统的主要优势，列车运行过程中，应满足各项列车间隔时间，确保行车安全。

（2）尽量方便乘客。城市轨道交通系统是城市公共交通的重要组成部分，编制运行图时主要考虑列车发车间隔，在满足运行技术前提下，尽量选择最小值从而减少乘客的候车时间，在安排低谷运行线时，最大的列车运行间隔不宜过大。

（3）充分利用线路的能力和车辆的能力。通常情况下，折返站的折返能力是限制全线能力的关键，因此必须对折返线的折返作业时间进行精确计算，尽可能安排平行作业，当车底周转达不到运营要求时，要合理安排车底解决高峰客流组织；

（4）在保证运量需求的条件下，运营车底组数达到最少，在保证运量需求的条件下，综合考虑高峰时段列车运行速度、折返时间、列车开行方式等要素，使运营列车数量达到最少，从而降低系统的车辆保有量与运营成本。

（5）合理安排乘务人员作息时间。

2）编图步骤

在新线开通或线路客流量、技术设备和行车组织方式发生变化时，都需要编制列车运行图。其编制步骤[16]如下：

（1）按要求和编制目标确定编图的注意事项；

（2）收集编图资料，对有关问题组织调查研究和实验；

（3）对于修改运行图应总结分析现行列车运行图完成情况和存在的问题，提出改进意见；

（4）确定全日行车计划；

（5）计算所需运用列车数量；

（6）计算运行图所需的各项基础数据；

（7）确定列车运行图草图；

（8）征求调度部门、行车和客运部门、车辆部门的建议，对行车运行方案进行调整；

（9）根据列车运行方案铺画详细的列车运行图、列车运行时刻表和执行说明；

（10）对列车运行图的编制质量进行全面的检查，并计算列车运行图的指标；将编制完毕的列车运行图、时刻表和编制说明报上级部门审核批准执行。

5.2.2　列车运行图编制数据

在编制列车运行图前，必须收集下列编图数据[82]：

（1）线路通过能力和车站折返能力；

（2）追踪间隔时间；

（3）列车区间运行时分；

（4）列车停站时间标准；

（5）列车在折返站停留时间标准；

（6）列车出入车辆段作业时间标准；

（7）轨道交通营业开始和结束时间；

（8）全日分时行车量；

（9）列车交路计划；

（10）现行列车运行图完成情况分析。

5.2.3 城市轨道交通列车运行图编制的总体结构与流程

1. 列车运行图编制总体结构

城市轨道交通列车运行图编制与线路布置条件、折返站的布置形式、列车运行方式、列车开行交路种类、车场的位置、客流的时间与空间分布特点等诸多因素有关。其总体结构图如图 5-14 所示。

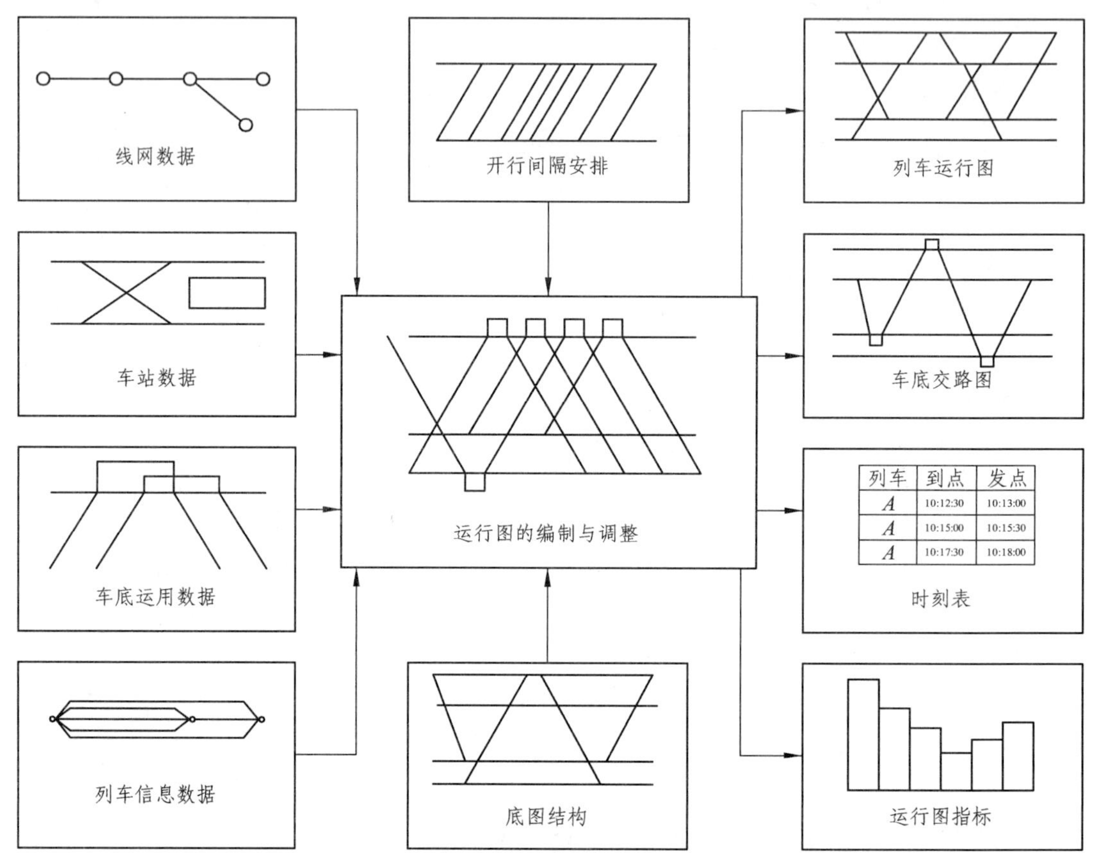

图 5-14 城市轨道交通运行图编制总体结构

2. 列车运行图编制流程（以杭州地铁 2 号线为例）

（1）各相关部门按照分工提供编制运行图的资料。

（2）调度部运输组织工程师根据分公司运营方案编制运行图，并使用模拟培训 ATS 工作站进行模拟。

（3）编制完成运行图初稿后，由调度部组织召开运行图讨论会，经各相关部门会签后，由运营分公司分管副总经理审核，运营分公司总经理签发。

（4）运行图经运营分公司领导审核、签发后，ATS 工班负责运行图编译、上传。

（5）运行图以电子版经公司内网下发，包括运行图执行说明、运行图、时刻表、车站计划、乘务计划以及车底周转图。各部门负责人组织本部门各中心相关人员学习新运行图，组织安排好本部门的工作。

（6）运行图的使用计划通过行车通告进行发布，运输组织工程师及时跟踪运行图的执行情况，运营分公司各部门、各中心积极配合。如在执行中发现问题，及时以书面建议的形式通知调度部。

运行图编制流程如图 5-15 所示。

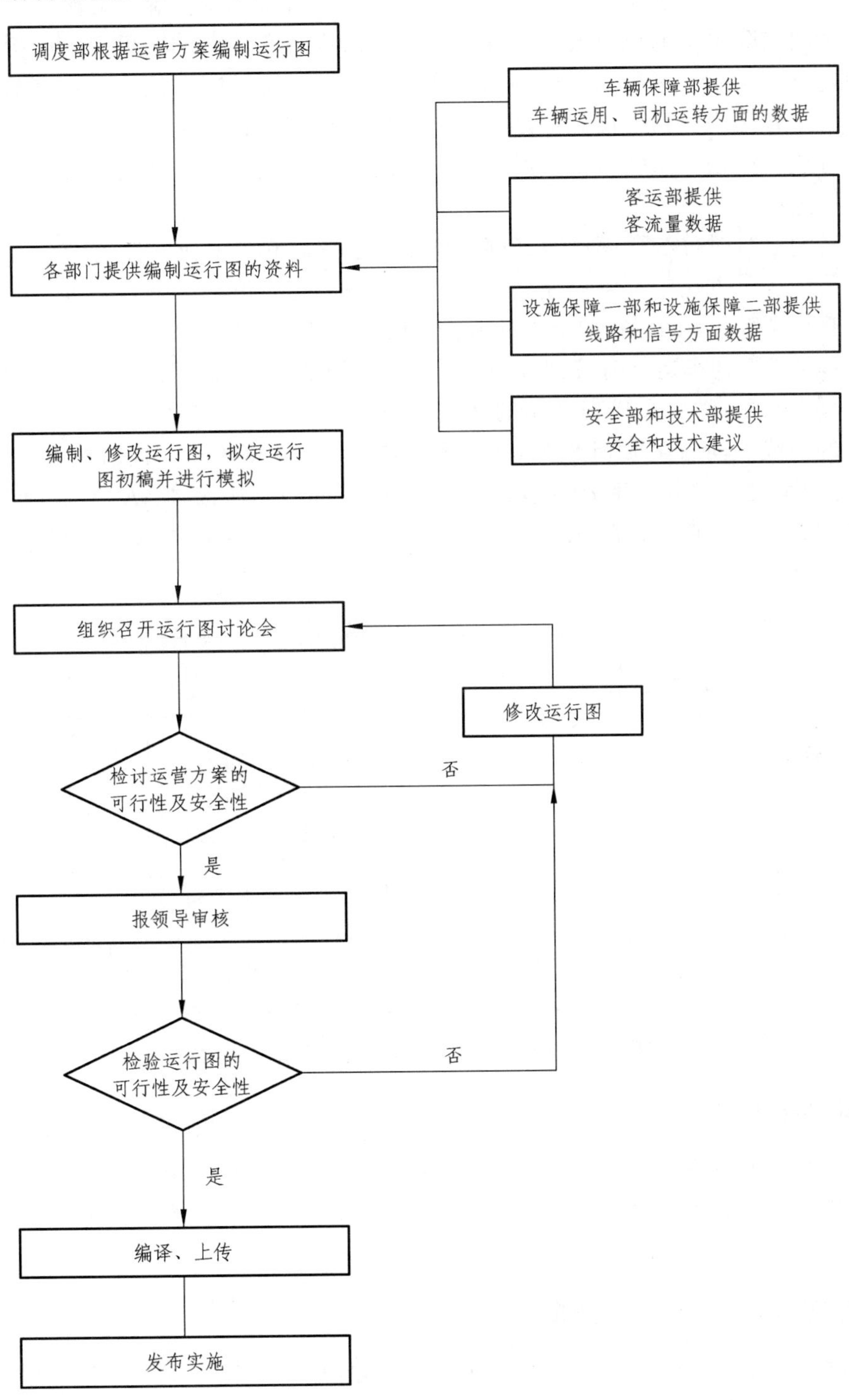

图 5-15　运行图编制流程

5.2.4 列车运行图的编制方法

1. 车站中心线的确定方法

在运行图上，以横线表示车站中心线的位置，它可有下列两种确定方法：

（1）按区间实际里程的比率确定，即按整个区段内各车站间实际里程的比例来确定横线位置。采用这种方法时，运行图上的站间距离完全反映实际情况，能明显地表示出站间距离的大小。但由于各区间线路平面和纵断面互不一样，列车运行速度有所不同，这样列车在整个区段的运行线往往是一条斜折线，既不整齐，也不易发现列车区间运行时分上的差错，所以一般不采用这种方法。

（2）按区间运行时分的比率确定，即按整个区段内各车站间列车运行时分的比例来确定横线位置。采用这种方法时，可以使列车在整个区段的运行线基本上是一条斜直线，既整齐美观，也易于发现列车区间运行时分上的差错，所以一般采用这一方法。如图 5-16 所示，*A*—*B* 区段下行方向货物列车运行时分共计为 170 min，采用这一方法确定横线位置时，首先确定技术站 *A*、*B* 的位置，然后在代表 *A* 站的横线上任取一点 *A*，并以 *A* 点所对应的时间为原点，在代表 *B* 站的横线上向右截取相等于 170 min 的 *BF* 线段，得 *F* 点，同时按 *Aa*、*ab*、*bc*、*cd* 和 *dB* 区间的列车运行时分，将 *BF* 线段划分为五个时间段，连接 *A*、*F* 两点，得一斜直线。过 5 个时间段端点作垂直线，在 *AF* 斜直线上可得交点，过各交点作水平线，即为代表 *a*、*b*、*c*、*d* 车站的横线。

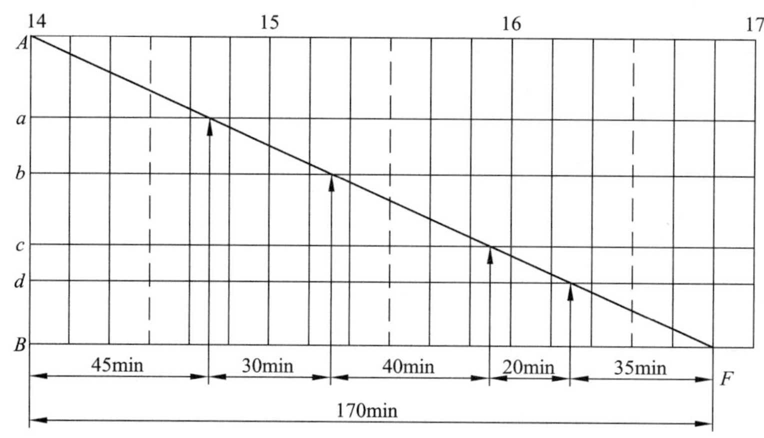

图 5-16 按区间运行时分比率确定车站位置示意图

2. 计算列车单程旅行时间

列车单程旅行时间等于单程各区间列车运行时间加沿途各车站停站时间之总和。由于上、下行单程旅行时间不一定相同，须分别计算作为在列车运行图上铺画上、下行列车运行线的依据。

3. 计算列车运行图的运行周期

列车运行图的运行周期（$T_{周}$）就是列车运行交路所需时间，它等于上、下行列车旅行时间与两端折返站折返时间之和，即

$$T_{周} = T_{旅}^{上行} + T_{旅}^{下行} + \sum T_{折} \quad (\text{min})$$

式中　$T_{旅}^{上行}$——上行列车旅行时间（包括上行列车在各区间运行时间和各站停站时间），min。

$T_{旅}^{下行}$——下行列车旅行时间（包括下行列车在各区间运行时间和各站停站时间），min。

$\sum T_{折}$——列车在两端站折返时间之和，min。

4. 计算平均列车运行间隔时间

根据小时段在正线上运营的列车数，可以算出平均列车运行间隔。

5. 列车识别号的组成

以南京城市轨道交通一号线为例：

列车识别号一般由两部分组成，即：目的地码 + 车次；列车车次一般由服务号和序列号组成。

列车识别号为 403_1602，其中："403" 表示目的地码；"1602" 表示车次，车次中 "16" 表示服务号，"02" 表示序列号，一般上行方向为偶数，下行方向为奇数。

6. 列车运行线的图示

列车运行图上的列车运行线按其列车运行方向的规定可分为上行列车运行线和下行列车运行线。上行列车运行线是由左下角向右上角铺画的斜直线，而下行列车运行线是由左上角向右下角铺画的斜直线。

7. 列车运行交路的图示

列车到达终到站后，在满足图定列车折返作业时间标准的基础上，应画出该列车就近折返的列车运行线（含车次号和始发站时刻），将列车终到时刻与折返列车运行线间用线段相连接就是本次列车在该终到站的列车运行交路图示，如图 5-17 所示。

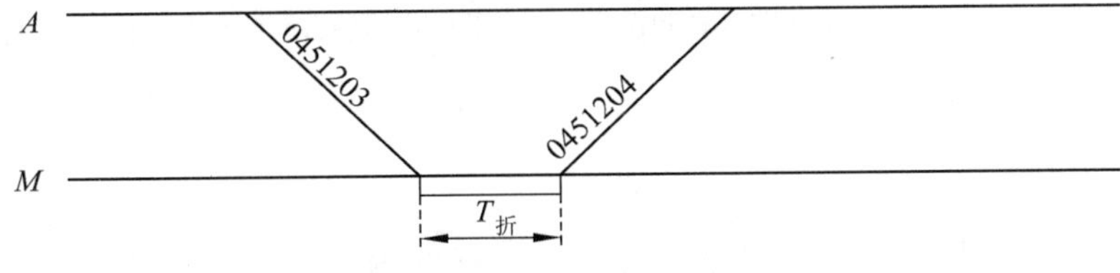

图 5-17　列车运行交路图示

5.2.5　列车运行图编制质量的检查

列车运行图编完后，必须对运行图的编制质量进行全面的检查。检查的主要内容如下：

（1）上、下行的首、末端车站载客列车在站的开车时间是否符合运营时间的规定。

（2）运行图上铺画的载客列车和空驶列车是否符合要求。

（3）列车运行图上铺画的列车数和折返列车数是否符合要求。

（4）各时段列车运行间隔是否符合高峰及低谷客流时段的运能要求。

（5）列车运行线的铺画是否符合规定的各项时间标准。

（6）列车在车站折返时，同时停在折返线的列车数是否超过该站折返线数。

（7）列车司机的工作和休息时间是否符合规定的时间标准。

（8）换乘站的列车到发密度是否均衡。

（9）出库列车、回库列车与正线运行列车是否存在干扰。

5.2.6 列车运行图的指标计算

在检查并确认列车运行图完全满足规定的要求后，应计算列车运行图的各项指标：

1）开行列车数量

凡列车在运营线路上行驶一个单程，无论是全程行驶还是短交路折返，均按一列计算。

开行列车数 = 载客列车数 + 空驶列车数

2）技术速度

技术速度是列车在运行线路上运行（不包括列车在中间站的停站时间）的速度。列车在各区间运行的时间包括列车起动加速、在区间运行、慢行以及制动停车的时间，不包括城市轨道交通列车在运营线路上停站时间和列车在线路两端的折返停留时间。

技术速度 = 运营线路长度/(单程行驶时间-中途停站时间)

3）运送速度

运送速度是列车在运营线路上运载乘客时的速度（包括列车在各中间站的停站时间），即：

运送速度 = 运营线路长度/单程行驶时间

4）运行速度

运行速度是在列车运行时间中扣除加减速附加时间和在站停车时间后计算所得，即：

运行速度 = 运营线路长度/列车纯运行时间

5）旅行速度

旅行速度即列车运营速度，它是列车在区段或线路内运行的平均速度，即：

旅行速度 = 运营线路长度/(纯运行时间+起停车附加时间+中途停站时间)

6）客运周转量

客运周转量是指报告期内乘客乘坐里程的总和。

客运周转量 = $\sum$(入闸机检票次数)×平均运距

7）满载率

满载率是指报告期内运营列车运载乘客的平均满载程度。即客运周转量与客位里程之比，表示车辆客位的利用程度。

$$满载率 = (客运周转量/客位里程) \times 100\%$$

8）客位数

客位数是指运营车辆的额定载客量。

$$客位数(客位) = 乘客座位数 + (车辆有效站立面积 \times 每平方米允许站立人数)$$

客车有效站立面积允许站立人数暂按每平方米 6 人计算。

9）高峰小时运用列车数

按早高峰和晚高峰分别计算高峰小时运用列车数。

10）全日车辆总走行公里

轨道交通车辆为运送乘客在运营线路上所走行的里程，包括图定的车辆空驶里程和由于某种原因列车在中途清人或列车在少数车站通过后仍继续载客的车辆空驶里程。

$$全日车辆总走行公里 = \sum(旅客列车数 \times 列车编成辆数 \times 列车运行距离)$$

5.2.7　列车运行图的使用

1. 列车运行图使用前的准备工作

为了评价新运行图的质量，除了计算新运行图的各项指标外，还应与现行运行图进行比较，分析各项指标提高或降低的原因。列车运行图经批准后，为保证新运行图能按时正确地实行，必须组织有关员工认真学习新运行图，制定保证实现新运行图的措施，并按时做好实行新运行图前的各项准备工作：

（1）发布有执行新运行图的命令。
（2）印制并颁布列车运行图及列车运行时刻表。
（3）公布新旧旅客列车交替办法及注意事项。
（4）组织学习，使职工了解、熟悉新图规定的要求。
（5）拟定实现新图的技术措施。
（6）及时做好车辆和司乘人员的调配工作。

2. 公布列车时刻表

在铺画好列车运行图后，应编制列车时刻表。编制列车时刻表的依据是列车运行图及各区间上、下行列车运行时间和沿途各车站列车停站时间标准。简易列车时刻表可人工编排，实施自动监控的列车运行图其列车时刻表可使用计算机编排，并作为生成列车运行图使用。列车时刻表可分为载客列车和出入场空驶列车两大部分，先编排载客列车，而且上、下行载客列车时刻表编在一起，然后再编排出入场的空驶列车时刻表。各车站接到列车时刻表后，应在实施新的列车运行图之前，将首、末班载客列车时刻及换乘时刻对外通告。

5.3 实际列车运行图的铺画和调度工作统计

5.3.1 实际运行图的作用

列车运行实际图，则是记载一条运营线路内列车运行实际情况，以及列车运行有关事项的图表。

1）列车实际运行图的作用

（1）通过画出的列车实际运行图与计划时刻表比较，反映列车运行的质量；

（2）通过列车运行实际图，可以及时发现问题，便于提早考虑采取必要的调整措施；

（3）作为计算列车运行指标的依据；

（4）列车运行实际图是分析列车运行情况，不断提出改进意见的重要资料。

2）列车实际运行图的铺画规定

（1）列车及工程车开行均须绘画列车实际运行图。

（2）列车实际运行图按下列要求画出：

① 列车调度员根据各报点站和车报告的列车到、发（通过）时刻，画出列车实际运行图；

② 对列车、工程车或其他列车，运行图符号分别表示。

5.3.2 列车运行记录

1. 列车运行线的表示

列车运行线的表示见表 5-4。

表 5-4　列车运行线的表示

序号	列车种类	表示方法	图　例
1	列　车	红色实直线	
2	接触网检查及轨道车	黑色实直线加蓝圈	○
3	出入段列车、回空列车	红色实直线加红框	□
4	救援列车	红色实直线加红叉	×
5	调试列车	蓝色实直线	
6	工程车	黑色实直线	
7	临时客运列车	红色分段直线加红色实直线	
8	专　列	红色虚线	

2. 运行图符号

1）列车始发

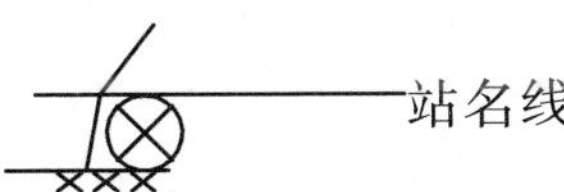

2）列车终到

3）列车折返

4）列车在区间停车

5）列车在站通过

6）列车早点划红圈，在圈内用红笔记早点时分

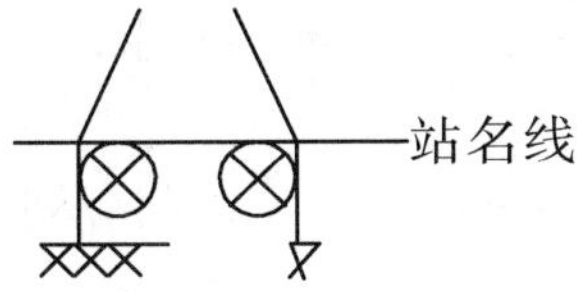

7）列车晚点划蓝圈，在圈内用蓝笔记晚点时分

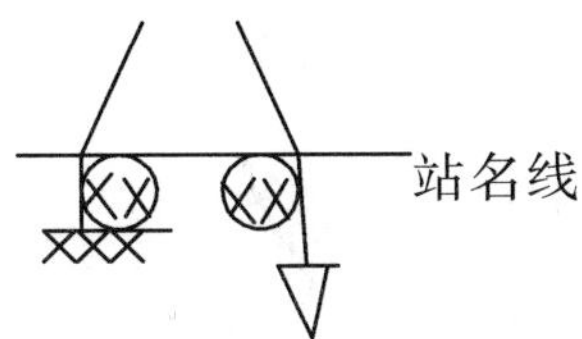

列车运行中发生不正常情况时，在列车实际运行图记事栏内注明。

5.3.3　列车运行指标

运营结束后，还应计算列车运行的指标，统计相关数据，作为分析、考核调度工作的质量，不断提高调度工作水平，更好的服务城市轨道交通运输。

1. 列车运行指标

（1）列车计划及实际开行列数；

（2）列车正点率；

（3）运行图兑现率；

（4）列车运营里程。

2. 列车运行指标计算方法

1）列车计划数

列车计划数是指报告期内城市轨道交通列车运行图规定开行的列车数。包括空驶列车数和载客列车数。其中，为运营开行的不载客列车数为空驶列车数。

2）实际开行列车数

实际开行列车数是指报告期内城市轨道交通为运送乘客而实际开行的列车数，包括空驶列车数和载客列车数。其中，为运营开行的不载客列车数为空驶列车数。列车在运营线路上行驶一个单程，不论线路长短，是全程或是区间，均作一列次计算。

3）列车正点率

列车正点率是指正点列车数与总开行列车数的比率。用以表示运营列车按规定时间正点运行的程度。

$$列车正点率=\frac{正点列车次数}{全部开行列车次数}\times 100\%$$

列车正点率分为始发正点率和到达正点率。列车正点统计的标准：

（1）凡按列车运行图图定车次、时间准点始发、终到的列车全部统计为正点列车数。早点或晚点不超过各城轨公司规定的时间按正点统计。

（2）由于客流变化而抽掉部分列车，调度员采取措施对部分列车调点时，该部分列车按正点统计。

（3）列车到、发、通过时刻的确认：

① 到达时刻：以列车在规定位置停稳为准。

② 出发时刻：以列车由车站前进启动时为准。

③ 通过时刻：以列车最前部通过站线规定位置为准。

（4）排队晚点：算第一列以后无附加晚点，按正点计算。

（5）临时加开列车按正点统计。

4）运行图兑现率

运行图兑现率是指报告期内实际开行列车数与运行图图定开行列数的比率，用以表示运行图兑现的程度。

$$列车运行图兑现率=\frac{实际开行列车数}{运行图图定开行列车数}\times 100\%$$

在计算中，实际开行的列车数不包括临时加开的列车数。

5）列车运营里程

列车运营里程是指报告期内运营列车为运营在线路上行驶的全部里程，包括载客里程和空驶里程。

运营里程＝载客里程＋空驶里程

其中，载客里程为报告期内运营列车为运营业务在线路上的载客行驶里程；空驶里程指报告期内为运营业务在线路上的空车行驶里程。

在计算运营里程时，采用“属线”原则，即运营列车在哪条运营线路上行驶，相应的行驶里程计入哪条线路。

5.3.4　调度工作的统计

1. 列车指标统计分析

1）在运营结束后列车统计的内容

（1）计划开行列数；
（2）实际开行列数；
（3）运行图兑现率；
（4）救援列次；
（5）清客列次；
（6）下线列次；
（7）晚点列数；
（8）列车运行正点率；
（9）运营里程（列公里）；
（10）抽线列数；
（11）加开列数。

2）列车晚点原因分析

对晚点列车进行分析，晚点原因分：车辆故障、线路故障、供电故障、通讯故障、信号故障、客流过多、调度不当以及其他等方面。

2. 客流指标统计分析

在运营结束后客流统计的内容如下：
（1）客运周转量；
（2）满载率；
（3）客位数；
（4）乘客密度，指报告期内城市轨道交通列车在运营中，平均每列车载有的乘客人数，即

$$乘客密度=\frac{客运周转量}{载客里程}\quad（人/列）$$

（5）断面客流量，指报告期内同一方向通过某一区段的乘客数量。

城市轨道交通常用指标是高峰小时最大断面客流量和全日分时最大断面客流量。

在轨道交通系统运营过程中，对客流动态实行经常的监督和系统的分析，掌握客流现状与客流变化规律是轨道交通系统行车组织工作和客运组织工作得以顺利进行的前提。

3. 施工指标统计分析

（1）要求根据当日工程车开行情况进行统计，内容为：工程车列数、实际进出车场的时间。

（2）要求根据当日调试列车开行情况进行统计，内容为：实际开列车调度员试列车的列数。

（3）对前日正线、辅助线的检修计划件数和完成情况进行统计。

（4）对检修施工完成情况进行分析：

① 各施工单位月（周）计划、日补充计划、临时补修计划件数统计；

② 检修施工作业请点总件数的统计；

③ 对各施工单位计划情况、完成情况进行分析。

5.3.5 调度工作的分析

通过对运营指标的完成情况进行统计分析，可以找出提高运营指标的方法，同时，对日常调度工作进行综合统计分析，可以及时发现问题，制定措施。此外，还需对班组调度员的报表填计及运营生产完成情况进行考核。调度分析、统计工作可分为日分析、定期分析和专题分析。

1）日分析

日分析的内容包括：

（1）正点率、兑现率、列车加开及取消情况、运营里程；

（2）换车情况、越站、清客、列车救援、严重晚点、反方向运行情况；

（3）客运服务质量；

（4）设备故障、列车故障情况；

（5）施工完成情况；

（6）各种记录报表及运营指标的考核工作。

2）定期分析

定期（例如每月或每旬）对该阶段的各项运营指标、安全生产和施工维修等情况进行分析、统计，并做出相应的报表以积累资料，为运营决策部门改进运营组织方案提供必要的依据，如经济活动分析等。

3）专题分析

对某一特定的任务组织专题分析，以便指导列车调度员更好地完成任务或进行总结。

本章小结

列车运行图是轨道交通企业实现列车安全、正点运行和经济有效地组织铁路运输工作的生产计划。城市轨道交通列车运行图的编制有其自身复杂性。本章对城市轨道交通列车运行图概念、特征，运行图编制流程、原则，实际列车运行图铺画以及调度工作统计等内容进行阐述。

第 6 章　大小交路模式下行车计划编制模型及算法

随着城市轨道交通快速发展和完善，合理的列车交路模式和行车计划正在引起越来越多的关注。行车计划是城市轨道交通运输组织的基础，它规定了城市轨道交通的日常运营任务。城市轨道交通大小交路模式下的行车计划规定各时间段内各交路上的列车开行对数。行车计划的编制需综合考虑乘客出行成本、企业运营成本、追踪间隔时间、客流需求以及可用车底数量等因素。本章首先对城市轨道交通大小交路模式下行车计划编制问题进行阐述，对大小交路模式进行抽象描述，在此基础上研究了乘客出行成本和企业运营成本的计算方法，构建城市轨道交通大小交路模式下行车计划的优化编制模型。

6.1　问题的描述

大小交路是轨道交通基本交路模式之一，适于区段客流不均衡，客流断面突变明显的线路[82]。上海轨道交通 1 号线在国内最先采用大小交路模式，经过多年运营实践取得良好的社会和经济效益[93]。客流特征的复杂性导致我国越来越多的轨道交通线路采用复杂交路模式。本章的研究对于提高车辆运用效率、降低运营成本具有一定的现实意义。

行车计划是城市轨道交通营业时间内各时段开行的列车对数计划，它规定了轨道交通线路的日常作业任务，是编制列车运行图、计算运营工作量和确定车辆配备数的基础资料。大小交路模式行车计划规定各时间段内各交路上开行列车对数。以小交路列车开行对数为大交路的整数倍为前提条件，则本章研究的问题可归纳为：已知 OD 客流分布及相关运营参数，确定大交路区段的列车开行对数、小交路列车开行比例以及小交路的折返站，使乘客出行成本和运输企业运营成本最小，同时满足乘客需求、追踪间隔时间等约束。

6.2　大小交路模式抽象描述

运营组织的复杂性随交路数量的增多而增大。目前我国直线型轨道交通线路多采用两层交路，本书假设城市轨道交通大小交路模式采用两层交路。基于以上假设，大小交路模式示意图见图 6-1。$S=\{s_j \mid j=1,2,\dots,N\}$ 为车站集合，在线路起终点（ s_1—s_N ）间开行贯通全线的大交路列车，在客流较大区段（ s_{hs}—s_{he} ）开行小交路列车，hs 和 he 为折返站编号，其中 $hs<he$ 。为方便叙述，文中将大、小交路分别记为 $h=1$、2，将交路 h 所在区段的车站集合记为 P_h，显然 $P_1=S$， $P_2\subseteq S$ 。

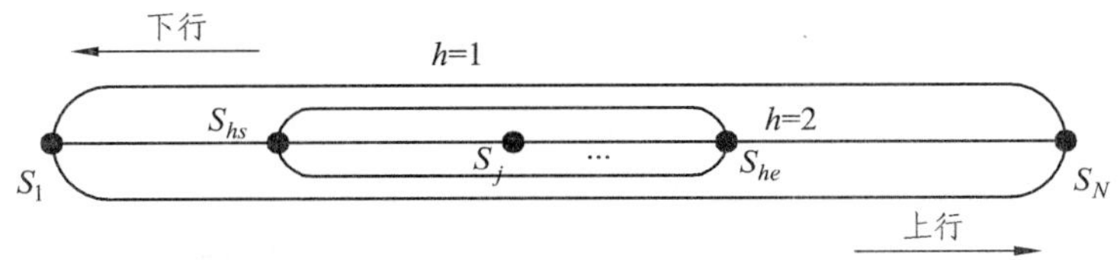

图 6-1　大小交路模式抽象描述

轨道交通线路的运营时间段（以下简称“时段”）的集合为 I。T_i 为时段 i 的时长（s）。时段 $i \in I$ 内，在车站 s_k 上车，到达车站 s_j 下车的客流量 $D_{i,k,j}$，在车站 s_k 上车的上行客流量共 $D_{i,k}^1$，下行客流量共 $D_{i,k}^2$，即 $D_{i,k}^1 = \sum_{j=k+1}^{N} D_{i,k,j}$，$D_{i,k}^2 = \sum_{j=1}^{k-1} D_{i,k,j}$。时段 $i \in I$ 内大交路列车开行对数 f_i，小交路列车开行对数为大交路的 m_i 倍。客流 OD 矩阵可划分为两部分：大交路客流 OD（以下简称“$M1$”）和大小交路客流 OD（以下简称“$M2$”）。$\forall m_i \neq 0$，若 $k \in P_1 \setminus P_2$ 或 $j \in P_1 \setminus P_2$，则 $D_{i,k,j} \in M1$；若 $k \in P_2$ 且 $j \in P_2$，则 $D_{i,k,j} \in M2$。假设乘客选择直达列车到达目的地，中途不换乘，研究时段内任意 OD 客流由该 OD 间的所有直达列车平均分担，则 $M1$ 中客流仅能被大交路列车分担，而 $M2$ 将被大、小交路列车共同分担，分担率分别为 $\theta_i = 1/(1+m_i)$ 和 $1-\theta_i$。

6.3　模型的构建

轨道交通运营组织涉及两大主体，供给方（运输企业）和需求方（乘客）。大小交路行车计划应以乘客出行成本和运输企业运营成本最小为目标。

6.3.1　基本假设

为便于建立模型，作如下假设：

（1）轨道交通线路为两层运营交路，运营组织的复杂性随交路数量的增多而增大。目前我国直线型轨道交通线路多采用两层交路。

（2）小交路列车开行对数为大交路的整数倍。为了充分利用线路通过能力，大小交路列车开行对数的关系一般成整数倍关系，即大交路列车开行对数为小交路的整数倍或小交路列车开行对数为大交路的整数倍两种模式。在下文的行车计划编制过程中，需计算各个子交路的客流分担率、各区段的行车间隔、总乘客等待时间以及乘客总在途时间等数据项，不同的模式下，以上各数据项的计算方法也不相同，很难建立一个通用的行车计划编制模型，因此本书选取了其中一个模式进行研究，即小交路列车开行对数为大交路的整数倍。

（3）车底周转方式为大小交路独立运用。

（4）乘客选择直达列车到达目的地，中途不换乘，研究时段内任意 OD 客流由该 OD 间的所有直达列车平均分担。

（5）乘客上下车同时进行，且列车在站停留时间取决于乘客上车时间。

6.3.2 乘客出行成本

乘客出行所耗费的总成本由全体乘客在途时间成本和等待时间成本两部分组成[22]。计算公式如下：

$$CP_i = c_d \cdot CV_i + c_w \cdot CW_i \tag{6-1}$$

式中 CP_i——时段 i 内乘客出行成本，元；

c_d——乘客单位在途时间价值，元/（人·s）；

c_w——乘客单位等待时间价值，元/（人·s）；

CV_i——时段 i 内乘客在途时间，s；

CW_i——时段 i 内乘客等待时间，s。

1. 乘客等待时间

等待时间成本即由站台候车时间产生的费用。总乘客等待时间=总客流量×平均等待时间。轨道交通行车密度大，乘客的到达独立于列车时刻，呈现随机正态分布。大量统计数据表明：在短行车间隔条件下，整体客流的平均等待时间趋近于行车间隔的一半[6]，因此大交路区段上乘客平均等待时间为 $T_i/(2\cdot f_i)$，小交路区段上乘客平均等待时间为 $[\theta_i+(1-\theta_i)/m_i]\times T_i/(2\cdot f_i)$[27]，$\theta_i$ 为小交路区段客流被大交路列车的分担率，$\theta_i = 1/(1+m_i)$。时段 $i \in I$ 内，小交路区段覆盖的总客流量为：

$$\eta_i \times (\sum_{k=hs}^{he-1}\sum_{j=k+1}^{he} D_{i,k,j} + \sum_{k=hs+1}^{he}\sum_{j=hs}^{k-1} D_{i,k,j})$$

$$\eta_i = \begin{cases} 0 & m_i = 0 \\ 1 & m_i \neq 0 \end{cases}$$

大交路区段总客流量为：

$$\sum_{k=1}^{N}\sum_{j=1}^{N} D_{i,k,j} - \eta_i \times (\sum_{k=hs}^{he-1}\sum_{j=k+1}^{he} D_{i,k,j} + \sum_{k=hs+1}^{he}\sum_{j=hs}^{k-1} D_{i,k,j})$$

则乘客等待时间为：

$$CW_i = CW1_i + CW2_i \tag{6-2}$$

$$CW1_i = \frac{T_i}{2\cdot f_i} \times (\sum_{k=1}^{N}\sum_{j=1}^{N} D_{i,k,j} - \eta_i \times (\sum_{k=hs}^{he-1}\sum_{j=k+1}^{he} D_{i,k,j} + \sum_{k=hs+1}^{he}\sum_{j=hs}^{k-1} D_{i,k,j})) \tag{6-3}$$

$$CW2_i = \frac{T_i \cdot (\theta_i + (1-\theta_i)/m_i)}{2\cdot f_i} \times \eta_i \times (\sum_{k=hs}^{he-1}\sum_{j=k+1}^{he} D_{i,k,j} + \sum_{k=hs+1}^{he}\sum_{j=hs}^{k-1} D_{i,k,j}) \tag{6-4}$$

式中 $CW1_i$——i 时段内大交路区段乘客等待时间，s；

$CW2_i$——i 时段内小交路区段乘客等待时间，s。

2. 乘客在途时间

客流 $D_{i,k,j}$ 的在途时间由列车在区段 $[s_k,\ s_j]$ 的纯运行时间和乘客途中等待时间两部分构成,其中乘客途中等待时间是指列车到达车站 $s_n\ (k<n<j)$ 时不下车的乘客必须在车上等待的时间。

$$CV_i = CVR_i + CVD1_i + CVD2_i \tag{6-5}$$

$$CVR_i = \sum_{k=1}^{N}\sum_{j=1}^{N}(D_{i,k,j} \times R_{k,j}) \tag{6-6}$$

式中　CVR_i——i 时段内全体乘客的纯运行时间，s；

$CVD1_i$——i 时段内上行乘客的总途中等待时间，s；

$CVD2_i$——i 时段内下行乘客的总途中等待时间，s；

$R_{k,j}$——列车在区段$[k,\ j]$的运行时间，s。

不同客流 OD 途经的线路区段不同，不同区段上列车开行对数亦不相同，导致乘客途中等待时间的计算具有一定复杂性。根据客流起讫点的不同，可将上、下行客流分别分为 6 部分，上行客流分类如图 6-2 所示。

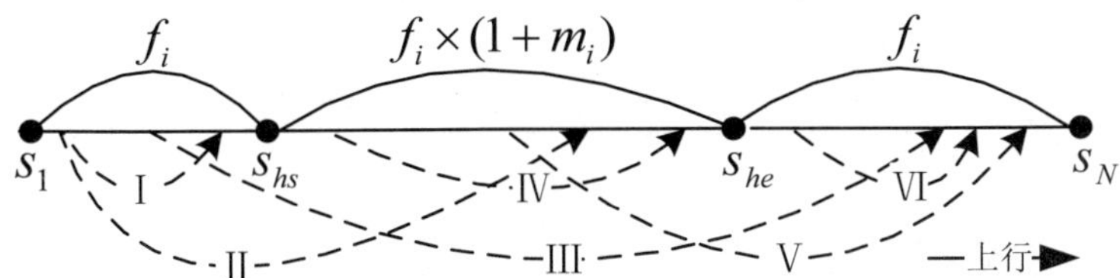

图 6-2　上行客流分类

Ⅰ类客流：起讫点均位于区段 $[s_1,\ s_{hs}]$。客流 $D_{i,k,j}\ (k\in[1,hs-1],\ j\in[k+1,hs])$ 在途等待时间为当途经中间站 $s_n\ (n\in[k,j-1])$ 时的停留时间之和。时段 i 内，单位乘客在 s_n 站的平均在途等待时间 = 单位乘客平均上车时间×在 s_n 站上车的客流量 $D_{i,n}^1$/列车开行对数 f_i。该类客流的总在途等待时间为：

$$\sigma \times \left\{\sum_{k=1}^{hs-1}\sum_{j=k+1}^{hs}\left(D_{i,k,j} \times \sum_{n=k}^{j-1} D_{i,n}^1 \times \frac{1}{f_i}\right)\right.$$

式中　σ——单位乘客平均上车时间，s/人。

Ⅱ类客流：起点位于区段 $[s_1,\ s_{hs}]$，讫点位于 $[s_{hs},\ s_{he}]$。客流 $D_{i,k,j}$（$k\in[1,hs-1]$，$j\in[hs+1,he]$）的途经中间站分为两类，其一：s_n（$n\in[k+1,hs-1]$），列车开行对数为 f_i；其二：s_n（$n\in[hs,j-1]$），列车开行对数为 $f_i\times(1+m_i)$。Ⅱ类客流的总在途等待时间为：

$$\sigma \times \left[\sum_{k=1}^{hs-1}\sum_{j=hs+1}^{he}[D_{i,k,j} \times \left(\sum_{n=k+1}^{hs-1} D_{i,n}^1 \times \frac{1}{f_i} + \sum_{n=hs}^{j-1}\sum_{q=he+1}^{N} D_{i,n,q} \times \frac{1}{f_i + m_i \cdot f_i}\right)\right]$$

同理可推导上行第Ⅲ、Ⅳ、Ⅴ、Ⅵ类客流以及下行Ⅰ～Ⅵ类客流在途等待时间，进而得

到 i 时段内上、下行乘客的总途中等待时间分别为：

$$
\begin{aligned}
CVD1_i = \sigma \times \Bigg\{ & \sum_{k=1}^{hs-1} \sum_{j=k+1}^{hs} \left(D_{i,k,j} \times \sum_{n=k}^{j-1} D_{i,n}^1 \times \frac{1}{f_i} \right) \\
& + \sum_{k=1}^{hs-1} \sum_{j=hs+1}^{he} \left[D_{i,k,j} \times \left(\sum_{n=k+1}^{hs-1} D_{i,n}^1 \times \frac{1}{f_i} + \sum_{n=hs}^{j-1} \sum_{q=he+1}^{N} D_{i,n,q} \times \frac{1}{f_i + m_i \cdot f_i} \right) \right] \\
& + \sum_{k=1}^{hs-1} \sum_{j=he+1}^{N} \left[D_{i,k,j} \times \left(\sum_{n=k}^{hs-1} D_{i,n}^1 \times \frac{1}{f_i} + \sum_{n=he}^{he-1} \sum_{q=he+1}^{N} D_{i,n,q} \times \frac{1}{f_i + m_i \cdot f_i} + \sum_{n=he}^{j-1} D_{i,n}^1 \times \frac{1}{f_i} \right) \right] \\
& + \sum_{k=hs}^{he-1} \sum_{j=k+1}^{he} \left[D_{i,k,j} \times \sum_{n=k}^{j-1} D_{i,n}^1 \times \frac{1}{f_i + m_i \cdot f_i} \right] \\
& + \sum_{k=hs}^{he-1} \sum_{j=he+1}^{N} \left[D_{i,k,j} \times \left(\sum_{n=k}^{he-1} \sum_{q=he+1}^{N} D_{i,n,q} \times \frac{1}{f_i + m_i \cdot f_i} + \sum_{n=he}^{j-1} D_{i,n}^1 \times \frac{1}{f_i} \right) \right] \\
& + \sum_{k=he}^{N} \sum_{j=k+1}^{N} \left(D_{i,k,j} \times \sum_{n=k}^{j-1} D_{i,n}^1 \times \frac{1}{f_i} \right)
\end{aligned}
\tag{6-7}
$$

$$
\begin{aligned}
CVD2_i = \sigma \times \Bigg\{ & \sum_{k=he+1}^{N} \sum_{j=he}^{k-1} \left(D_{i,k,j} \times \sum_{n=j+1}^{k} D_{i,n}^2 \times \frac{1}{f_i} \right) \\
& + \sum_{k=he+1}^{N} \sum_{j=hs}^{he-1} \left[D_{i,k,j} \times \left(\sum_{n=he+1}^{k} D_{i,n}^2 \times \frac{1}{f_i} + \sum_{n=j+1}^{he} \sum_{q=1}^{hs-1} D_{i,n,q} \times \frac{1}{f_i + m_i \cdot f_i} \right) \right] \\
& + \sum_{k=he+1}^{N} \sum_{j=1}^{hs-1} \left[D_{i,k,j} \times \left(\sum_{n=he+1}^{k} D_{i,n}^2 \times \frac{1}{f_i} + \sum_{n=hs+1}^{he} \sum_{q=1}^{hs-1} D_{i,n,q}^1 \times \frac{1}{f_i + m_i \cdot f_i} + \sum_{n=j+1}^{hs} D_{i,n}^2 \times \frac{1}{f_i} \right) \right] \\
& + \sum_{k=hs+1}^{he} \sum_{j=hs}^{k-1} \left[D_{i,k,j} \times \sum_{n=j}^{k-1} D_{i,n}^2 \times \frac{1}{f_i + m_i \cdot f_i} \right] \\
& + \sum_{k=hs+1}^{he} \sum_{j=1}^{hs-1} \left[D_{i,k,j} \times \left(\sum_{n=hs+1}^{k} \sum_{q=1}^{hs-1} D_{i,n,q} \times \frac{1}{f_i + m_i \cdot f_i} + \sum_{n=j+1}^{hs} D_{i,n}^2 \times \frac{1}{f_i} \right) \right] \\
& + \sum_{k=1}^{hs} \sum_{j=1}^{k-1} \left(D_{i,k,j} \times \sum_{n=j+1}^{k} D_{i,n}^2 \times \frac{1}{f_i} \right)
\end{aligned}
\tag{6-8}
$$

6.3.3 运输企业运营成本

与开行方案相关的企业运营成本包括固定成本和运营变动成本两部分。固定成本主要指车底配置费用。运营变动成本取决于列车总走行公里。运输企业总运营成本为：

$$
CO = \sum_{h=1,2} (a \cdot N_h + b \cdot \sum_{i \in I} K_{i,h})
\tag{6-9}
$$

式中　CO——运输企业总运营成本，元；

N_h——交路 h 的车底配置数量，列；

a——单位车底的配置费用，元/列；

b——单列车运营费用，元/km；

$K_{i,h}$——i 时段内，h 交路的总列车公里，列 · km。

交路 h 的车底配置数量 N_h 取决于高峰时段所需的车底数量，即

$$N_1 = \max_i \{\lceil f_i \cdot (R_{1,N} + R_{N,1} + zt_1 + zt_N + tt_{i,1}) / T_i \rceil \tag{6-10}$$

$$N_2 = \max_i \{\lceil m_i \cdot f_i \cdot (R_{hs,he} + R_{he,hs} + zt_{hs} + zt_{he} + tt_{i,2}) / T_i \rceil \tag{6-11}$$

$$\begin{aligned} tt_{i,1} = {} & \sigma \cdot \theta_i \cdot \eta_i \cdot (\sum_{k=hs}^{he-1} \sum_{j=k+1}^{he} D_{i,k,j} + \sum_{k=hs+1}^{he} \sum_{j=hs}^{k-1} D_{i,k,j}) \cdot \frac{1}{f_i + m_i \cdot f_i} \\ & + \sigma \cdot (\sum_{k=1}^{N} \sum_{j=1}^{N} D_{i,k,j} - \eta_i \cdot (\sum_{k=hs}^{he-1} \sum_{j=k+1}^{he} D_{i,k,j} + \sum_{k=hs+1}^{he} \sum_{j=hs}^{k-1} D_{i,k,j})) \cdot \frac{1}{f_i} \end{aligned} \tag{6-12}$$

$$tt_{i,2} = (1-\theta_i) \cdot \sigma \cdot \eta_i \cdot (\sum_{k=hs}^{he-1} \sum_{j=k+1}^{he} D_{i,k,j} + \sum_{k=hs+1}^{he} \sum_{j=hs}^{k-1} D_{i,k,j}) \cdot \frac{1}{f_i + m_i \cdot f_i} \tag{6-13}$$

$$K_{i,1} = f_i \cdot v \cdot (R_{1,N} + R_{N,1}) / 3\,600 \tag{6-14}$$

$$K_{i,2} = m_i \cdot f_i \cdot v \cdot (R_{hs,he} + R_{he,hs}) / 3\,600 \tag{6-15}$$

其中，$R_{1,N}$、$R_{N,1}$、$R_{hs,he}$、$R_{he,hs}$ 分别为列车在区段 $[s_1, s_N]$、$[s_N, s_1]$、$[s_{hs}, s_{he}]$、$[s_{he}, s_{hs}]$ 的运行时间（s）；zt_1、zt_N、zt_{hs}、zt_{he} 分别为列车在车站 s_1、s_N、s_{hs}、s_{he} 的最小折返时间（s）；$tt_{i,h}$ 为 i 时段内，列车在 h 交路上完成一次周转的总停站时间（s）；$\lceil\ \rceil$表示向上取整，下同；式（6-12）中数据项 $\theta_i \cdot \eta_i \cdot (\sum_{k=hs}^{he-1} \sum_{j=k+1}^{he} D_{i,k,j} + \sum_{k=hs+1}^{he} \sum_{j=hs}^{k-1} D_{i,k,j})$ 为大交路列车对 $M2$ 的客流分担量；v 为列车平均运行速度（km/h）。

6.3.4　数学模型

以最小化乘客出行成本和运输企业运营成本为优化目标，构建如下优化模型。

$$\min Z_1 = \sum_{i \in I} CP_i \tag{6-16}$$

$$\min Z_2 = CO \tag{6-17}$$

St.　　　式（6-1）~式（6-15）

$$f_i \geqslant q_{i,1} \tag{6-18}$$

$$m_i \cdot f_i \geqslant q_{i,2} \tag{6-19}$$

$$m_i \cdot f_i + f_i \leqslant T_i / I_{追} \tag{6-20}$$

$$q_{i,1} = \max_k \{ \left\lceil w \cdot (\sum_{n=1}^{k} \sum_{j=k+1}^{N} D_{i,n,j}, \sum_{n=k+1}^{N} \sum_{j=1}^{k} D_{i,n,j}) / z \right\rceil \} \tag{6-21}$$

$$q_{i,2} = \max_k \{ \left\lceil (1-\theta_i) \cdot (\sum_{n=hs}^{k} \sum_{j=k+1}^{he} D_{i,n,j}, \sum_{n=k+1}^{he} \sum_{j=hs}^{k} D_{i,n,j}) / z \right\rceil \} \tag{6-22}$$

$$w=\begin{cases}\theta_i & hs \leqslant k \leqslant he \\ 1 & \text{否则}\end{cases} \tag{6-23}$$

$$f_i \in Z^+, m_i \in Z$$

式（6-16）为最小化乘客出行成本；式（6-17）为最小化企业运营成本；式（6-18）、式（6-19）保证大小交路开行的列车对数能够满足客流需求；式（6-20）中 $I_{追}$ 为列车最小追踪间隔时间（s），该约束保证列车行车间隔满足最小追踪间隔时间；式（6-21）、（6-22）中 $q_{i,1}$、$q_{i,2}$ 分别为大、小交路上满足客流需求的最小列车开行对数，z 为列车定员（人）。

6.4 模型的求解

此模型为双目标非线性混合整数规划模型。目标函数 Z_1 以乘客为中心，乘客希望出行成本越低越好，但可能会导致列车开行对数较大，运输企业运营成本较高；目标函数 Z_2 以运输企业为中心，运输企业希望运营成本越低越好，但可能导致乘客所耗费的出行成本较高，所以各目标间存在矛盾。本书采用理想点法将其转化为单目标模型。理想点法通过计算可行解集与理想解集之间的距离，并在可行解集中寻找与理想解距离最近的解确定最优解，这是一种有效求解多目标决策问题的方法[94, 101]。各目标分别在约束条件下以最小值为分量所构成的向量为：

$$Z^{\min}=(z_1^{\min},\ldots,z_m^{\min})$$

根据最短距离理想点法，定义评价函数：

$$U(z_1,\ldots z_m)=\sqrt{\sum_{j=1}^{m}(z_j-z_j^{\min})^2}$$

由于本书中运营成本的数量级远大于乘客出行成本，因此，对以上评价函数作如下修正：

$$U'(z_1,\ldots z_m)=\sqrt{\sum_{j=1}^{m}\left(\frac{z_j-z_j^{\min}}{z_j^{\min}}\right)^2}$$

将原多目标优化问题可转化为下列单目标优化问题：

$$Z=\min\ U'(z_1,\ldots,z_m)$$

轨道交通线路上具备折返条件的车站数量是有限的，可通过枚举变量 hs 和 he 依次求解对应的单目标非线性混合整数规划模型，根据目标函数值的大小确定最佳的折返站和开行方案。单目标非线性混合整数规划模型可运用商业软件 Lingo 求解。

6.5 算例分析

6.5.1 参数输入

某轨道交通列车区间运行时分如表 6-1 所示，具备折返条件的车站有 s_1，s_3，s_5，s_6，s_8，

s_{10}，其折返作业时间见表 6-2。早高峰 07:00—09:00 客流量见表 6-3，晚高峰 17:00—19:00 客流量见表 6-4，断面客流量曲线见图 6-3。列车定员 $z=1\,860$（人），最小追踪间隔时间 $H=90$ s，列车平均运营速度 $v=42$ km/h，单列车运营成本 $b=48$ 元/km，乘客单位等待时间价值 $c_w=0.025$ 元/人·s，乘客单位在途时间价值 $c_d=0.025$ 元/人·s，单位乘客平均上车时间 $\sigma=1.51$ s/人，单位车底配置费用 $a=300$ 万元/列。

表 6-1　线路区间运行时分

区间		1-2	2-3	6-4	4-5	5-6	6-7	7-8	8-9	9-10
运行时分（s）	上行	124	121	309	642	88	102	584	133	303
	下行	136	120	313	634	86	100	574	131	298

表 6-2　车站折返作业时间

折返站	1	3	5	6	8	10
折返作业时间（s）	120	120	238	120	308	210

表 6-3　早高峰 07:00—09:00 OD 客流矩阵

O\D	1	2	3	4	5	6	7	8	9	10
1	0	155	148	179	403	310	527	671	124	62
2	266	0	217	248	341	248	465	585	124	62
3	295	195	0	203	527	403	713	905	186	93
4	152	133	3160	0	744	589	1023	1387	248	124
5	406	197	647	319	0	4650	4215	3344	1077	185
6	476	476	3477	319	438	0	3277	3530	1077	1116
7	319	319	1829	519	319	798	0	1399	736	930
8	152	114	816	657	638	685	295	0	612	868
9	304	266	716	738	757	585	209	319	0	155
10	247	209	341	419	438	341	771	838	790	0

注：带下划线的区域为小交路区段覆盖的 OD 对，不带下划线的区域为大小路区段覆盖的 OD 对。

表 6-4　晚高峰 17:00—19:00 OD 客流矩阵

O\D	1	2	3	4	5	6	7	8	9	10
1	0	121	160	210	354	432	460	520	165	80
2	128	0	343	435	325	235	326	317	186	93
3	343	350	0	3400	3100	4214	4179	2367	288	140
4	457	370	950	0	4125	3893	2544	4090	381	186
5	343	257	1020	765	0	4200	3221	3105	3	278
6	482	254	320	950	670	0	2540	4189	635	674
7	354	354	744	779	1488	1206	0	4209	568	925
8	211	290	243	322	459	1037	452	0	565	765
9	178	287	423	547	327	887	498	488	0	233
10	176	314	512	629	265	518	463	750	765	0

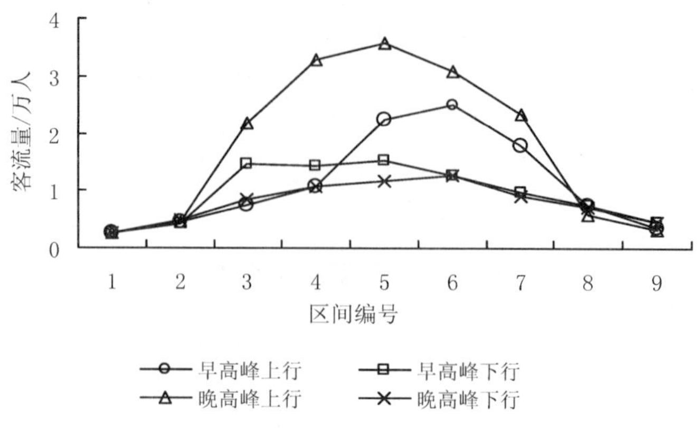

图 6-3 线路断面客流曲线

6.5.2 求解结果

运用数学优化软件 Lingo[106]编程求解，得到在$[s_3, s_{10}]$区段开行小交路列车，模型取得最优解。Lingo 对早高峰的求解结果输出界面见图 6-4。表 6-5 列出早、晚高峰时不同交路模式下列车开行对数（f）、小交路列车比例（m）、乘客等待时间（CW）、乘客在途时间（CV）、乘客出行成本（CP）、企业运营成本（CO）、车底使用数量（$N = N1 + N2$）、总成本（$C = CO + CP$）。大小交路模式开行方案为本算例的求解结果，单一交路列车开行对数以“满足全日分时最大断面客流量”为原则计算得到。

表 6-5 表明，早高峰时段大小交路最优开行比例为 1∶1，与单一交路模式相比，大交路区段列车开行对数由 14 下降为 7，小交路区段列车开行对数保持不变，乘客等待时间增加 14.26%，乘客在途时间降低 9.02%，乘客出行成本降低 3.69%，车底使用数量由 24 下降为 18，其余 6 列转为备用，运营成本降低 26.00%，总成本降低 24.40%。晚高峰时段，大小交路最优开行比例为 1∶2，大交路区段列车开行对数从 21 降低到 7 对，小交路区段列车开行对数

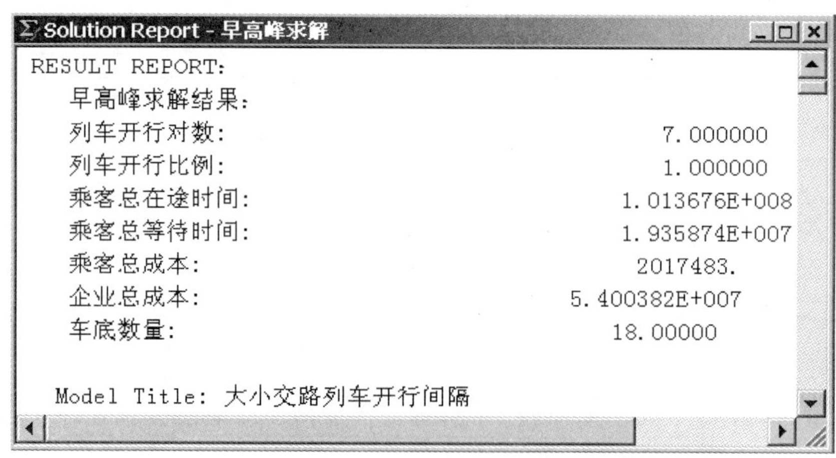
Solution Report - 早高峰求解
RESULT REPORT:
早高峰求解结果:
列车开行对数: 7.000000
列车开行比例: 1.000000
乘客总在途时间: 1.013676E+008
乘客总等待时间: 1.935874E+007
乘客总成本: 2017483.
企业总成本: 5.400382E+007
车底数量: 18.00000
Model Title: 大小交路列车开行间隔

图 6-4 Lingo 求解结果输出界面

表 6-5　求解结果

时段	交路模式	f	m	CW（s）	CV（s）	CP（元）	CO（元）	$N1+N2$	$CO+CP$（元）
早高峰	大小交路	7	1	19358740	101367600	2017483	54003820	18	56021303
	单一交路	14	—	16942890	111413800	2094779	72004030	24	74098809
	Δ%	−50.00	—	14.26	−9.02	−3.69	−26.00	−26.00	−24.40
晚高峰	大小交路	7	2	21543430	179298200	3228059	84005620	28	87233679
	单一交路	21	—	16225370	169535700	2948670	105006000	35	107954670
	Δ%	−66.67	0.00	32.78	6.76	9.48	−20.00	−20.00	−26.00
总计	大小交路	—	—	40902170	280665800	5245542	138009440	28	143254982
	单一交路	—	—	33168260	280949500	5043449	177010030	35	182053479
	Δ%	—	—	23.32	−0.10	4.01	−22.03	−20.00	−21.31

保持不变，乘客等待时间增加 32.78%，乘客在途时间增加 6.76%，乘客出行成本增加 9.48%，车底使用数量由 35 降至 28，企业运营成本降低 20%，总成本降低 19.92%。早晚高峰两个时段的总乘客出行成本增加 4.01%，企业运营成本降低 22.03%，总成本降低 21.31%。

以上结果证明模型的有效性，并可得到以下结论：

（1）在一定参数条件下，如算例中的早高峰时段，大小交路模式能够同时降低乘客出行成本和企业运营成本。

（2）在给定客流条件下，大小交路模式能够降低车底使用数量。当可用车底数量不足时，运输企业可考虑采用大小交路模式提高服务质量。

（3）在一定客流条件下，总乘客等待时间随小交路列车开行比例的增加而大幅度增加。

6.5.3　灵敏度分析

1. 折返站

固定其他参数，选择不同的小交路折返站，各项成本的变化趋势见表 6-6。本书仅列出早高峰时段相关数据。

表 6-6　折返站对成本的影响

hs	he	单一交路		大小交路				成本节省
		f	C（元）	f	m	C（元）	N	$\Delta C\%$
3	10	14	74098809	7	1	56021303	18	24.40%
5	10			9	1	71102942	23	4.04%
6	10			14	0	74098809	24	0.00%
3	8			8	1	62008531	20	16.32%

由表 6-6 可得出以下结论：

（1）实际运营组织中，当存在多个折返站可供选择时，决策者往往难以抉择，其中一个经验做法是选取主客流方向断面客流突变点作为折返站。但表 6-6 表明，实现乘客出行成本和运营成本节省最多的折返点不一定是主客流方向断面客流量的突变点。图 6-3 中早高峰下行断面客流突变点为车站 s_3 和 s_8，而最佳折返点为 s_3 和 s_{10}。

（2）以最高断面客流区间为轴线，将小交路的两端折返站向前（后）移动，小交路区段越长，大交路列车开行对数减少，总成本节省越多。如表 6-6 所示，将小交路左端折返站从 s_3 分别移至 s_6 后，总成本节省由 24.40% 降至 0%。

2. 小交路区段客流比重

定义 ζ 表示小交路区段所占的客流比重。将小交路区段覆盖的早高峰时段 OD 客流量（表 6-2 中带有下划线的数据）均增（缩）至原来的 ε（0.5、1、2、3）倍，固定其他参数，对应的小交路客流比重分别为 ζ=76.02%、86.74%、92.32%、94.74%，列车开行对数及成本随 ζ 的变化趋势如图 6-5 ~ 6-7 所示。

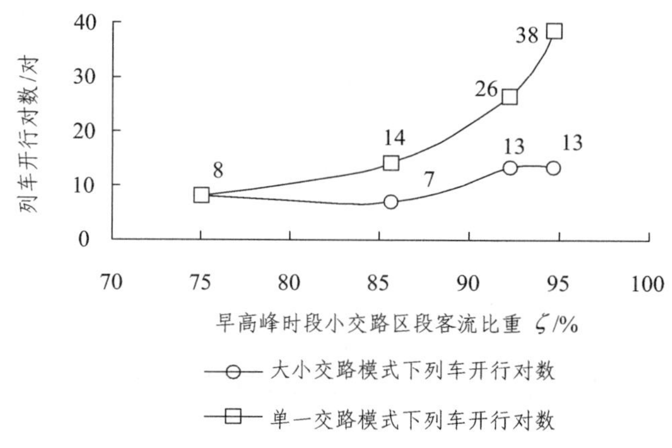

图 6-5 ζ 对列车开行对数的影响

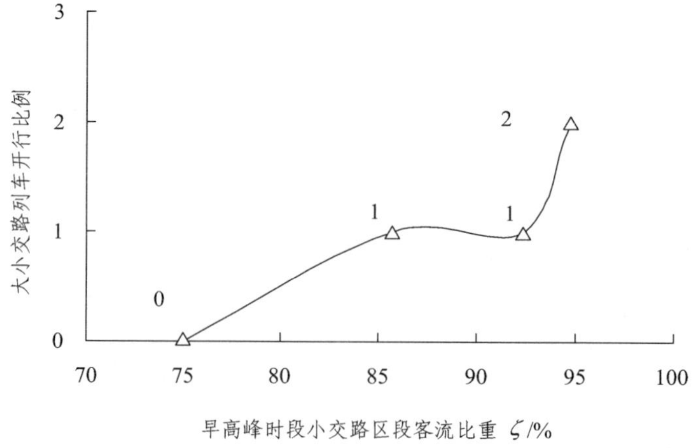

图 6-6 ζ 对大小交路列车开行比例的影响

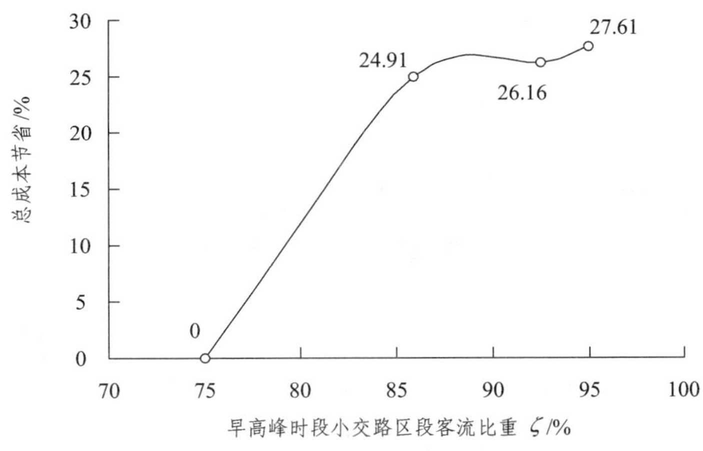

图 6-7　ζ 对总成本节省的影响

对图 6-5 ~ 6-7 进行分析，可得以下结论：

（1）随小交路区段客流比重的增加，单一交路模式列车开行对数单调递增。

（2）图 6-7 中，当 $\varepsilon = 0.5$，即 $\zeta = 76.02\%$ 时，最佳的运行模式为单一交路，表明大小交路模式能够降低乘客出行成本和运输企业运营成本，但需以一定的客流特征为条件。

（3）随小交路区段客流比重的增加，大小交路模式节省的总成本呈增长趋势，表明线路断面客流曲线越陡，实行大小交路模式越有利。

本章小结

交路模式对乘客出行成本和运输企业运营成本影响较大。本书兼顾乘客和运输企业两者的利益，综合考虑乘客需求、线路能力等约束，建立大小交路模式下轨道交通行车计划优化编制的双目标混合整数非线性模型，采用理想点法将以上模型转化为单目标模型。通过实例验证模型的合理性。通过对折返点、小交路区段客流比重进行成本灵敏度分析，得出以下结论：在一定客流条件下实施大小交路模式能够使乘客出行成本下降，减少车底使用数量，降低运输企业运营成本，因此当车底数量不能满足高峰客流需求时，建议运输企业考虑采用大小交路模式以提高服务质量；折返点的选取对成本影响较大，实现成本节省最多的折返点并不一定是断面客流突变点，以最大断面客流所在区间为轴线，两侧折返站距离越远，即小交路区段越长，总成本节省越多，因此当车站折返能力和车底数量满足需求的前提下，建议运输企业适度延长小交路运行区段；小交路区段客流所占比例对总成本影响显著，线路断面客流曲线越陡，实施大小交路模式越有利。

第 7 章 共线交路模式下列车运行图编制模型及算法

交路是指列车担当运输任务的固定周转区段。当城市轨道交通线路较长，客流分布不均衡时，合理、可行的列车交路能够充分利用设备资源，降低运输成本，在保证服务水平的前提下，提高车底运用效率。城市轨道交通列车交路可分为常规交路和复杂交路，共线交路是复杂交路的一种特殊形式。本章对共线交路相关概念进行定义，深入分析了共线交路条件下列车运行图编制的关键问题，在此基础上构建了共线交路条件下运行图编制模型，为保证运行图在折返站节点的可行性，本书同时考虑了车底交路计划的编制，实现了列车运行图与车底交路计划的一体化编制。为了降低问题的复杂度，本书首先进行列车始发布点，构建了列车始发布点方案编制模型，在此基础上，构建了关于共线交路列车运行图编制的双层规划模型，并基于递阶优化的思想设计了相应的算法。

7.1 复杂交路形式

城市轨道交通列车交路可分为常规交路和复杂交路。常规交路为长交路，列车在线路起、终点站间按最大需要开行贯通式列车的交路形式[64]，如图 7-1（a）所示，其他形式的交路均称为复杂交路。可将复杂交路产生的原因分为以下两类：一是线路网络结构特征，二是特殊运输组织方式[63]。

7.1.1 线路网络结构特征

1. “Y”（双“Y”）形交路

“Y”形交路产生的原因一般是由于线路初期设计或后期延伸时出现分岔，且岔线不宜采用独立交路形式而产生的。“Y”形交路形式如图 7-1（f）所示。双“Y”形交路产生的原因一般是两条线路在线路中部存在共线区段，共线区段上两条轨道交通线路的列车共线运行，双“Y”形交路的形式如图 7-1（g）所示。“Y”（双“Y”）形交路实现了多节点的联通，具有简单的网络结构特性，由于具备较强的连通性，此类交路上可以组织列车跨线运行或开行多种形式的交路，运输组织灵活多变，列车运行组织和调整都比较复杂。编制“Y”（双“Y”）形交路列车运行图时，由于多种交路形式的列车运行相互干扰，编制难度较大。

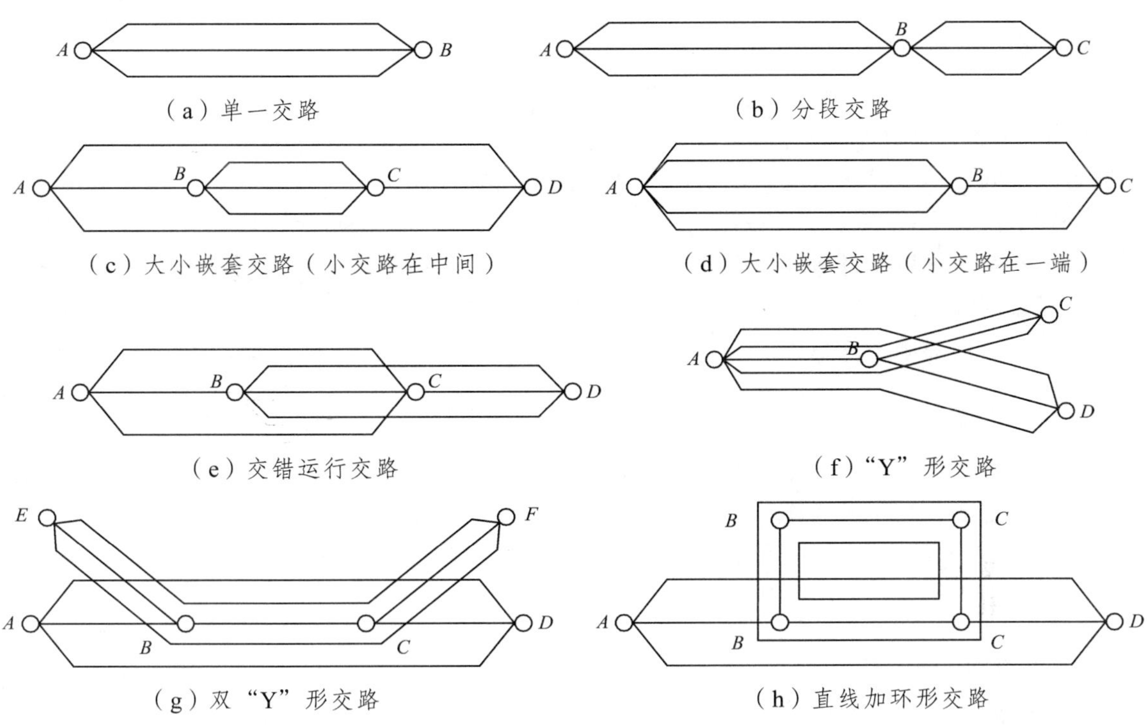

图 7-1　城市轨道交通列车运行交路形式[64]

2. 直线加环形交路

直线加环形列车交路的主要特征是由一条直线和一条环线组成，直线和环线一般隶属于两条城市轨道交通线路，每条线路均独立运营，但是在共线区段上列车运行相互干扰。这是城市轨道交通网络中一种非常特殊的交路，环线可以与直线互通，环线的位置可以是连接在直线的中间段，也可以是在两端，如图 7-1（h）所示。由于环线与直线存在共线区段，运输组织的难度较高。

7.1.2　特殊运输组织方式

由于客流不均衡，车底数量受限等原因需要在单一形式的线路上开行两种或两种以上的交路形式，从而构成了复杂交路，如分段交路、大小嵌套交路、交错运行交路等形式。

1. 分段交路

分段交路是城市轨道交通运输组织中较为常见的一种交路形式。一般在部分线路的延伸线上，客流量尚较少，不适宜开行长交路，一般组织在既有线和延伸线上组织分段交路，两个交路在某中间站上折返，且两交路的车体编组数量和开行对数可以不同，运输组织较为灵活。分段交路形式如图 7-1（b）所示。分段交路能够较好地解决线路相邻区段客流差异较大的问题，但是确定是运输组织对中间折返站的线路配置要求高，且由于长途客流均需在中间折返站上换乘，这为中间折返站的客运组织带来了一定难度。

2. 大小嵌套交路

大小嵌套交路是城市轨道交通运输组织中最为常见的一种交路形式，适用于线路高峰小时客流量不均匀，区间断面客流量有明显落差的线路区段。大小交路的车体编组数量和开行对数可以不同，运输组织较为灵活。根据小交路区段在线路中的位置，大小嵌套交路分为两种，分别如图 7-1（c）、（d）所示。在实际运营组织中，大小交路应用较为广泛的是长大市郊线路，线路两端位于郊区，线路中部位于市中心区域，市区段的日客流量远大于郊区段，一般会组织高峰时段在市区段开行大小交路。组织合理的大小交路模式能够在不增加运输成本的基础上，提高服务质量。

3. 交错运行交路

如图 7-1（e）所示，交错运行交路的两个小交路交叉重叠，存在部分共线区段。该类型的交路形式主要适用于长大市郊线路，当客流表现出向中心城区集中，具有明显的向心单峰客流特征时，可以开行交错运行交路，用来输送郊区和市区间的向心客流，并满足高密度的中心城区内部出行需求。

7.2　共线交路抽象描述

城市轨道交通列车交路可分为常规交路和复杂交路。常规交路为长交路，列车在线路起、终点站间按最大需要开行贯通式列车的交路形式[64]，如图 7-1（a）所示。其他形式的交路均称为复杂交路，如图 7-1（b）～（h）所示。复杂交路可视为由若干个子交路构成的组合交路，根据子交路间是否共线，可将复杂交路分为共线交路和非共线交路。为描述方便，对共线交路相关概念进行定义：

定义 7-1　共线交路：若复杂交路中两个或两个以上的子交路经过某一相同区段，则称该复杂交路为共线交路，如图 7-1（c）～（h）所示，这个相同区段称为共线区段，共线区段上的车站称为共线站，列车前进方向的第一个共线站称为该方向的共线首站，最后一个共线站称为共线末站。

定义 7-2　共线交路终端折返站和中间折返站：折返站是城市轨道交通的重要组成要素，根据折返站在共线交路中所在位置的不同，将共线交路折返站分为共线交路终端折返站（如图 7-1（c）中车站 A 和 D 站）和中间折返站（如图 7-1（c）中车站 B 和 C 站），前者办理某个或多个子交路的终到列车折返作业，后者除办理终到列车的折返作业外，还办理部分通过列车的接发车作业。

城市轨道交通共线交路由若干个子交路构成，子交路数量越多，运营组织的复杂度也越高，目前我国采用共线交路模式的轨道交通线路多采用两层交路，因此本书假设所研究的共线交路由两层交路构成。为表述方便，将每个子交路均视为上、下行两条单向线路，则一个共线交路由四条单向线路组成。为了简化模型，本书以单向线路为基本单元进行模型的构建和算法的求解，因此本章的下文中，如果不加以特殊说明，“线路”均指的是每个子交路上终端站之间的单向线路。

令城市轨道交通共线交路的线路集合为 $R=\{r\mid r=1,2,3,4\}$，对于 $\forall r\in R$，其位于相同子交路上的反向线路为 π_r，$S_r=\{s_1^r,s_2^r,\ldots,s_{m_r}^r\}$ 为线路 r 的车站集合，m_r 为线路 r 的车站总数，tu^r 为列车在车站 $s_{m_r}^r$ 的折返作业时间标准。R_i^r 为线路 r 上列车自车站 s_{i-1}^r 运行至 s_i^r 的区间运行时分，包括起停车附加时分，$\underline{d}_i^r$ 和 $\overline{d}_i^r$ 为线路 r 上列车在车站 s_i^r 上的最小和最大停站时间。F_r 为全日内线路 r 的总列车开行对数。线路 r 上的第 q 列车用符号 $\Gamma^{r,q}$ 表示，$L_i^{r,q}$、$A_i^{r,q}$ 和 $D_i^{r,q}$ 分别表示列车 $\Gamma^{r,q}$ 在车站 s_i^r 的出发时刻、到达时刻和停站时刻。

城市轨道交通系统运营时间共有 h 个时间段，令系统夜间停运时间为时段 0，运营时段依次为 $1,2,\cdots,h$，时段 $k(k=0,1,2,\cdots,h)$ 的开始时刻为 $T_k^{始}$，令 $T_{h+1}^{始}=T_0^{始}$，则时间段时长 $T_k^{段}=T_{k+1}^{始}-T_k^{始}$，$f_r^k$ 表示时段 k 内线路 r 的列车开行对数，$K^{r,q}$ 表示线路 r 的第 q 列车所属的运营时段。

C 表示共线区段集合，对于 $\forall c\in C$，$S_c=\{s_1^c,s_2^c,\ldots s_{m_c}^c\}$ 表示共线区段 c 的共线站集合，若同向线路 r 和 r' 存在共线区段 c，记为 $(r,r')=c$。

7.3　共线交路运行图编制关键问题分析

共线交路列车运行图编制的实质是处理各子交路上列车与车站、列车与区间、列车与列车以及共线区段不同交路上列车与列车之间的关系。编制共线交路运行图需首先解决以下几个关键问题：

7.3.1　行车间隔的确定

城市轨道交通在各时段一般等间隔开行，本书将其称为行车间隔的分时段均衡性。当各子交路列车开行密度较大，且列车开行对数不等时，很难同时实现共线区段和非共线区段上行车间隔的分时段均衡性。该情况下，共线交路行车间隔的确定一般有两种方案：一是首先在共线区段上根据各子交路列车开行比例成组铺画运行线，然后将运行线向非共线区段延伸，该方法适用于各子交路列车开行比例固定的情况，文献[64]采用了此方案；二是首先根据运营时段长度和子交路列车开行对数对各子交路列车分别初始布点，保证各子交路上行车间隔的分时段均衡性，然后根据追踪间隔时间和折返站间隔时间对运行图进行冲突疏解，确保行车安全，该方法对各子交路列车开行比例无特殊要求。部分共线交路，如双“Y”形交路和直线加环型共线交路（图 7-1（g）、（h））一般属于不同的线路，由于客流特征的多样性，很难使得行车计划既能充分满足客流需求，又能够保证子交路间成固定比例，因此本书采用方案二。

目前城市轨道交通企业实际运营中，行车间隔的确定多采用方案一，主要原因是目前运输企业的运行图编制工作主要是计算机辅助人工编制，方案二中的运行图编制难度大。此外，方案二也为行车调度工作带来较大的难度，但是随着计算机编制城市轨道交通技术的发展，运行图编制的难度将会大大降低，而且随着列车自动运行系统（ATO）的广泛应用，列车运行调整的工作难度也将会大大降低。方案二在城市轨道交通运营实际中是可行的。

7.3.2 折返模式

根据折返方式，折返模式可分为站前折返和站后折返。站前折返是指在列车前进方向的到达端咽喉进行折返作业，列车空车走行距离少，乘客能够同时上下车[64]。常见的站前折返线布置型式有站前单渡线折返和站前双渡线折返。站前单渡线的折返过程如图 7-2 所示。站前双渡线的折返过程较为复杂，为确保行车安全，实际运输组织中一般采用单渡线折返，另一条渡线留为备用，本书的站前折返均指站前单渡线折返。

序号	折返作业项目	时间/s	折返作业过程及折返间隔时间
1	办理接车进路	15	I　II
2	列车进站停妥	25	
3	列车停站上下客	30	
4	办理发车进路	15	
5	列车驶出车站	25	

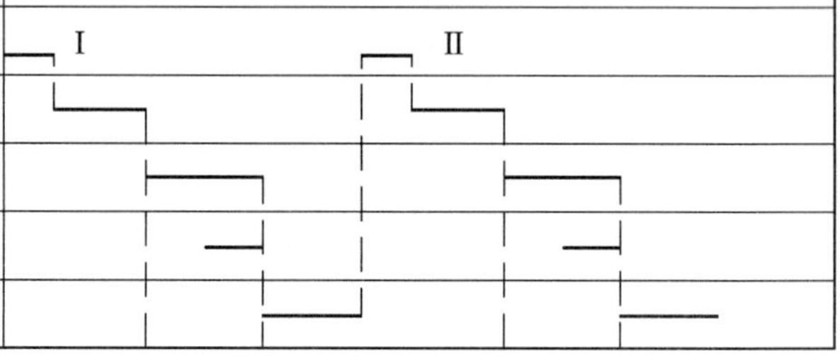

图 7-2　站前折返作业过程

站后折返是指在列车前进方向的出发端咽喉进行折返作业，先下客，后折返，再上客[64]。常见的站后折返线布置型式有折返线和渡线两种。为避免折返作业对正线行车作业的干扰，一般多采用站后折返线的方式。站后单折返线的作业过程如图 7-3 所示。站后双折返线的作业过程较为复杂，实际运输组织中一般采用单线折返，另一条折返线留为备用，本书的站后折返均指站后单折返线。

序号	折返作业项目	时间/s	折返作业过程及折返间隔时间
1	办理接车进路	15	I　II
2	列车进站停妥	25	
3	列车停站下客	30	
4	办理折返进路	15	
5	折返作业	35	
6	列车停站上客	30	
7	办理发车进路	15	
8	列车驶出车站	25	

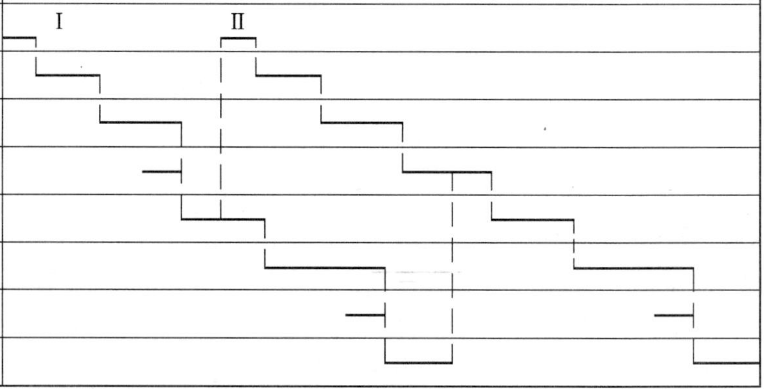

图 7-3　站后折返作业过程

7.3.3 折返站间隔时间

为了保证行车安全，折返站上列车办理到达、出发和折返作业所需满足的最小间隔时间称为折返站间隔时间。折返站间隔时间是编制列车运行图的重要约束，其类型取决于车站办理的列车作业内容和折返站辅助配线型式。

1. 共线交路终端折返站

共线交路终端折返站办理某个或多个子交路的终到列车折返作业。根据图 7-2 和图 7-3 所示的折返作业过程可知，站后折返模式下，折返站间隔时间包括折返列车到达间隔时间 I_{aa} 和折返列车出发间隔时间 I_{dd}；站前折返模式下，折返站间隔时间包括折返列车发到间隔时间 I_{da}。共线交路终端折返站间隔时间示意图如图 7-4 所示。

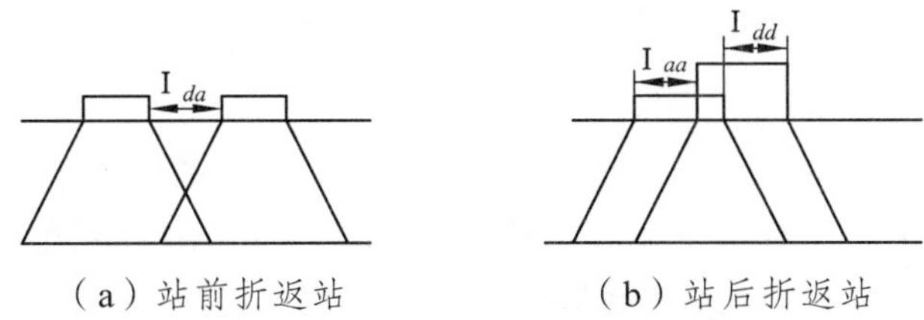

（a）站前折返站　　（b）站后折返站

图 7-4　终端折返站折返间隔时间

2. 共线交路中间折返站

中间折返站办理终到列车的折返作业和通过列车的接发车作业。

1）站前折返

在中间折返站采用单渡线折返时，常用的有直进侧出和侧进直出两种模式，如图 7-5 所示。

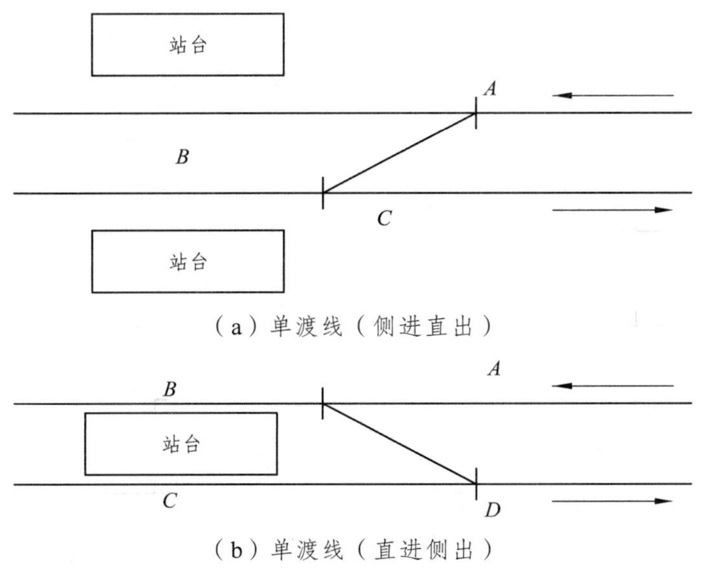

（a）单渡线（侧进直出）

（b）单渡线（直进侧出）

图 7-5　站前折返线布置型式

将折返列车的进站方向视为其运行方向。对折返列车和通过列车的作业流程进行分析得到，侧进直出方式的折返站间隔时间包括：折返列车到达间隔时间 I_{aa}、折返列车出发间隔时间 I_{dd} 和异向折-通列车发到间隔时间 II_{da}^{2}（上标‘1’表示同向列车，‘2’表示异向列车）。直进侧出方式的折返站间隔时间包括折返列车到达间隔时间 I_{aa}、折返列车出发间隔时间 I_{dd} 和同向折-通列车发到间隔时间 II_{da}^{1}。II_{da}^{2} 和 II_{da}^{1} 的示意图如下图 7-6 所示。

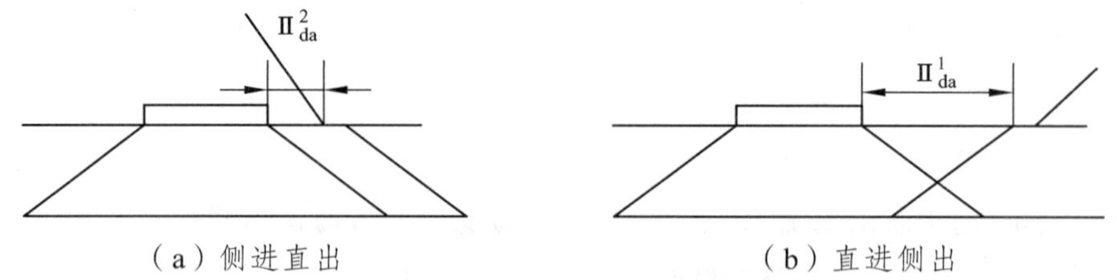

图 7-6 站前折返模式折返站间隔时间

2）站后折返

站后折返模式下，折返站间隔时间包括折返列车到达间隔时间 I_{aa} 和折返列车出发间隔时间 I_{dd}。由于折返列车可在折返线上等待，折-通列车到发间隔时间可由追踪间隔时间保证。

综合以上分析，可得城市轨道交通折返站间隔时间类型如图 7-7 所示。

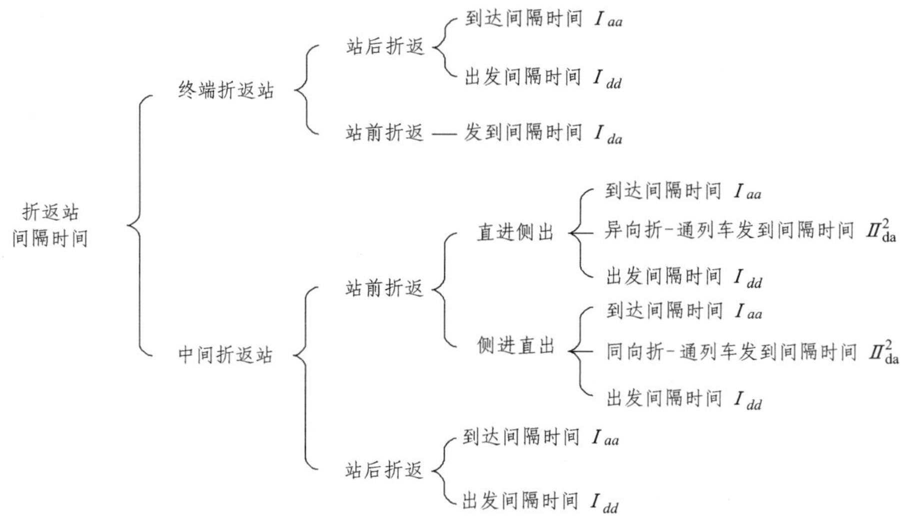

图 7-7 城市轨道交通折返站间隔时间类型

7.3.4 车底运用方式

车底运用方式一般有两种[4]：独立运用和套跑运用。独立运用时，车底周转与长交路形式相同，在某一交路上运营的车底不能担任其他交路的运用任务。套跑运用方式下，在某一交路上运营的列车可以担任其他交路列车的运用任务，车底周转灵活，能够加快车底周转速度，但是一旦列车延误或因突发事件使列车运行秩序紊乱，运行图调整难度大。本书假设共线交路车底运用方式为独立运用，原因在于套跑运用需要一定的客观条件为前提：一是不同交路具有重合的折返站，二是不同交路的车辆、信号制式等设备要兼容。在部分共线交路上，以上两个条件是不一定存在的，而且在实际城市轨道交通系统中，共线交路的各个子交路不一定属于同一条线路，如上海轨道交通 3 号线和 4 号线构成的直线加环型交路。因此本书假设采用独立运用方案。

7.3.5　车底出入库方式

城市轨道交通车辆段是车辆的维修保养基地，负责车辆停放、检修和整备等。在城市轨道交通实际运输组织中，当线路较长，一般超过 20 km 时，为利于运营，可在线路的另一端设停车场，承担部分车辆的停放、运用、检查和整备工作。

城市轨道交通车底运用多为单车种配属一个或多个车辆段运用[64, 66]。车辆段（停车场）出入段线是连接正线的线路，属辅助线。车辆段（停车场）的接轨方式对编制城市轨道交通列车运行图的影响较大。按照车辆段、停车场设置位置的不同，车辆段、停车场与正线的接轨方式分为终端接轨和中部接轨[64, 95-97]。根据出入段（场）线路与正线交叉方式的不同，可分为平面交叉和立体交叉。

1. 终端接轨

终端接轨是车辆段（停车场）在城市轨道交通线路的终点站或起始站接轨，如图 7-8 所示。城市轨道交通的站台形式一般可分为侧式站台和岛式站台，图 7-8（a）所示为接轨站为侧式站台时，车辆段（停车场）通常采用的接轨形式以及车底出入段（场）的运行径路，图 7-8（b）所示为接轨站为岛式站台时，车辆段（停车场）通常采用的接轨方式及车底出入段（场）的运行径路。终端接轨方式的优点是车底出入段（场）与正线没有交叉，车底出入段（场）作业与正线列车运行干扰较少，线路通过能力较大。

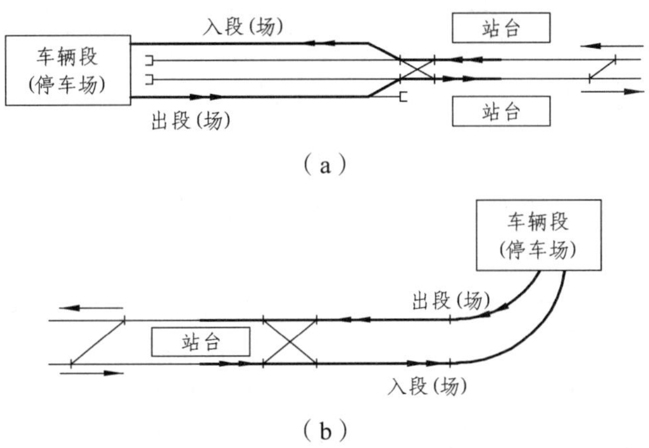

图 7-8　车辆段（停车场）终端接轨配线设置示意图[64]

2. 中部接轨

中部接轨是在城市轨道交通线路的中间车站接轨，根据车辆段（停车场）接轨车站数目的不同，中部接轨有一站接轨和两站接轨两种形式。

1）一站接轨

车辆段（停车场）与正线的某车站接轨，车底出入库线与正线平面相交。此种接轨方式下，车底出入段与列车正线运行相互干扰，为了尽量降低车底出入段对列车正线运行的干扰，或是避免车底空驶距离的增加，一般会选择接轨站为中间折返站。车辆段（停车场）中部一站接轨配线设置形式及车底出入段（场）径路如图 7-9 所示。

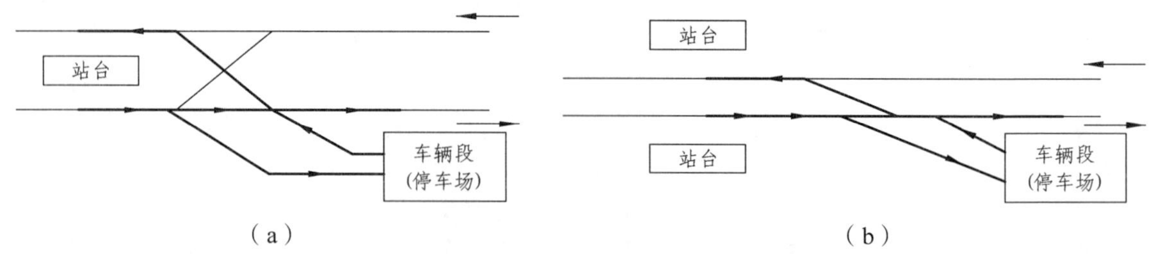

图 7-9 车辆段（停车场）中部一站接轨配线设置示意图[64]

2）两站接轨

车辆段（停车场）中部两站接轨配线布置形式及列车出入段（场）径路如图 7-10 所示。车底出入库线与正线平面相交，该接轨方式下车底出入段具有多条运行径路可供选择，运输组织灵活，但运输组织难度较大，给运行图的编制带来了较大难度。

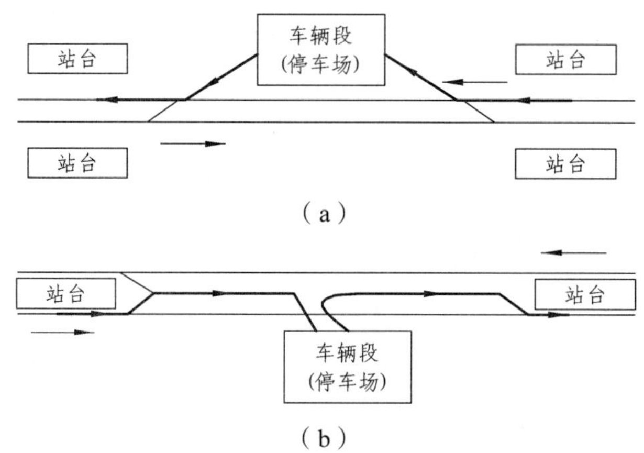

图 7-10 车辆段（停车场）中部两站接轨配线布置示意图[64]

车底担当运输任务时，需要从车辆段或停车场驶出，任务结束后需要驶回车辆段或停车场，因此在运行图中需要铺画车底出入库线。车辆段（停车场）的接轨方式直接决定了车底出入库线的铺画方式，接轨方式的多样性也导致了编制车底出入库线的复杂性，很难在列车运行图编制模型中综合考虑多种接轨方式下的车底出入库线编制。

编制车底出入库线的关键问题之一是确定合理的出入库列车。本书在共线交路运行图编制的过程中并未考虑车底出入库线的编制，但是在车底交路编制算法中确定了高低峰过渡时段的出、入库列车，待运行图编制完成后，可根据车辆段布置情况，插入车底出入库线，并对列车运行线进行左（右）平移，以疏解车底出入库线与列车运行线的冲突，该环节可通过人机交互完成，本书不予考虑。

7.4 列车始发布点方案模型及求解

7.4.1 模型基本假设

（1）城市轨道交通线路共两层运营交路，城市轨道交通运营组织复杂性随交路数量增加而大大增大，目前我国轨道交通线路多采用两层交路。

（2）车底周转方式为大小交路独立运用，且车底数量能够满足需求。

（3）各子交路上列车成对开行，停站模式为站站停。

（4）本书在运行图编制的过程中并未考虑车底出入库线的编制，待运行图编制完成后，可根据车辆段布置情况，插入车底出入库线，并对列车运行线进行左（右）平移，以疏解车底出入库线与列车运行线的冲突。该环节可通过人机交互完成，本书不予考虑。

（5）双折返线（渡线）的作业过程较为复杂，实际运输组织中一般采用单折返线（渡线）折返，另一条折返线留为备用。

7.4.2　列车始发布点方案编制模型及求解

以城市轨道交通列车行车间隔的分时段均衡性为优化目标构建列车始发布点方案。文献[98]深入研究了国有铁路运行图均衡性的严格数学定义，本书借鉴了其研究成果，并根据共线交路的特征对其进行修正，构建轨道交通行车间隔的分时段均衡性的评价指标函数。

定义向量 $X_r=(L_1^{r,1},L_1^{r,2},...,L_1^{r,F_r})$ 为线路 r 上列车在始发站 s_1^r 的始发时刻分布，令 $y^{r,q}$ 为始发站 s_1^r 上列车 $\Gamma^{r,q+1}$ 与 $\Gamma^{r,q}$ 的行车间隔时间，其计算公式见式（7-1）。定义 $\overline{y_r^k}$ 为线路 r 上时段 k 内的平均行车间隔时间，其计算公式见式（7-2）。

$$y^{r,q}=L_1^{r,q+1}-L_1^{r,q}\ (q\neq F_r) \tag{7-1}$$

$$\overline{y_r^k}=T_k^{段}/f_r^k\ (k\neq 0) \tag{7-2}$$

令向量 $Y_r=(y^{r,1},y^{r,2},\dots,y^{r,F_r-1})$ 为线路 r 上车站 s_1^r 的行车间隔分布。令 $\overline{y_r^{h+1}}=\overline{y_r^1}$，若 $y^{r,q}(q=1,2,\dots,F_r-1)$ 满足式（7-3）则称该行车间隔分布是分时段绝对均衡的，称此始发时刻分布 $X_r=(L_1^{r,1},L_1^{r,2},\dots,L_1^{r,F_r})$ 为标准分布。

$$y^{r,q}=\begin{cases}(\overline{y_r^k}+\overline{y_r^{k+1}})/2 & K^{r,q}=k;q=\sum\limits_{n=1}^{k}f_r^n\\ \overline{y_r^k} & K^{r,q}=k;\sum\limits_{n=1}^{k-1}f_r^n<q<\sum\limits_{n=1}^{k}f_r^n\end{cases} \tag{7-3}$$

记满足标准分布的 $y^{r,q}$ 为 $\overline{y^{r,q}}$，定义 DY_r 为 Y_r 的方差，称 DY_r 为行车间隔方差，计算方法如式（7-4）所示。DY_r 值的大小表示 X_r 分布相对于标准分布的离散程度。当共线交路上各线路的列车始发时刻分布均为标准分布时，该运行图称为理想运行图。本书采用行车间隔方差 DY_r 作为行车间隔分时段均衡性的评价指标。显然 $DY_r\geqslant 0$，DY_r 的值越大，则 X_r 的分时段均衡性越差；DY_r 的值越小，则 X_r 的分时段均衡性越好。当且仅当分布 $X_r=(L_1^{r,1},L_1^{r,2},\dots,L_1^{r,F_r})$ 为标准分布时，$DY_r=0$。因此，以行车间隔方差 DY_r 作为行车间隔分时段均衡性的评价指标是有效的。

$$DY_r=\frac{\sum\limits_{q=1}^{F_r-1}(y^{r,q}-\overline{y^{r,q}})^2}{F_r} \tag{7-4}$$

通过以上分析，可得到列车始发布点模型 Model（Ⅰ）如下：

$$\min Z_1 = \sum_{r \in R} DY_r \tag{7-5}$$

$$T_1^{始} \leqslant L_1^{r,1} \leqslant T_1^{始} + \overline{y_r^1} \ (\forall r \in R) \tag{7-6}$$

$$L_1^{r,q+1} - L_1^{r,q} \geqslant I_r \ (\forall r \in R, q \neq F_r) \tag{7-7}$$

$$T_k^{始} \leqslant L_1^{r,q} < T_{k+1}^{始} \ (\forall r \in R, q = 1,2,\ldots,F_r, K^{r,q} = k) \tag{7-8}$$

式（7-5）表示最小化行车间隔总方差；式（7-6）对线路 r 上首列车的始发时刻进行约束，使列车运行线尽可能均衡分布在整个运营时段；式（7-7）表示列车发车间隔满足最小追踪间隔时间，I_r 表示线路 r 的最小追踪间隔时间；式（7-8）表示各列车的始发时刻不得超出其运营时段。上述模型 Model（Ⅰ）中当且仅当各线路列车始发时刻分布为标准分布时，目标函数 $Z_1 = 0$ 为最优。本书首先对各线路首列车的始发时刻赋值为 $(T_1^{始}+\overline{y_r^1})/2$，形成一个标准分布，然后根据给定的时间 $t_{移}$ 对所有列车时刻进行整体平移，平移的目的是为折返站上车底接续创造良好的条件。$t_{移}$ 的取值根据车辆段布置、折返站辅助配线型式等因素计算。将 Model（Ⅰ）求解得到的各线路的列车始发时刻分布称为“理想初始布点方案”。“理想初始布点方案”是相对下文中的“初始布点方案”而言的，该处的“理想”主要表现为此初始布点方案中各个子交路的行车间隔均实现了分时段均衡性。

7.5 共线交路运行图编制双层规划模型

7.5.1 模型总体思路

上节中得到的理想初始布点方案为列车运行图的编制提供了一个初始布点方案。城市轨道交通车站配线少，折返站能力是全线通过能力的瓶颈，列车运行图的编制需满足折返站通过能力，保证在站同时进行折返作业的车底数量不得超过该折返站的通过能力，并保证折返站上到达列车、出发列车之间不存在冲突。本书在列车初始布点方案的基础上，构建了共线交路列车运行图编制的双层规划模型 Model（Ⅱ），目的在于实现列车运行图与车底交路计划的一体化编制。其中，下层模型 Model（Ⅱ-1）为车底交路计划编制模型，城市轨道交通的行车密度具有较强的时段性，在高低峰过渡时段内，到达列车和出发列车的数量相差较大，需确定合理的出（入）库列车，因此 Model（Ⅱ-1）的主要任务是确定合理的出（入）库列车和车底接续关系，该模型的输入参数是初始布点方案，输出结果是车底在折返站的接续关系和出（入）库列车；上层模型 Model（Ⅱ-2）为运行图编制模型，该模型的输入参数是初始布点方案和车底交路计划，输出结果是列车在各站的到发时刻。

双层规划模型的总体思路如图 7-11 所示。

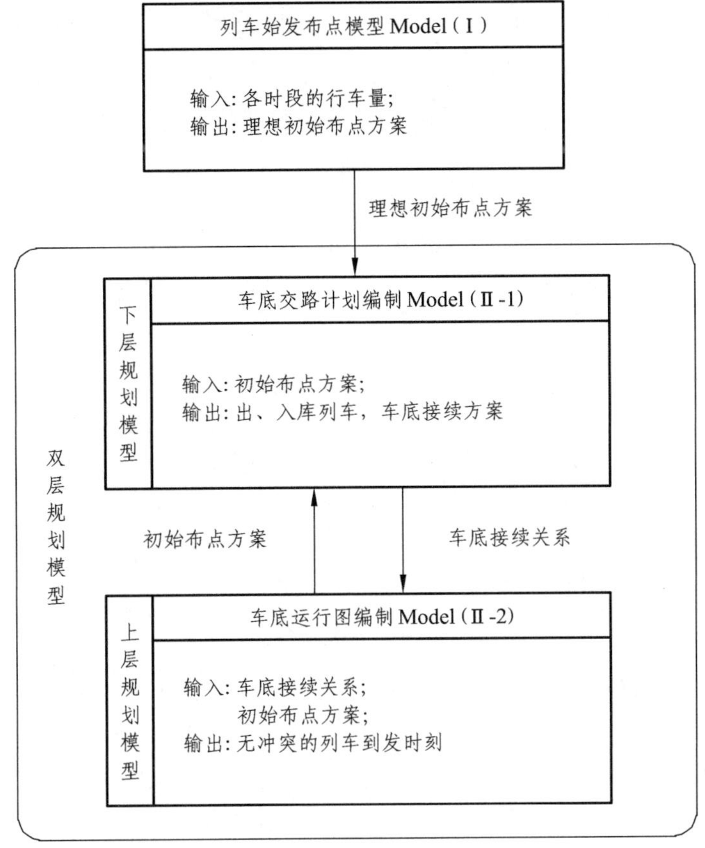

图 7-11 模型总体思路

7.5.2 下层模型的构建

下层模型的目的在于实现车底交路计划的编制。城市轨道交通车底交路计划是在给定列车初始布点方案的前提下，根据车辆段（停车场）布置条件，合理安排车底担当的车次。城市轨道交通车底担当运输任务时，需从车辆段（停车场）驶出，任务结束后驶回车辆段（停车场）。为描述方便，进行如下定义：

定义 7-3 出（入）库列车：车底自出车辆段（停车场）至下一次入段（停车场）期间内担当的所有列车任务称为一个交路。一个交路的首列车称为出库列车，末列车称为入库列车。

城市轨道交通具有明显的时段性，在平峰向高峰过渡的时间段内，折返站上到达列车的数量小于出发列车，需确定合理的出库列车；在高峰向平峰过渡的时间段内，到达列车的数量远大于出发列车，需确定合理的入库列车。因此，编制车底交路计划的关键是对折返站上始发和终到列车进行匹配，确定车底接续关系，并确定合理的出、入库列车。出（入）库列车与折返列车的区别在于：折返列车在折返站进行折返作业后变更车次，反方向行驶；而出（入）库列车则进行出（入）库作业。

车底使用数量是评价城市轨道交通车底交路计划的重要指标。在城市轨道交通系统中，列车区间运行时分和停站时间相对固定，减少车底使用数量的关键是缩短车底接续时间。定

义 $C_{r,s,q,q'}$ 为线路 r 的折返站 s 上到达列车 $\Gamma_{r,q}$ 与对向出发列车 $\Gamma_{\pi_r,q'}$ 的接续时间。定义 0-1 变量 $\phi_{r,s,q}$，若 $\Gamma_{r,q}$ 在折返站 s 上为折返列车，则 $\phi_{r,s,q}=1$，若列车 $\Gamma_{r,q}$ 为出（入）段列车，则 $\phi_{r,s,q}=0$。定义 0-1 变量 $\lambda_{r,s,q,q'}$，在折返站 s 上，若将列车 $\Gamma_{r,q}$ 的到达车底指派给对向出发列车 $\Gamma_{\pi_r,q'}$，则 $\lambda_{r,s,q,q'}=1$，否则 $\lambda_{r,s,q,q'}=0$。当 $\lambda_{r,s,q,q'}=1$ 时，将 $(\Gamma_{r,q},\Gamma_{\pi_r,q'})$ 称为一个接续列车对。

车底交路计划编制模型 Model（II-1）如下：

$$\min Z_2=\sum_{r\in R}\sum_{q=1}^{F_r}\sum_{q'=1}^{F_{r'}}C_{r,s,q,q'}\lambda_{r,s,q,q'} \tag{7-9}$$

$$\sum_{q'=1}^{F_{r'}}\lambda_{r,s,q,q'}=\phi_{r,s,q}\quad(\forall r\in R,q=1,2,\ldots,F_r) \tag{7-10}$$

$$\sum_{q=1}^{F_r}\lambda_{r,s,q,q'}=\phi_{r,s,q'}(\forall r\in R,q'=1,2,\ldots,F_{r'}) \tag{7-11}$$

$$C_{r,s,q,q'}=\begin{cases}L_1^{\pi_r,q'}-A_{m_r}^{r,q} & \phi_{s,r,q}=1\text{且}L_1^{\pi_r,q'}-A_{m_r}^{r,q}\geqslant tu^r\\ L_1^{\pi_r,q'}-A_{m_r}^{r,q}+d_{time} & \phi_{r,s,q}=1\text{且}L_1^{\pi_r,q'}-A_{m_r}^{r,q}<tu^r\\ 0 & \phi_{r,s,q}=0\end{cases} \tag{7-12}$$

式（7-9）表示最小化车底接续时间总和；式（7-10）和（7-11）保证了到达列车与出发列车之间的一对一接续关系，但当列车为出（入）段列车时，此列车在该折返站上不存在接续列车；式（7-12）是车底接续时间的计算方法，d_{time} 表示一天的时间，为常数，当用秒为单位表示为 86400。

7.5.3 上层模型的构建

上层模型为列车运行图编制模型 Model（Ⅱ-2），将 Model（Ⅱ-2）求解得到的列车运行图称为最终运行图。

Model（Ⅱ-2）是在列车初始布点方案和下层模型中求解得到的车底交路计划的基础上，以区间运行时分、列车停站时间、折返站间隔时间、追踪间隔时间以及折返作业时间为约束，以最终运行图与初始布点方案的列车始发时刻偏差最小为优化目标，确定列车在车站的到发时刻和停站时间。

全日列车行车计划是双层规划模型的输入参数。在以下模型中，各决策变量（如 $L_i^{r,q}$，$A_i^{r,q}$ 和 $D_i^{r,q}$ 分别表示列车 $\Gamma^{r,q}$ 在线路 r 第 i 个车站 s_i^r 的出发时刻，到达时刻和停站时刻）的上标索引 q 表示列车，F_r 为全日内线路 r 的总列车开行对数，模型各约束中 q 的取值范围均为 q=1,2,…,F_r，从而保证了列车运行图满足全日行车量的要求。

1. 目标函数

令理想初始布点方案中列车 $\Gamma^{r,q}$ 的始发时刻为 $\overline{L_1^{r,q}}$，列车 $\Gamma^{r,q}$ 在最优运行图中的始发时刻为 $L_1^{r,q}$，则上层模型的目标函数如下：

$$\min Z_3 = \sum_{r\in R}\sum_{q=1}^{F_r}(L_1^{r,q} - \overline{L_1^{r,q}})^2 \quad (\forall r \in R, q = 1,2...F_r) \tag{7-13}$$

2. 约束条件

1）列车始发时间域约束

为使各线路上的运行线尽可能均衡地分布在其运营时段内，需对线路上首列车的始发时刻进行约束，且各列车始发时刻均不得超过其运营时段范围，如式（7-6）和（7-8）所示。

2）区间运行时分约束

由列车运行标尺，停站时分以及列车始发时刻等，按列车经由站顺序推算列车在各站的到发时刻，即：

$$A_i^{r,q} = L_{i-1}^{r,q} + R_i^r \quad (\forall r \in R, q = 1,2,\ldots,F_r, i = 2,\ldots,m_r) \tag{7-14}$$

$$L_i^{r,q} = A_i^{r,q} + D_i^{r,q} \quad (\forall r \in R, q = 1,2,\ldots,F_r, i = 2,\ldots,m_r) \tag{7-15}$$

3）折返作业时间约束

车底交路计划编制模型 Model（Ⅱ-1）的求解结果是车底接续关系和出入库列车，已知线路 r 上第 q 列车 $\Gamma_{r,q}$ 的接续列车为线路 π_r 上第 υ_q 列车 $\Gamma_{\pi_r,\upsilon_q}$，运行图调整过程中两列车的接续时间需满足折返作业时间，如式（7-16）所示。折返站上办理的作业种类包括终到列车的折返作业和出（入）段列车的车底出入库作业。根据 0-1 变量 $\phi_{r,q}$ 为列车种类的判断变量，当列车 $\Gamma_{r,q}$ 为出（入）段列车时，$\phi_{r,q}=0$，式（7-16）不起作用。

$$\phi_{r,q} \times (L_1^{\pi_r,\upsilon_q} - A_{m_r}^{r,q}) \geqslant \phi_{r,q} \times tu_r \quad (\forall r \in R, q = 1,2,\ldots,F_r) \tag{7-16}$$

4）列车停站时间约束

列车 $\Gamma_{r,q}$ 在车站 s_i^r 上的停站时间需满足最小和最大停站时间约束，即

$$\underline{d}_i^r \leqslant D_i^{r,q} \leqslant \overline{d}_i^r \quad (\forall r \in R, q = 1,2,\ldots,F_r, i = 1,\ldots,m_r) \tag{7-17}$$

5）列车追踪间隔时间约束

① 为保证行车安全，线路 r 上相邻列车间满足追踪间隔，即：

$$L_i^{r,(q+1)} - L_i^{r,q} \geqslant I_r \quad (\forall r \in R, q = 1,2,\ldots,F_r - 1, i = 1,\ldots,m_r) \tag{7-18}$$

$$A_i^{r,(q+1)} - A_i^{r,q} \geqslant I_r \quad (\forall r \in R, q = 1,2,\ldots,F_r - 1, i = 1,\ldots,m_r) \tag{7-19}$$

② 同向线路 r 和 r' 存在共线区段 c，记为 $(r,r')=c$，共线区段上相邻列车间也应满足追踪间隔时间 I_r。共线站 $s_j^c \in S_c$ 为线路 r 上的第 i 个车站 s_i^r，线路 r' 上的第 i' 个车站 $s_{i'}^{r'}$，即 $s_j^c = s_i^r = s_{i'}^{r'}$。定义 0-1 变量 $\alpha_{j,r'q'}^{rq}$，在共线站 s_j^c 上若列车 $\Gamma_{r,q}$ 的到达时刻 $A_i^{r,q}$ 大于列车 $\Gamma_{r',q'}$ 的到达时刻 $A_{i'}^{r',q'}$，且两列车之间能够满足追踪间隔时间 I_r，则 $\alpha_{j,r'q'}^{rq}=1$，否则 $\alpha_{j,r'q'}^{rq}=0$。若 $\alpha_{j,r'q'}^{rq}=0$，则需使列车 $\Gamma_{r',q'}$ 的到达时刻 $A_{i'}^{r',q'}$ 大于列车 $\Gamma_{r,q}$ 的到达时刻 $A_i^{r,q}$，且满足追踪间隔

时间，如式（7-20）和（7-21）所示。同理，对共线站上的列车出发时刻进行约束，如式（7-22）和（7-23）所示。将 0-1 变量 $\alpha_{j,r'q'}^{rq}$ 称为冲突疏解变量。

$$A_i^{r,q}-(A_{i'}^{r',q'}+I_r)\leqslant M\alpha_{j,r'q'}^{rq} \tag{7-20}$$

$$A_{i'}^{r',q'}-(A_i^{r,q}+I_r)\leqslant M(1-\alpha_{j,r'q'}^{rq}) \tag{7-21}$$

$$L_i^{r,q}-(L_{i'}^{r',q'}+I_r)\leqslant M\alpha_{j,r'q'}^{rq} \tag{7-22}$$

$$L_{i'}^{r',q'}-(L_i^{r,q}+I_r)\leqslant M(1-\alpha_{j,r'q'}^{rq}) \tag{7-23}$$

$$(\forall r,r'\in R,r\neq r';s_j^c=s_i^r=s_{i'}^{r'}\in S_c;q=1,\ldots,F_r;q'=1,\ldots,F_{r'};i=1,\ldots,m_r;i'=1,\ldots,m_{r'})$$

6）共线交路终端折返站间隔时间约束

车站 $s_{m_r}^r$ 为共线交路终端折返站，根据车站 $s_{m_r}^r$ 是否为共线站，分以下两种情况进行讨论：

（1）若 $s_{m_r}^r\notin S_c$，则车站 $s_{m_r}^r$ 办理线路 r 的终到列车折返作业。站后折返模式下，折返列车在车站 $s_{m_r}^r$ 上需满足到达间隔时间 I_{aa}^r 和出发间隔时间 I_{dd}^r，如式（7-24）和（7-25）所示；站前折返模式下，折返列车在车站 $s_{m_r}^r$ 上需满足发到间隔时间 I_{da}^r，如式（7-26）所示。当列车 $\Gamma_{r,q}$ 或 $\Gamma_{r,q+1}$ 为出（入）段列车时，以下约束不起作用。

$$\phi_{r,q}\times\phi_{r,q+1}\times(A_{m_r}^{r,(q+1)}-A_{m_r}^{r,q})\geqslant\phi_{r,q}\times\phi_{r,q+1}\times I_{aa}^r\ (\forall r\in R,q=1,2,\ldots,F_r-1) \tag{7-24}$$

$$\phi_{r,q}\times\phi_{r,q+1}\times(L_1^{\pi_r,\upsilon(q+1)}-L_1^{\pi_r,\upsilon_q})\geqslant\phi_{r,q}\times\phi_{r,q+1}\times I_{dd}^r\ (\forall r\in R,q=2,\ldots,F_r-1) \tag{7-25}$$

$$\phi_{r,q}\times\phi_{r,q+1}\times(A_{m_r}^{r,q+1}-L_1^{\pi_r,\upsilon_q})\geqslant\phi_{r,q}\times\phi_{r,q+1}\times I_{da}^r(\forall r\in R,q=2,\ldots,F_r-1) \tag{7-26}$$

（2）若 $s_{m_r}^r\in S_c$，则车站 $s_{m_r}^r$ 同时办理线路 r 和 r' 的终到列车折返作业，且 $s_{m_r}^r=s_{m_{r'}}^{r'}=s_{m_c}^c$。除同一子交路上相邻折返列车需满足到达、出发或发到间隔时间约束（式（7-24）~（7-26））外，不同子交路上折返列车间也需满足以上各项约束。定义 0-1 变量 $\lambda_{m_c,r'q'}^{rq}$，在车站 $s_{m_c}^c$ 上若列车 $\Gamma_{r,q}$ 的到达时刻 $A_{m_r}^{r,q}$ 大于列车 $\Gamma_{r',q'}$ 的到达时刻 $A_{m_{r'}}^{r',q'}$，且能够满足到达间隔时间 I_{aa}^r，则 $\lambda_{m_r,r',q'}^{rq}=1$，否则 $\lambda_{m_r,r',q'}^{rq}=0$。若 $\lambda_{m_r,r'q'}^{rq}=0$，需约束列车 $\Gamma_{r',q'}$ 的到达时刻大于列车 $\Gamma_{r,q}$ 的到达时刻，且能够保证到达间隔时间，如式（7-27）和（7-28）所示。同理，对车站 $s_{m_c}^c$ 上的列车发车间隔时间和发到间隔时间进行约束，如式（7-29）~（7-32）所示。

$$\phi_{r,q}\times\phi_{r',q'}\times[A_{m_r}^{r,q}-(A_{m_{r'}}^{r',q'}+I_{aa}^r)]\leqslant\phi_{r,q}\times\phi_{r',q'}\times M\lambda_{m_c,r'q'}^{rq} \tag{7-27}$$

$$\phi_{r,q}\times\phi_{r',q'}\times[A_{m_{r'}}^{r',q'}-(A_{m_r}^{r,q}+I_{aa}^r)]\leqslant\phi_{r,q}\times\phi_{r',q'}\times M(1-\lambda_{m_c,r'q'}^{rq}) \tag{7-28}$$

$$\phi_{r,q}\times\phi_{r',q'}\times[L_1^{\pi_r,\upsilon_q}-(L_1^{\pi_{r'},\upsilon_{q'}}+I_{dd}^r)]\leqslant\phi_{r,q}\times\phi_{r',q'}\times M\lambda_{m_c,r'q'}^{rq} \tag{7-29}$$

$$\phi_{r,q}\times\phi_{r',q'}\times[L_1^{\pi_{r'},\upsilon_{q'}}-(L_1^{\pi_r,\upsilon_q}+I_{dd}^r)]\leqslant\phi_{r,q}\times\phi_{r',q'}\times M(1-\lambda_{m_c,r'q'}^{rq}) \tag{7-30}$$

$$\phi_{r,q}\times\phi_{r',q'}\times[A_{m_r}^{r,q}-(L_1^{\pi_{r'},\upsilon_{q'}}+I_{da}^r)]\leqslant\phi_{r,q}\times\phi_{r',q'}\times M\lambda_{m_c,r',q'}^{rq} \tag{7-31}$$

$$\phi_{r,q}\times\phi_{r',q'}\times[L_1^{\pi_{r'},\upsilon_{q'}}-(A_{m_r}^{r,q}+I_{da}^r)]\leqslant\phi_{r,q}\times\phi_{r',q'}\times M(1-\lambda_{m_c,r',q'}^{rq}) \tag{7-32}$$

$$(\forall r,r'\in R,r\neq r';s_{m_c}^c=s_{m_r}^r=s_{m_{r'}}^{r'}\in S_c;q=1,\ldots,F_r;q'=1,\ldots,F_{r'};i=1,\ldots,m_r;i'=1,\ldots,m_{r'})$$

7）共线交路中间折返站间隔时间约束

设车站 $s_{m_r}^{r}=s_{i'}^{r'}=s_{i1'}^{r1'}=s_{j1}^{c}\in S_c$ 为共线交路中间折返站，则其主要办理线路 r 的列车折返作业，以及同向线路 r' 和异向线路 $r1'$ 上的通过列车接发车作业。

（1）当车站 $s_{m_r}^{r}$ 采用直进侧出的站前折返方式时，线路 r 上折返列车在车站 $s_{m_r}^{r}$ 上需满足发到间隔时间约束，如式（7-26）所示。此外，线路 r 上折返列车与线路 $r1'$ 上异向通过列车需满足发到间隔时间 II_{da}^{2}。定义 0-1 变量 $\vartheta_{j1,r1'q1'}^{rq}$，在车站 $s_{m_r}^{r}$ 上若列车 $\Gamma_{r,q}$ 的出发时刻 $L_1^{\pi_r,\upsilon_q}$ 大于列车 $\Gamma_{r1',q1'}$ 的到达时刻 $A_{i1'}^{r1',q1'}$，且能够满足到达间隔时间 II_{da}^{2}，则 $\vartheta_{j1,r1'q1'}^{rq}=1$，否则 $\vartheta_{j1,r1'q1'}^{rq}=0$。若 $\vartheta_{j1,r1'q1'}^{rq}=0$，需约束列车 $\Gamma_{r1',q1'}$ 的到达时刻大于列车 $\Gamma_{r,q}$ 的出发时刻，且能够保证到达间隔时间，如式（7-33）和（7-34）所示。

$$\phi_{r,q}\times[A_{i1'}^{r1',q1'}-(L_1^{\pi_r,\upsilon_q}+II_{da}^{2})]\leqslant\phi_{r,q}\times M\vartheta_{j1,r1'q1'}^{rq} \tag{7-33}$$

$$\phi_{r,q}\times[L_1^{\pi_r,\upsilon_q}-(A_{i1'}^{r1',q1'}+II_{da}^{2})]\leqslant\phi_{r,q}\times M(1-\vartheta_{j1,r1'q1'}^{rq}) \tag{7-34}$$

（2）当车站 $s_{m_r}^{r}$ 采用侧进直出的站前折返方式时，线路 r 上折返列车与线路 r' 上同向通过列车需满足发到间隔时间 II_{da}^{1}，同理，定义 0-1 变量 $\xi_{j1,r'q'}^{rq}$ 对折返列车与同向通过列车的出发和到达时刻进行约束，如式（7-35）和（7-36）所示。

$$\phi_{r,q}\times[A_{i'}^{r',q'}-(L_1^{\pi_r,\upsilon_q}+II_{da}^{1})]\leqslant\phi_{r,q}\times M\xi_{j1,r'q'}^{rq} \tag{7-35}$$

$$\phi_{r,q}\times[L_1^{\pi_r,\upsilon_q}-(A_{i'}^{r',q'}+II_{da}^{1})]\leqslant\phi_{r,q}\times M(1-\xi_{j1,r'q'}^{rq}) \tag{7-36}$$

7.6　共线交路运行图编制算法设计

7.6.1　算法思路和流程

1. 算法的选择

在求解实际问题时，由于每个共线交路的折返站辅助配线型式均不相同，需根据实际情况选择相应的折返站间隔时间约束，构建相应的数学模型。相比现有文献中的运行图编制模型，Model（Ⅱ）的创新之处是实现了运行图与车底交路计划的一体化编制，并引入了一系列冲突疏解变量，如 0-1 变量 $\alpha_{j,r'q'}^{rq}$，$\lambda_{m_c,r'q'}^{rq}$，$\vartheta_{j1,r'q'}^{rq}$（或$\xi_{j1,r'q'}^{rq}$），通过约束式进行列车运行线的冲突疏解。

Model（Ⅱ）是在初始布点方案已经确定的前提下编制列车运行图和车底交路计划。关于下层模型 Model（Ⅱ-1）的求解，传统的车底交路计划编制问题是以总接续时间最短为目标，对车站的始发和终到列车进行匹配，形成接续关系集，这是一个典型的指派问题或求解二部图最大完美匹配问题，其一个部集为始发的列车集合，另一个部集为终到的列车集合。由于行车密度大，传统的匈牙利算法求解效率差，文献[99]研究了国有铁路机车交路计划编制问题，其提出的基于“紧凑接续”原则的算法在时间复杂度和解的质量方面具有很好的表现。本书的下层模型 Model（Ⅱ-1）是对传统的车底交路计划编制模型的一个改进，其求解算法需包含两个环节：一是确定当前列车是否为出、入库列车；二是一旦确定当前列车不是出、入库列车后，确定其接续列车。本书充分借鉴文献[99]的“紧凑接续”思想，在其基础上进行改进，设计了城市轨道交通车底交路计划编制算法。

上层模型 Model（Ⅱ-2）为混合整数二次规划模型（(Mixed Integer Quadratic Programming）。Cplex 提供了灵活的高性能优化程序，解决线性规划（Linear Programming）、二次规划（Quadratic Programming）、二次约束规划（Quadratically Constrained Programming）和混合整型规划（Mixed Integer Programming）问题，成功解决过带有成千上万个约束和变量的问题，并且不断为数学规划软件的性能设置新标准。本书将采用商业软件 Cplex 求解 Model（Ⅱ）。

Cplex 求解（混合）整数规划模型采用的是分支切割算法（B&C），属于最优化算法的范畴。B&C 算法在求解整数规划问题时有较为出色的表现，但是当问题的规模过大时，求解速度一般不能令人满意。B&C 算法的本质是拆分排除法，算法基础是求解线性松弛问题。在求解线性松弛问题过程中需要引入许多松弛变量，在每一步换基迭代过程中，需要进行大量的矩阵运算，而每一次迭代只可能有一个变量引入基中，因此存在非直接运算，约束条件越多，引入的松弛变量也越多，间接计算量就越大，因而求解效率低。实现快速求解的途径是缩小模型的规模，减少约束条件数量，尽量避免冗余计算。

Model（Ⅱ-2）的离散变量多，约束条件多，而且随着线路规模的增加，列车数量的增加，离散变量和约束条件也将会大大增加，直接用 Cplex 问题求解将会面临求解效率的问题。本书针对问题和模型的特点，设计了一种分层递阶优化方法，逐步减少约束数量，逐层缩小搜索空间，降低求解规模。

结合城市轨道交通列车运行图的特征，对 Model（Ⅱ-2）进行深入分析，探索缩小模型规模的途径。该模型的决策变量主要包括：

一是冲突疏解变量，如 0-1 变量 $\alpha_{j,r'q'}^{rq}$，$\lambda_{m_c,r'q'}^{rq}$ 和 $\vartheta_{j1,r'q'}^{rq}$ (或$\xi_{j1,r'q'}^{rq}$)。结合城市轨道交通列车运行图特征进行分析，可得以上 0-1 变量的本质是确定不同交路列车在共线区段的运行顺序，城市轨道交通系统内不存在列车越行，共线区段的列车运行顺序取决于共线首站的运行线铺画顺序。以线路 r 和 r' 为例，同向线路 r 和 r' 存在共线区段，即 $<r,r'>=c$，模型（Ⅱ-2）中共线首站 $s_1^c(s_1^c=s_i^r=s_{i'}^{r'})$ 的 0-1 变量 $\alpha_{1,r'q'}^{rq}$ 一旦确定，其余 0-1 变量 $\alpha_{j,r'q'}^{rq}$ $(1<j\leqslant m_c,<r,r'>=c)$，$\lambda_{m_c,r'q'}^{rq}$ 和 $\vartheta_{j1,r'q'}^{rq}$ (或$\xi_{j1,r'q'}^{rq}$)也将随之确定。因此，缩小 Model（Ⅱ）规模的途径之一是预先确定线路 r 和 r' 的列车在共线区段的运行顺序，进而确定变量 $a_{1,r'q'}^{rq}$ 的取值。列车运行顺序问题属于组合优化问题的范畴，禁忌搜索算法（Tabu Search，TS）在组合优化问题领域有着颇为广泛的应用，本书采用 TS 算法确定共线区段上的列车运行顺序。

二是列车在各站的到发时刻。由于不存在越行和会让，在非折返站上，列车在车站的出发时刻取决于其到达时刻和停站时间；在折返站上，列车的出发时刻主要取决于车底的接续车次。车底的接续车次在下层模型 Model（II-1）中已经求解得到。城市轨道交通停站时间是相对固定的，在已知停站时间的情况下编制共线交路运行图相当于对各条列车运行线进行平移，以满足车站间隔时间、折返作业时间等约束，运行图编制的复杂度将会大大降低。因此缩小模型规模的途径之二是预先确定列车停站时间。在给定列车在最小、最大停站时分的基础上，可以采用产生随机整数的方法生成列车停站时间。

在对 Model（II）进行上述分解后，列车运行图编制模型的决策变量仅剩下列车的始发时刻和终到时刻，模型的求解难度将会大大降低。

2. 算法流程

1）符号说明

为了描述清晰，重申和声明以下符号：

（1）同向线路 r 和 r' 存在共线区段 c，即 $<r,r'>=c$，其对向线路 π_r 和 $\pi_{r'}$ 存在共线区段 c'，即 $<\pi_r,\pi_{r'}>=c'$。

（2）令同向线路 r 和 r' 的列车在共线区段 c 的运行顺序为 Y_C，线路 π_r 和 $\pi_{r'}$ 在共线区段 c' 的运行顺序为 $Y_{C'}$，令 $Y=(Y_C,Y_{C'})$。

（3）上文中曾多次出现“初始布点方案”的概念，本书定义每一列车运行顺序 $Y=(Y_C,Y_{C'})$，对应着一个初始布点方案 Ω。根据当前列车运行顺序 $Y^{\text{now}}=(Y_C^{\text{now}},Y_{C'}^{\text{now}})$ 及其停站时间，可以得到该列车运行顺序下的初始布点方案 Ω_{now}。本书将 Model（I）求解得到的各线路列车始发时刻分布称为理想初始布点方案 Ω_{ideal}，Ω_{ideal} 实现了线路上列车运行线的绝对均衡。将理想初始布点方案 Ω_{ideal} 中共线区段的列车运行顺序记为 $Y^{\text{ideal}}=(Y_C^{\text{ideal}},Y_{C'}^{\text{ideal}})$。

（4）在调用 TS 算法进行列车运行顺序 $Y=(Y_C,Y_{C'})$ 的迭代求解过程中，将当前解记为 $Y^{\text{now}}=(Y_C^{\text{now}},Y_{C'}^{\text{now}})$，最优解记为 $Y^{\text{best}}=(Y_C^{\text{best}},Y_{C'}^{\text{best}})$。

（5）令 $\varPhi$ 记录共线交路列车运行图信息。在列车运行图的迭代求解过程中，将当前解记作 $\varPhi_{\text{now}}$，最优解记作 $\varPhi_{\text{best}}$，将当前解对应的目标函数值记作 Z_3^{now}，最优解对应的目标函数值记作 Z_3^{best}。

（6）令 H 表示禁忌搜索算法的禁忌表。

2）算法流程

求解 Model（II）的算法基本步骤为：

Step1：初始化，令 $\varPhi_{\text{now}}=\varPhi_{\text{best}}=\varnothing$，$Y^{\text{now}}=Y^{\text{best}}=\varnothing$，$Z_3^{best}=M$，$M$ 为一个无穷大整数；

Step2：对线路 r，r'，π_r 以及 $\pi_{r'}$ 的各列车生成停站时间，根据列车初始布点方案和停站时间生成理想初始布点方案 Ω_{ideal}，并初始化 $Y^{\text{ideal}}=(Y_C^{\text{ideal}},Y_{C'}^{\text{ideal}})$；

Step3：将 $Y^{\text{ideal}}=(Y_C^{\text{ideal}},Y_{C'}^{\text{ideal}})$ 赋给 $Y^{\text{now}}=(Y_C^{\text{now}},Y_{C'}^{\text{now}})$，令 $Y^{\text{now}}=Y^{\text{ideal}}$；

Step4：根据停站时间和 $Y^{\text{now}}=(Y_C^{\text{now}},Y_{C'}^{\text{now}})$ 生成 Y^{now} 对应的列车初始布点方案 Ω_{now}，进而编制其车底交路计划；

Step5：根据 $Y^{\text{now}}=(Y_C^{\text{now}},Y_{C'}^{\text{now}})$，推算各 0-1 变量的取值，如 $\alpha_{j,r'q'}^{rq}$，$\lambda_{m_c,r'q'}^{rq}$ 和 $\vartheta_{jl,r'q'}^{rq}$（或 $\xi_{jl,r'q'}^{rq}$）等，进而调用 Cplex 求解 Model（Ⅱ-2），若存在可行解，则生成当前解 $\varPhi_{\text{now}}$ 及最优目标函数值 Z_3^{now}，转 Step6；若不存在可行解，转 Step7；

Step6：判断 $Z_3^{\text{now}}\leqslant Z_3^{\text{best}}$ 是否成立，若成立，则令 $\varPhi_{\text{best}}=\varPhi_{\text{now}}$，$Z_3^{\text{best}}=Z_3^{\text{now}}$，转 Step7；若不成立，则直接转 Step7；

Step7：判断 TS 算法的终止条件是否满足，若满足，则转 Step9；若不满足，则将 $Y^{\text{now}}=(Y_C^{\text{now}},Y_{C'}^{\text{now}})$ 置为禁忌对象，并重置 $Y^{\text{now}}=\varnothing$，转 Step8；

Step8：调用 TS 生成新的列车运行顺序 $Y^{\text{now}}=(Y_C^{\text{now}},Y_{C'}^{\text{now}})$，转 Step4；

Step9：输出结果。

算法流程如图 7-12 所示。

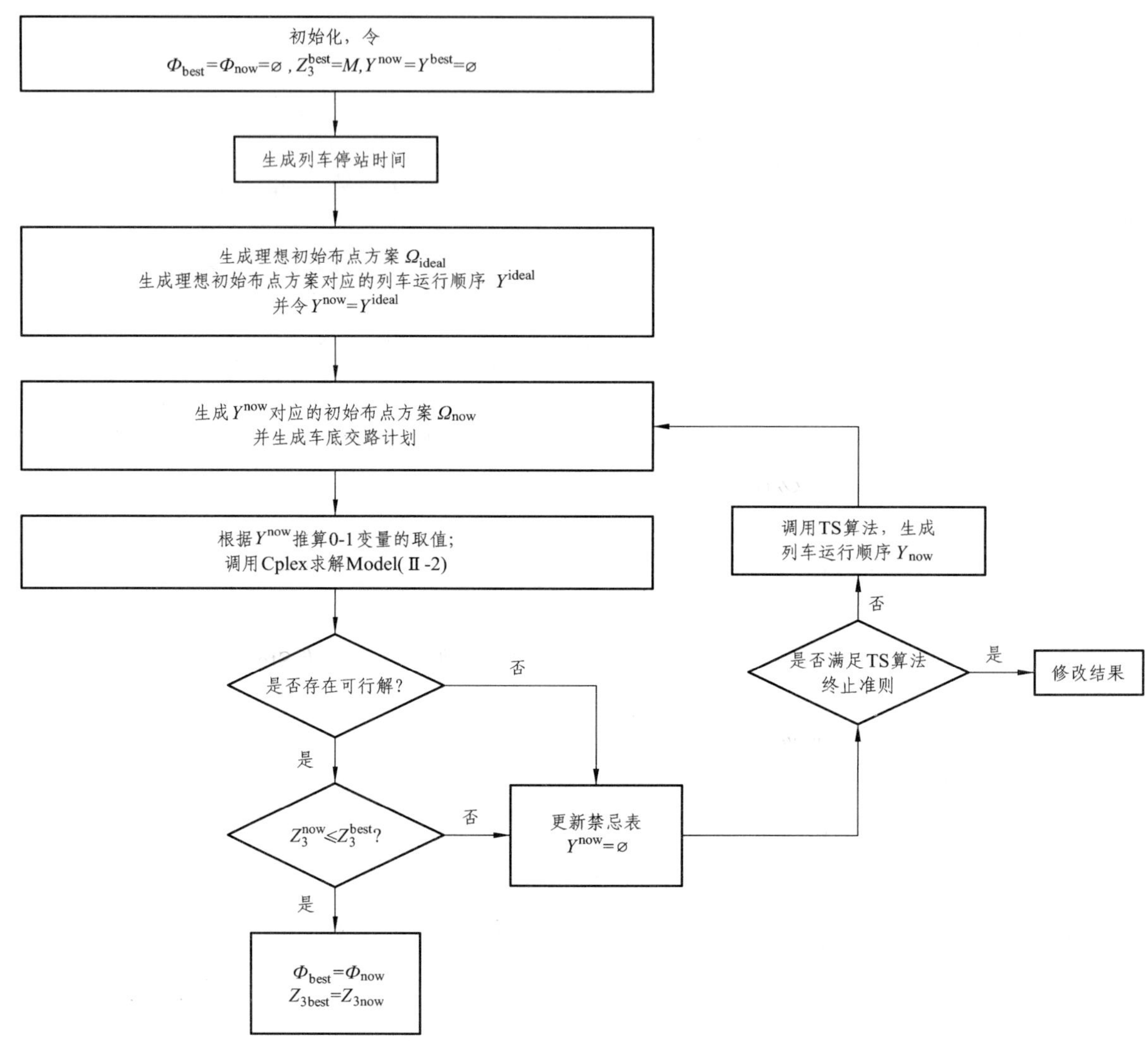

图 7-12 共线交路运行图编制算法流程

7.6.2 算法设计

从图 7-12 所示的算法可得，共线交路运行图编制算法的关键内容主要包括：（1）生成列车停站时间；（2）车底交路计划编制；（3）基于 TS 算法生成列车运行顺序；（4）基于列车运行顺序的列车运行图编制。

算法 1 生成列车停站时间

根据列车在车站的最小、最大停站时间 $\underline{d}_i^r$、$\overline{d}_i^r$ 为约束，随机生成各列车的停站时间 $D_i^{r,q}$。

算法步骤如下：

Step1：初始化，令线路索引 $r=1$，车站索引 $i=1$，车次索引 $q=1$，$\overline{L_0^{r,q}}=0$，转 Step2；

Step2：判断 $r\leqslant 4$ 是否成立，若成立，则转 Step3；否则，转 Step8；

Step3：判断 $i\leqslant m_r$ 是否成立，若成立，则转 Step4；否则，转 Step7；

Step4：判断 $q\leqslant F_r$ 是否成立，若成立，则在 $[\underline{d}_i^r,\overline{d}_i^r]$ 区间生成随机数 $rand$，令 $D_i^{r,q}=rand$，转 Step5；

Step5：令 $q=q+1$，转 Step4；

Step6：令 $i=i+1$，转 Step3；

Step7：令 $r=r+1$，转 Step2；

Step8：输出结果。

算法 2　车底交路计划编制

值得指出的是，城市轨道交通折返站能力与折返站辅助配线型式有关，从图 7-4 可知，站前折返站上仅能容纳一列车，站后折返站上可以容纳两列车。

车底交路计划编制的算法步骤如下：

Step1：初始化，令 S 为共线交路上的折返站集合，定义 0-1 变量 $flag_{s,r,q}$ 对线路 r 上第 q 列车 $\Gamma_{r,q}$ 在车站 $s\in S$ 上的进路勾画状态进行标记，其值为 0 表示尚未勾画，其值为 1 表示已完成勾画，初始化全部到达和出发列车的 $flag_{s,r,q}$ 均为 0，转 Step2；

Step2：从 S 中取一个未处理的折返站 s，将其标记为已处理，转 Step3，若所有的折返站均已被处理，则转 Step7；

Step3：在折返站 s 上，搜索尚未标记的第一列到达列车 $\Gamma_{r,q}$，转 Step4；若该站列车已经全部被标记，则转 Step2；

Step4：搜索其对向线路 π_r 上第一列未标记的出发列车 $\Gamma_{\pi_r,q'}$，若 $L_1^{\pi_r,q'}-A_{m_r}^{r,q}\geqslant tu^r$，转 Step5；否则，标记出发列车 $\Gamma_{\pi_r,q'}$ 为出段列车，即 $\phi_{\pi_r,s,q'}=0$，并继续搜索下一列尚未标记的出发列车 $\Gamma_{\pi_r,q''}$，直至搜索到满足折返作业时间标准的出发列车；

Step5：检查下一列到达列车 $\Gamma_{r,q+1}$，若满足 $L_1^{\pi_r,q'}-A_{m_r}^{r,q+1}<tu^r$，则到达列车 $\Gamma_{r,q}$ 匹配成功，列车接续方案为 $<\Gamma_{r,q},\ \Gamma_{\pi_r,q'}>$，标记列车 $\Gamma_{r,q}$，$\Gamma_{\pi_r,q'}$ 已处理，即 $flag_{s,r,q}=1$，$flag_{s,\pi_r,q'}=1$；否则，转 Step6；

Step6：继续搜索下一到达列车 $\Gamma_{r,q+2}$，若 $L_1^{\pi_r,q'}-A_{m_r}^{r,q+2}<tu^r$，则到达列车 $\Gamma_{r,q+1}$ 匹配成功，列车接续方案为 $<\Gamma_{r,q+1},\ \Gamma_{\pi_r,q'}>$，确定列车 $\Gamma_{r,q}$，$\Gamma_{r,q+1}$ 为入段列车，即 $\phi_{r,s,q}=0$，$\phi_{r,s,q+1}=0$ 并标记列车 $\Gamma_{r,q}$、$\Gamma_{r,q+1}$ 和 $\Gamma_{\pi_r,q'}$ 已处理，即 $flag_{s,r,q}=1$，$flag_{s,\pi_r,q'}=1$，$flag_{s,r,q+1}=1$，转 Step3；若 $L_1^{\pi_r,q'}-A_{m_r}^{r,q+2}\geqslant tu^r$，则继续搜索下一列到达列车；

Step7：输出结果。

上述算法中，Step4 的作用是确定合理的入库列车。高峰低峰过渡时间段内，到达列车数量明显多于出发列车，如图 7-13 所示。根据文献[99]中的“紧凑接续”原则，图 7-13 的列车接续方案为<1，1>，<2，2>，3 和 4 均为入库列车，如图 7-13（a）所示，该方案存在的问题是列车折返作业和车底回段作业同时进行，在站的车底数高达 4 列，在实际中对于某些折返站无法进行运输组织。按照本书改进的算法，列车接续方案为<3，1>，<4，2>，1 和 2

为入库列车，如图 7-13（b）所示，该方案先安排车底入段，再进行车底折返，列车折返作业和车底回段不存在交叉干扰，且车底接续时间明显减小。

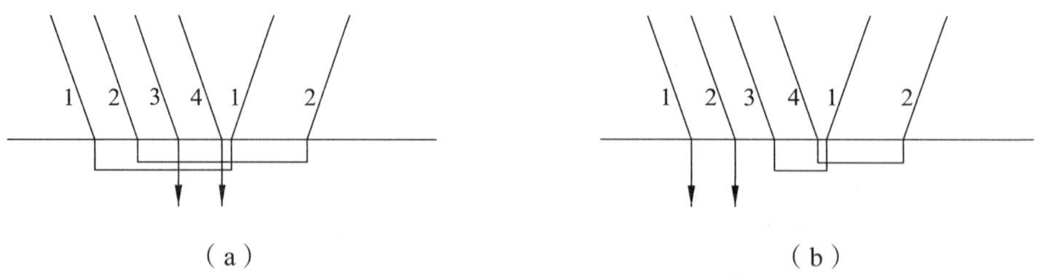

图 7-13　高低峰过渡时间段列车到发示意图

算法 3　基于禁忌搜索算法生成列车运行顺序

Model（Ⅰ）已经求解得到理想初始布点方案 Ω_{ideal} 和列车在共线区段的运行顺序 $Y^{\text{ideal}}=(Y_C^{\text{ideal}},Y_{C'}^{\text{ideal}})$，禁忌搜索算法（TS）是在 $Y^{\text{ideal}}=(Y_C^{\text{ideal}},Y_{C'}^{\text{ideal}})$ 的基础上生成新的列车运行顺序 $Y^{\text{now}}=(Y_C^{\text{now}},Y_{C'}^{\text{now}})$。TS 算法的关键参数包括解的编码、候选解的构造、评价函数的设计、禁忌表和禁忌对象的设计。

1）编　码

本书借鉴了 TSP 问题中基于置换排列的路径编码方式，将共线区段的列车运行顺序 Y_C 和 $Y_{C'}$ 分别设计为一维数组 $Y_C[i]$，$Y_{C'}[i]$，其中 $1\leqslant i\leqslant F_r+F_{r'}$。由于 $Y_C[i]$ 和 $Y_{C'}[i]$ 的操作方式相同，且互不影响，本书以 $Y_C[i]$ 为对象，阐述 TS 算法的设计流程。元素 $Y_C[i]$ 表示列车车次，则解的表示形式为 $Y_C=(\ldots,\Gamma_{r,q},\Gamma_{r',q'},\Gamma_{r,q+1},\Gamma_{r,q+2},\Gamma_{r',q'+1},\ldots)$。$Y_C$ 对应的列车运行顺序如图 7-14 所示。

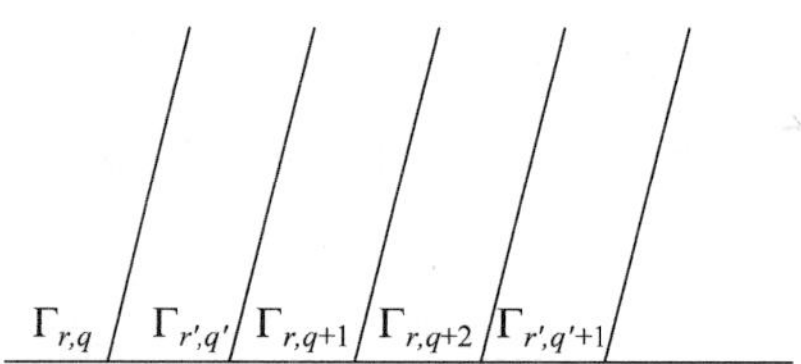

图 7-14　列车运行顺序示意图

2）邻域操作方法和候选解集合的构造

邻域函数的设计往往依赖于问题的特性和解的表达方式（编码）。邻域函数直接决定了邻域结构和邻居的产生方式。就置换 Flow-shop 这类以置换为搜索状态的组合优化问题，常用的邻居产生方式是互换（SWAP）、插入（INSERT）、逆序（INVERSE）等操作。k 个点的互换，也即 k-Opt 是组合优化问题中应用较为广泛的邻域操作策略，是改进解的一种经典的有效的方法，以 n 个节点的 TSP 问题为例，k-Opt 置换策略的基本思路是：以 TSP 问题的某一个可行解 s 为基础，从路径 s 的 n 个节点中选择 k 个节点进行互换，从而构成一条新路径 s'。

本书采用 k-Opt 策略产生邻居，k 的值根据实际问题规模确定。候选解集合的确定是从邻居中选择若干个评价值较优的邻居。但是值得指出的是，同一线路上的列车无等级之分，对其进行互换对目标函数值无影响，因此在邻域的操作过程中，仅选取同方向两条不同线路上（属于两个不同子交路）的列车的运行顺序的互换。而且，根据 Model（Ⅱ）中的首列车始发时间、列车停站时间、区间运行时间、追踪间隔时间等约束可得列车在共线首站具有一定的到达时间域，列车运行顺序的互换需在其到达时间域内进行。为了清晰的描述邻居的产生方式，本书定义了以下概念：

定义 7-4 可行互换对：同向线路 r 和 r' 存在共线区段 c，共线首站为 $s_1^c(s_1^c = s_i^r = s_{i'}^{r'})$，列车 $\Gamma_{r,q}$，$\Gamma_{r',q'}$ 在车站 s_1^c 的到达时间域分别为 $AW_i^{r,q}$，$AW_{i'}^{r',q'}$，若 $AW_i^{r,q} \cap AW_{i'}^{r',q'} = \varnothing$，则称 $(\Gamma_{r,q},\Gamma_{r',q'})$ 是不可行互换对；反之，若 $AW_i^{r,q} \cap AW_{i'}^{r',q'} \neq \varnothing$，则称 $(\Gamma_{r,q},\Gamma_{r',q'})$ 是可行互换对。

可行互换对 $(\Gamma_{r,q},\Gamma_{r',q'})$ 是无方向性的，即 $(\Gamma_{r,q},\Gamma_{r',q'}) = (\Gamma_{r',q'},\Gamma_{r,q})$。定义 $SY = (SY_C, SY_{C'})$ 分别为共线区段 c，c' 的所有可行互换对的集合。定义 Y_C 的邻域映射是选择 k 个可行互换对，对可行互换对中的两列车运行顺序进行对换，同时也将两列车在共线首站的到达时刻进行置换，其中 k 个可行互换对的列车不存在交集。

邻域操作的一个关键环节是确定各列车在共线首站的到达时间域，进而确定共线区段的所有可行互换对集合 $SY = (SY_C, SY_{C'})$，以共线区段 c 为例，确定 SY_C 的算法流程如下：

Step1：根据约束（7-6），线路 r 上首列车 $\Gamma_{r,1}$ 的最早始发时刻为 $L_1^{r,1} = T_1^{始}$，推算得到第 q 列车的最早始发时刻为 $Early^{r,q} = \max\{T_{K^{r,q}}^{始}, (q-1)I_r + T_1^{始}\}$。

Step2：线路 r 上首列车 $\Gamma_{r,1}$ 的最迟始发时刻为 $L_1^{r,1} = T_1^{始} + \overline{y_r^1}$，列车间的最大行车间隔为列车所在时段 k 内的平均行车间隔时间，计算方法如式（7-2）所示，推算得到第 q 列车的最迟始发时刻为 $Late^{r,q} = \min\{T_{K^{r,q+1}}^{始} - 1, \sum_{n=1}^{K^{r,q}-1} T_n^{段} + (q - 1 - \sum_{n=1}^{K^{r,q}-1} f_r^n) \times \overline{y_r^{K^{r,q}}} + T_1^{始} + \overline{y_r^1}\}$。

Step3：根据列车区间运行时分和列车停站时间约束（7-14）、（7-15）及（7-17），推算得到第 q 列车 $\Gamma_{r,q}$ 在共线首站 $s_1^c = s_i^r$ 的最早到达时刻为 $CEarly^{r,q} = Early^{r,q} + \sum_{x \leqslant i} R_x^r + \sum_{x \leqslant i-1} \underline{d}_x^r$，最晚到达时刻为 $CLate^{r,q} = Late^{r,q} + \sum_{x \leqslant i} R_x^r + \sum_{x \leqslant i-1} \overline{d}_x^r$。

Step4：列车 $\Gamma_{r,q}$ 在共线首站的到达时间域 $AW_i^{rq} = [CEarly^{r,q}, CLate^{r,q}]$，同理可计算得到线路 r' 的列车 $\Gamma_{r',q'}$ 在共线首站 $s_1^c = s_{i'}^{r'}$ 的到达时间域 $AW_{i'}^{r'q'} = [CEarly^{r',q'}, CLate^{r',q'}]$。

Step 5：若 $AW_i^{rq} \cap AW_{i'}^{r'q'} \neq \varnothing$，则 $SY_C = SY_C \cup (\Gamma_{r,q}, \Gamma_{r',q'})$

3）禁忌表的设计

禁忌对象是被置入禁忌表中的那些变化元素。当解从 $a \to b$ 时，b 可能是局部最优解，为了避开局部最优解，对 b 进行禁忌，禁忌规则是：当 b 的邻域中存在更优的解时，则选择更优的解；当 b 是其局域中的局部最优解时，则选择次优解。以某个搜索状态而言，禁忌对象通常可选取搜索状态本身或状态分量，或者适配值的变化等。其中，以搜索状态本身或其变化作为禁忌对象是最为简单、最容易理解的途径。状态的变化包含了多个状态分量的变化，因此以状态分量的变化为禁忌对象将扩大禁忌的范围，并可减少相应的计算量。本书将可行互换对的变化作为禁忌对象。

禁忌长度是被禁对象不允许被选取的迭代步数。本书设计两个禁忌表 $Tabu_C[i]$ 和 $Tabu_{C'}[i]$，其中 $1 \leqslant i \leqslant n$，用以记录可行互换对 i 被禁止参与互换的迭代步数，其中 n 为可行互换对的数量，即 $n = size(SY_C)$。禁忌长度越大，TS 算法的“爬山”能力越强，但是禁忌长度太长会影响收敛速度，本书根据可行互换对的数量确定禁忌长度，令禁忌长度的取值为 $t=\sqrt{C_n^k}$，k 为每次迭代中选取的可行互换对数量，是 k-Opt 的重要参数。

（4）解的评价

评价函数用于对搜索状态的评价。理想初始布点方案 Ω_{ideal} 中各线路上的列车实现了均衡铺画，若 Ω_{ideal} 中的列车运行顺序 $Y^{\text{ideal}}=(Y_C^{\text{ideal}},Y_{C'}^{\text{ideal}})$ 是可行的，则该方案下的运行图也将是最优的，令 Ω_{ideal} 中列车 $\Gamma_{r,q}$ 在共线首站 $s_1^c=s_i^r$ 的到达时刻为 $\overline{\overline{A_i^{r,q}}}$，$\Gamma_{r,q}$ 在当前列车运行顺序 Y_C^{now} 中的到达时刻为 $A_i^{r,q}$，则评价函数为 $\min \text{f}_C=(A_i^{r,q}-\overline{\overline{A_i^{r,q}}})^2$，即以每一列车在共线首站的到达时刻与理想到达时刻的偏差最小为候选解的评价函数。

（5）终止规则。选用迭代指定步数的终止规则。

基于 TS 算法生成列车运行顺序的求解步骤是：

Step1：初始化，读取理想初始布点方案 Ω_{ideal} 及列车运行顺序 Y_C^{ideal}，定义 $m\times(F_r+F_{r'})$ 维矩阵 NY_C^{nei} 记录候选解集合，m 是候选解数量；初始化每次迭代中选取的可行互换对数量 k，最大迭代次数 W；初始化迭代次数 $w=0$；

Step2：初始解 Y_C^{now} 赋值，令 $Y_C^{\text{now}}=Y_C^{\text{ideal}}$；计算 Y_C^{now} 的评价函数值 f_C^{now}，并置最优目标函数值 $f_C^{\text{best}}=f_C^{\text{now}}$，转 Step3；

Step3：生成可行互换对集合 SY_C，置禁忌长度 $t=\sqrt{C_n^k}$，其中 n 为可行互换对的数量，$n=size(SY_C)$，转 Step4；

Step4：将 Y_C^{now} 置为禁忌对象，更新禁忌表，转 Step5；

Step5：置 $Y_C^{\text{now}}=\varnothing$，寻找邻居，构建候选解集合 NY_C^{nei}，并利用评价函数对各候选解进行评价，且令 $w=w+1$，转 Step6；

Step6：判断各候选解的禁忌属性，寻找候选集合 NY_C^{nei} 中的最优解，更新当前解 Y_C^{now}，转 Step7；

Step7：计算 Y_C^{now} 的评价函数值 f_C^{now}，若 $f_C^{\text{best}}>f_C^{\text{now}}$，则将 f_C^{now} 赋给 f_C^{best}，计算当前禁忌长度，并根据最新禁忌长度更新禁忌表，转 Step8；

Step8：若迭代次数 $w\leqslant W$，则结束计算，输出结果；否则，转 Step4。

算法 4　基于列车运行顺序的运行图编制

通过算法 1～3 的求解，Model（Ⅱ-2）的决策变量数量和约束数量已经大大减少，其中决策变量主要包括列车的始发、终到时刻以及冲突疏解变量 $\alpha_{j,r'q'}^{rq}$，$\lambda_{m_c,r'q'}^{rq}$ 和 $\vartheta_{j1,r'q'}^{rq}$（或$\xi_{j1,r'q'}^{rq}$）。本算法首先确定冲突疏解变量的取值，进一步缩小模型规模，进而调用 Cplex 求解 Model（Ⅱ-2）。

城市轨道交通不存在越行和会让，同向线路上的列车在共线首站的运行顺序一旦确定，则 0-1 变量 $\alpha_{j,r'q'}^{rq}$，$\lambda_{m_c,r'q'}^{rq}$ 和 $\vartheta_{j1,r'q'}^{rq}$（或$\xi_{j1,r'q'}^{rq}$）也将随之确定。本书以同向线路 r 和 r' 为例，阐述 0-1 变量 $\alpha_{1,r'q'}^{rq}$ 的计算方法。

结合城市轨道交通列车运行图特征和约束（7-20）和（7-21）进行分析，可得 $\alpha_{1,r'q'}^{rq}$ 的取值取决于列车 $\Gamma_{r,q}$、$\Gamma_{r',q'}$ 在共线首站 $s_1^c(s_1^c=s_i^r=s_{i'}^{r'})$ 的到达时刻 $A_i^{r,q}$、$A_{i'}^{r',q'}$，其具有如下特征：

① 若 $\alpha_{1,r'q'}^{rq}=1$，则 $\alpha_{1,r'q'}^{r(q1)}=1\ (q1=q+1,q+2,\ldots,F_r)$；② 若 $\alpha_{1,r'q'}^{rq}=0$，则 $\alpha_{1,r'q1'}^{rq}=0\ (q1'=q'+1,q'+2,\ldots,F_{r'})$。其取值矩阵如图 7-15 所示，图中的纵轴和横轴分别为列车 $\Gamma_{r,q}$、$\Gamma_{r',q'}$ 在共线首站 $s_1^c(s_1^c=s_i^r=s_{i'}^{r'})$ 的到达时刻 $A_i^{r,q}$，$A_{i'}^{r',q'}$。

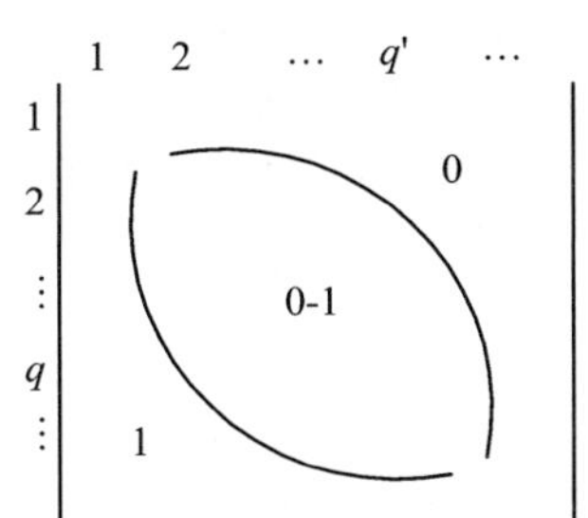

图 7-15　变量 $\alpha_{1,r'q'}^{rq}$ 的取值矩阵

算法 3 中生成了列车 $\Gamma_{r,q}$ 在共线首站 $s_1^c(s_1^c=s_i^r=s_{i'}^{r'})$ 的到达时间域 $AW_i^{r,q}$。计算 $\alpha_{1,r'q'}^{rq}$ 的基本思路是首先根据列车的到达时间域 $AW_i^{r,q}$，$AW_{i'}^{r',q'}$ 以及约束（7-20）和（7-21）判断 $\alpha_{1,r'q'}^{rq}$ 是否为 0 或 1，对于不能确定的 $\alpha_{1,r'q'}^{rq}$，根据列车运行顺序 Y_C^{now} 确定。定义排序函数 $\text{fun}(Y_C,\Gamma_{r,q})=x$ 表示列车 $\Gamma_{r,q}$ 在列车运行顺序 Y_C 中的位置，$x=1,2,3,\ldots,F_r+F_{r'}$，其反函数为 $\Gamma_{r,q}=\text{fun}^{-1}(Y_C,x)$。

0-1 变量 $\alpha_{1,r'q'}^{rq}$ 的计算步骤如下：

Step1：读取相关参数，主要包括 $AW_i^{r,q}$，$AW_{i'}^{r',q'}$ 以及列车运行顺序 $Y_C^{now}=(\ldots,\Gamma_{r,q},\Gamma_{r',q'},\Gamma_{r,q+1},\Gamma_{r,q+2},\Gamma_{r',q'+1},\ldots)$，转 Step2；

Step2：判断 $CEarly^{r,q}>(CLate^{r',q'}+I_r)$ 是否成立，若成立，则可保证 $A_i^{r,q}-(A_{i'}^{r',q'}+I_r)>0$，此时 $\alpha_{1,r'q'}^{rq}=1$，若不成立，转 Step3；

Step3：判断 $CEarly^{r',q'}>(CLate^{r,q}+I_r)$ 是否成立，若成立，则可保证 $A_{i'}^{r',q'}-(A_i^{r,q}+I_r)>0$，此时 $\alpha_{1,r'q'}^{rq}=0$，若不成立，转 Step4；

Step4：计算 $\Gamma_{r',q'}$ 在 Y_C^{now} 的位置为 $\text{fun}(Y_C^{\text{now}},\Gamma_{r',q'})=x'$，$\Gamma_{r,q}$ 在 Y_C^{now} 的位置为 $\text{fun}(Y_C^{\text{now}},\Gamma_{r,q})=y'$，若 $x'<y'$，则 $\alpha_{1,r'q'}^{rq}=1$，若 $x'>y'$，则 $\alpha_{1,r'q'}^{rq}=0$。

7.7　算例分析

7.7.1　实例数据

1. 线路车站数据

本书采用文献[64]中的案例数据进行算例分析。重庆轻轨 2 号线始于校场口站，止于新山村站，线路运营长度 17.361 km，共设车站 18 座。线路右侧行车、双线单方向运行，从校场口至新山村方向为下行方向，从新山村至校场口方向为上行方向。线路设计最高行车速度 75 km/h，信号系统初期采用 ATP 和 CTC 系统，近期增设 ATS 系统，远期增设 ATO 系统。

校场口站、动物园站、新山村站为列车折返站，线路近远期的列车运行交路为大小交路套跑运行，校场口站至动物园站区段开行小交路，校场口至新山村站之间开行大交路[64]。大交路列车上下行全程运行时间为 33 min（含起停附加时分）；小交路上下行全程运行时间为 22 min（含起停附加时分）。信号系统按 2 min 列车追踪间隔设计，线路最大通过能力每小时 24 对列车。校场口站、新山村站的辅助线配置形式分别如图 7-16（a）、（b）所示，动物园站设置形式如图 7-16（c）所示。车站的最小、最大停站时间分别为 20 s 和 60 s。各折返站的到达间隔时间和出发间隔时间均为 2 min。校场口站车底折返时间为 130 s，动物园站为 120 s，新山村站为 130 s。

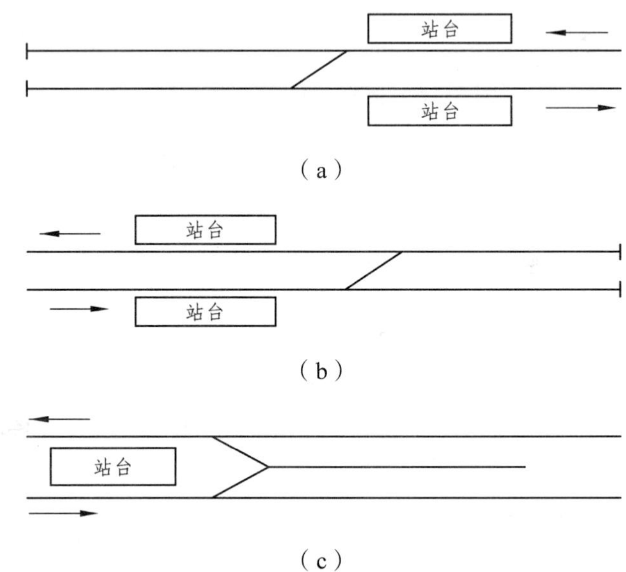

图 7-16 折返站辅助配线形式

2. 行车计划数据

本书只编制 5 h 的列车运行图。为体现城市轨道交通一天内客流的波动，在开行的五个时段内，安排时段 2 和时段 4 为高峰时段。各时段列车开行对数表见表 7-1。

表 7-1 各时段列车开行对数表

交路种类	时段 1 6:00—7:00	时段 2 7:00—8:30	时段 3 8:30—10:00	时段 4 10:00—11:30	时段 5 11:30—12:30	总计
大交路	8	14	11	15	8	56
小交路	0	8	0	5	0	13
总对数	8	22	11	20	8	69

TS 算法中邻域操作方法采用 3-Opt 策略，最大迭代次数 100 次。将以上参数输入模型，在 2.66GHZ × 2 CPU，4G 内存的计算机上使用 Visual Studio 2010 和 Cplex 混合编程实现算法 1 ~ 4。

7.7.2　求解结果

对 7.4 节中列车初始布点方案模型 Model（Ⅰ）进行求解，得到共线交路理想初始布点方案，计算结果见附录 1。在此基础上求解 Model（Ⅱ），得到共线交路列车运行图和车底交路计划，见附录 2。

本章小结

本章研究了共线交路列车运行图编制问题。城市轨道交通线路结构的多样性以及客流特征的多样性导致了共线交路的多样性，进而导致了共线交路列车运行图编制的复杂性。随着我国城市轨道交通的大规模建设，共线交路运行图编制是一项亟待解决的课题。本章对共线交路相关概念进行定义，深入分析了共线交路条件下列车运行图编制的关键问题，主要包括行车间隔、折返模式、折返站间隔时间、车底运用方式以及车底出入库方式等，确定了共线交路运行图编制的大致思路以及本章研究的边际条件，在此基础上构建了共线交路条件下运行图编制模型，为保证运行图在折返站节点的可行性，本章同时考虑了车底交路计划的编制，实现了列车运行图与车底交路计划的一体化编制。共线交路列车运行图编制的实质是处理各子交路上列车与车站、列车与区间、列车与列车以及共线区段不同交路上列车与列车之间的关系。为了降低问题的复杂度，本章首先进行列车始发布点，以运行图均衡性为目标构建了列车始发布点方案编制模型，在此基础上，构建了关于共线交路列车运行图编制的双层规划模型，并基于递阶优化的思想设计相应的算法，设计了四个子算法：生成列车停站时间、车底交路计划编制、基于 TS 算法生成列车运行顺序以及基于列车运行顺序的列车运行图编制。通过实例验证了模型的合理性和算法的可行性。

第 8 章 城市轨道交通网络列车运行衔接协调优化

近年来，在城市人口和经济快速增长以及节能减排、土地利用集约化等公共政策措施的强力推动下，我国城市轨道交通快速发展，北京、上海、广州等轨道交通已进入网络化发展阶段。网络列车运行衔接协调是城市轨道交通网络化运输组织理论的重点和难点。列车运行衔接协调是通过对列车在各换乘站的到发时刻建立良好的衔接匹配，以提高乘客换乘效率。乘客换乘效率的提高主要表现为乘客等待时间的减少，包括：初始等待时间（乘客进入出发站搭乘轨道交通所需候车时间，因乘客随机到达，可优化余度有限）和换乘等待时间（乘客在不同线路间转换时，在站台候车所需的时间）[100]。本章对城市轨道交通网络进行抽象描述，分析列车运行衔接协调特征，以及换乘等待时间的表示方法，在此基础上引入大系统递阶协调计算方法，将轨道交通网络视作动态大系统，建立"换乘衔接对-线路换乘衔接方案"的二级协调结构，分析网络换乘衔接方案的确定方法，以最小化乘客总换乘等待时间为目标，构建网络列车运行衔接协调优化模型。

8.1 城市轨道交通网络抽象描述

城市轨道交通网络由线路集合 R 和车站集合 S 构成。根据线路的物理拓扑结构，可将城市轨道交通线路分为直线型、环型以及 Y 型（或双 Y 型），对于环型线路，可将其视为是两端终端站相同的直线型线路，对于 Y 型（或双 Y 型）线路，可根据实际的列车运行交路将一条轨道交通物理线路视为多条直线型线路，将列车运行交路的两端折返站为其对应的直线型线路的终端站。

在问题分析和构建模型的过程中，为了表述方便，将每条直线型线路均视为上、下行两条单向线路，则一条轨道交通线路由两条单向线路组成，本书以单向线路为基本单元进行模型的构建，因此本章的下文中，将不再区分线路的上下行，如果不加以特殊说明，"线路"均指的是单向线路。对于 $\forall r \in R$，其位于同一条轨道交通线路上的反向线路为 π_r。$S_r=\{s_1^r,s_2^r,\dots,s_{m_r}^r\}$ 为线路 r 的车站集合，m_r 为线路 r 的车站总数，对于环型线路，$s_1^r=s_{m_r}^r$。R_i^r 为线路 r 上列车自车站 s_{i-1}^r 运行至 s_i^r 的区间运行时分，包括起停车附加时分。

城市轨道交通网络列车运行衔接协调以最小化乘客换乘等待时间为优化目标，城市轨道交通高峰时段行车密度大，优化效果有限，低峰时段行车密度小，优化列车运行衔接协调将会大大降低乘客等待时间，提高服务质量。因此本书重点研究低峰时段的运行图衔接协调。城市轨道交通路网系统中各线路高、低峰的开始和结束时刻是大致相同但又不完全相同的，可将路网划分为多个协调时段。本书重点研究协调时段 $[XT^1, XT^2]$ 内的列车运行衔接协调，

该时段内线路 r 的列车开行对数为 Xf_r。线路 r 上的第 q 列车用符号 $\Gamma^{r,q}$ 表示，$L_i^{r,q}$、$A_i^{r,q}$ 和 $D_i^{r,q}$ 分别表示列车 $\Gamma^{r,q}$ 在车站 s_i^r 的出发时刻，到达时刻和停站时刻。城市轨道交通网络中换乘站集合为 U。对于 $\forall u \in U$，$\sigma(u,r)$ 表示换乘站 u 在线路 r 上的位置。某城市轨道交通网络示意图如图 8-1 所示。

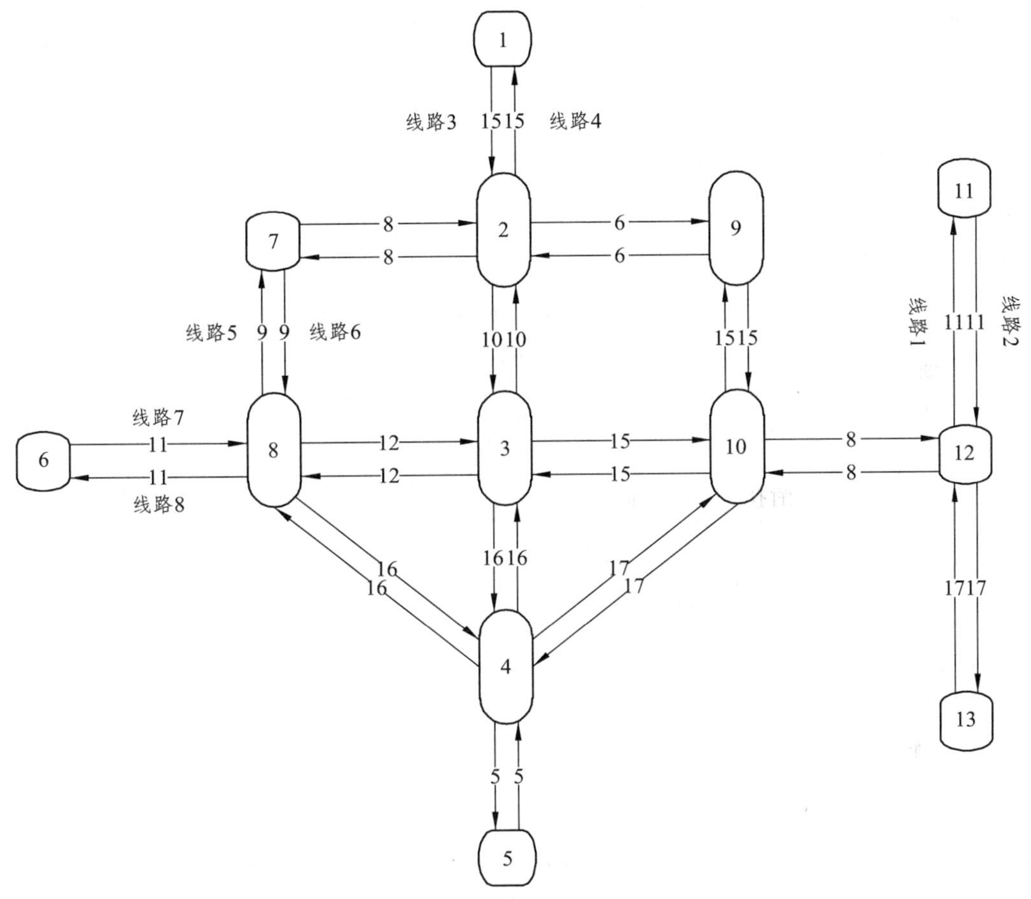

图 8-1　城市轨道交通网络示意图

城市轨道交通系统运营时间共有 h 个时间段，令系统夜间停运时间为时段 0，运营时段依次为 $1,2,\cdots,h$，时段 $k(k=0,1,2,\cdots,h)$ 的开始时刻为 $T_k^{始}$，令 $T_{h+1}^{始}=T_0^{始}$，则时间段时长 $T_k^{段}=T_{k+1}^{始}-T_k^{始}$，$f_r^k$ 表示时段 k 内线路 r 的列车开行对数，$K^{r,q}$ 表示线路 r 的第 q 列车所属的运营时段。本书中“协调时段”和“运营时段”概念的区别在于，协调时段是针对路网整体而言，而运营时段是针对某条线路而言，第 k 个协调时段的开始、结束时刻与线路 r 的第 k 个运营时段的开始、结束时刻是有偏差的，这对列车运行衔接协调的影响是：对于部分线路，一个协调时段可能含有两个或者多个运营时段的列车，在协调的过程中需保证列车运行线的始发时刻不得超出其所在的运营时段，而且该协调时段内的行车间隔是不一定绝对均衡的。

为了清晰描述乘客换乘过程，本书进行以下定义：

定义 8-1　换乘衔接对：若换乘站 u 上能够办理自线路 r 换乘到线路 r' 的换乘作业，且存在换乘客流，则称 (u,r,r') 是换乘站 u 上的一个换乘衔接对，T_u 为换乘站 u 上的换乘衔接对集合，$(u,r,r')\in T_u$，路网上的所有换乘衔接对的集合为 TU，$T_u\subseteq TU$。

定义 8-2 输送线路、衔接线路、输送列车、衔接列车：(u,r,r') 是换乘站 u 上的一个换乘衔接对，在换乘站 u 上，某乘客自线路 r 的第 q 列车 $\Gamma^{r,q}$ 换乘到线路 r' 的第 q' 列车 $\Gamma^{r',q'}$，将乘客换乘前所在线路 r 称为输送线路，所乘坐的列车 $\Gamma^{r,q}$ 称为输送列车，将乘客将要换乘的线路 r' 称为衔接线路，换乘的列车 $\Gamma^{r',q'}$ 称为衔接列车。

定义 8-3 输送客流：将从输送线路 r 换乘到衔接线路 r' 的客流称为线路 r 的输送客流。

8.2 列车运行衔接协调特征

网络系统列车运行衔接协调的本质是对各线路的列车运行线进行平移。城市轨道交通网络庞大，线路间通过换乘站进行衔接，且部分大型换乘枢纽一般均是多线交汇，客流的动态性，网络结构的复杂性以及同站不同线路间换乘时间的不对等性造成了路网系统换乘协调的复杂性。单一换乘衔接对间的列车运行衔接协调易于实现，而同一换乘站上多个单一换乘衔接对间的列车运行衔接协调则较为困难，而至于整个网络系统的综合协调则是更为困难的。文献[100]从时差性、联动性、传播性等方面阐述了路网系统列车运行衔接协调的特征，本书在其基础上进行总结和深化。总体上看，路网系统列车运行衔接协调呈现以下特征：

1）协调的联动性

各线路通过换乘站连接成为一个网络整体，因此换乘站具有较强的联通特性，以换乘站为基点的列车到发时序的匹配，依赖于多条线路上列车运行计划的配合，各线路的列车运行计划将会互相制约，互相影响，这是网络系统列车运行衔接协调的难点之所在。

2）协调的侧重性

时段差异性导致了协调的相对侧重。网络列车运行衔接协调的优化目标是最小化乘客换乘等待时间，城市轨道交通行车密度大，高峰时段的行车间隔一般为 3 ~ 5 min，优化效果有限，低峰时段行车间隔大，优化列车运行衔接协调将会大大降低乘客等待时间，提高服务质量。因此，网络递阶协调优化一般是侧重于低峰或平峰时段。

3）协调的时差性

城市轨道交通客流具有明显的波动性和时段性。城市客流出行具有一定的规律性，路网整体的高低峰时段是大致相同的，但具体到每条线路，由于各条线路的客流特征不同，各线路又具有各自的时段性变化特征，表现为网络协调的时差性。本书将根据各线路运营时间，将路网整体划分为若干个协调时段，各协调时段内同一线路上列车行车间隔是不一定均衡的。

4）协调的周期性

城市轨道交通线路上列车按照一定的间隔运行，且列车之间无等级之分，也不存在列车的越行和会让，在同一个车站上列车呈线性序排列，当前行列车的时刻固定以后，后续列车的时刻也相应确定，呈现出周期性变化，因此，各线路的列车流衔接也呈现出一定的周期性。

5）协调的大系统性

城市轨道交通网络具有变量多、约束多等特性，各个换乘衔接对的列车协调相互牵制和影响，变量之间的关系复杂，协调的联动性导致了网络列车运行衔接协调的复杂性，也决定了该问题的大系统优化特性。

8.3　换乘等待时间

缩短乘客换乘等待时间是轨道交通网络列车衔接匹配的重要目标。本书研究协调时段 $[XT^1, XT^2]$ 的列车运行衔接协调，该时段内各线路的行车间隔不一定是均衡的，因此换乘等待时间的表示方法是构建模型的一个重点和难点。假设当衔接列车到达站台时，不存在候车乘客由于拥挤等原因而无法上车的现象，因此可将衔接列车定义为乘客到达换乘站台后，衔接线路上到达的第一列车。换乘等待时间可定义为乘客到达换乘站台时起，至衔接列车到达车站时止的这段时间。

对于任一换乘衔接对 (u,r,r')，定义以下变量：定义变量 $C^r_{u,r'}$ 表示所研究的协调时段内换乘衔接对 (u,r,r') 的换乘客流量，即换乘站 u 上从输送线路 r 换乘至线路 r' 的客流量，$C^r_{u,r'}$ 可根据历史客流量统计得到；定义变量 $e^r_{u,r'}$ 表示换乘站 u 上乘客从输送线路 r 换乘至线路 r' 所需的换乘走行时间，$e^r_{u,r'}$ 可以根据调研数据的换乘走行时间高峰和非高峰的均值确定；定义变量 $w^{rq}_{u,r'q'}$ 表示在换乘站 u 上乘客从输送列车 $\Gamma^{r,q}$ 换乘至衔接列车 $\Gamma^{r',q'}$ 的换乘等待时间。定义 0-1 变量 $\chi^{rq}_{u,r'q'}$，在换乘站 u 上，若列车 $\Gamma^{r',q'}$ 能够满足 $\Gamma^{r,q}$ 上换乘乘客的换乘等待时间，则 $\chi^{rq}_{u,r'q'}=1$，否则 $\chi^{rq}_{u,r'q'}=0$。

根据换乘等待时间的定义，换乘站 u 上自输送列车 $\Gamma^{r,q}$ 到达的乘客欲换乘至线路 r'，换乘等待时间 $w^{rq}_{u,r'q'}$ 的取值如图 8-2 所示，时间轴上方的箭头表示输送列车 $\Gamma^{r,q}$ 到达换乘站 u 的时刻，时间轴下方的箭头表示衔接线路上的列车自车站 u 出发的时刻。

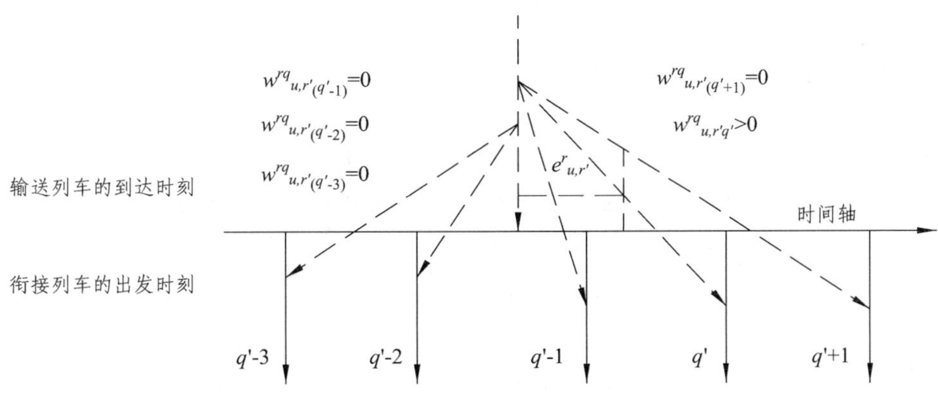

图 8-2　乘客换乘等待时间

从上图中可以直观看出，由于衔接线路上列车$\Gamma^{r',(q'-3)}$，$\Gamma^{r',(q'-2)}$的出发时刻早于输送列车的到达时刻，显然乘客无法换乘至该列车，此时令$w^{rq}_{u,r'(q'-3)}=0$，$w^{rq}_{u,r'(q'-2)}=0$。列车$\Gamma^{r',(q'-1)}$的出发时刻晚于输送列车的到达时刻，但不满足乘客换乘走行时间$e^{r}_{u,r'}$，乘客也无法换乘此列车，令$w^{rq}_{u,r'(q'-1)}=0$。列车$\Gamma^{r',q'}$的出发时刻能够满足乘客换乘走行时间，且是乘客到达换乘站台后，衔接线路上到达的第一列车，则$\Gamma^{r',q'}$是该批乘客的衔接列车，令$w^{rq}_{u,r'q'}>0$。列车$\Gamma^{r',(q'+1)}$的出发时刻能够满足乘客换乘走行时间，但根据衔接列车的定义，列车$\Gamma^{r',(q'+1)}$并不是衔接线路上到达的第一列车，仍然令$w^{rq}_{u,r'(q'+1)}=0$。变量$w^{rq}_{u,r'q'}$通过约束式进行赋值。

8.4 网络列车运行衔接协调优化模型

8.4.1 模型的思路

本书将以最小化路网乘客总换乘等待时间为优化目标，进行路网列车运行衔接协调优化。一种最优且最为理想的列车衔接方案是使得路网上各换乘衔接对的换乘等待时间均为0，即$w^{rq}_{u,r'q'}=0$，但城市轨道交通是一个开放式复杂系统，各条线路之间相互影响，相互制约，最优衔接方案只能在部分换乘衔接对实现，无法保证路网内所有换乘衔接对上均能实现最优衔接方案。因此，网络列车运行衔接协调优化问题可以描述为：在路网上各线路列车运行图已经编制完成的基础上，在区间运行时分、停站时间均为已知的前提下，根据一定的线路换乘衔接方案，以换乘站为基点，依次调整各线路上列车在换乘站的到发时刻及始发时刻，使得网络上乘客的总换乘等待时间最小。

本书将轨道交通网络视作动态大系统，建立“换乘衔接对-线路换乘衔接方案”的二级协调结构，单一换乘衔接对的协调是网络协调的基本单元，线路换乘衔接方案中的各个换乘衔接对相互独立，根据线路换乘衔接方案确定的衔接协调次序，从高到低，逐步求解。因此，本章的重点包括两个部分：一是线路换乘衔接方案的生成；二是单一换乘衔接对协调优化模型的构建。

8.4.2 基本假设

在实际运营组织中，乘客换乘行为和运营环境十分复杂，本书作如下假设：

（1）换乘站u上从输送线路r换乘至线路r'的客流量$C^{r}_{u,r'}$是已知且确定的；

（2）乘客的换乘走行时间$e^{r}_{u,r'}$是已知且确定的；

（3）衔接列车到达车站后，站台上的候车乘客均能够顺利换乘，不存在由于拥挤等原因而无法上车的现象；

（4）同一换乘站内多向列车的衔接不考虑本线上下行方向的列车衔接协调；

（5）每个协调时段内的客流由该时段内开行的列车均匀分担。

8.4.3　线路换乘衔接方案

线路换乘衔接方案是多个换乘衔接对的集合，当城市轨道交通网络中有 N 条线路时，每个线路换乘衔接方案中将包含 N-1 个换乘衔接对，这 N-1 个换乘衔接对具有一定的先后次序，根据此线路换乘衔接方案可以唯一确定路网上各线路的衔接协调次序。城市轨道交通网络规模大，线路间换乘关系复杂，直接导致了路网上换乘衔接对数量大，且换乘衔接对间相互制约，相互影响，部分换乘衔接对之间不可避免地存在冲突，主要表现在：

（1）两条线路的换乘衔接不能够在不同的换乘站上同时实现，即线路换乘衔接方案中不存在此类换乘衔接对：(u,r,r') 和 $(u1,r,r')$，其中 $u \neq u1$；

（2）换乘衔接对集的线路间不可构成回路，即可行的线路换乘衔接方案中不存在此类换乘衔接对：(u,r,r_1)，(u_1,r_1,r_2)，…，$(u_{(n-1)},r_{(n-1)},r_n)$ (u_n,r_n,r)；

（3）一条衔接线路不可对应着多条输送线路，即可行的线路换乘衔接方案中不存在此类换乘衔接对：(u,r,r_1)，(u_1,r_2,r_1)，衔接线路 r_1 对应着 r_1 和 r 两条输送线路。

因此生成线路换乘衔接方案的关键是以最小化乘客换乘等待时间最小为原则，从网络上众多换乘衔接对中确定 N-1 个无冲突的换乘衔接对。

城市轨道交通网络线路换乘衔接方案在一定程度上决定了路网整体的优化结果，轨道交通路网结构复杂，各线路、车站之间的耦合性强，换乘衔接对相互制约，相互影响，线路换乘衔接方案的生成算法是网络列车运行衔接协调的关键。线路换乘衔接方案的生成算法的基本思想是：在已给定的换乘衔接对及客流量的基础上，根据换乘衔接对的客流量，选取客流量最大的，且与线路换乘衔接方案中已有的换乘衔接对不冲突地加入到线路换乘衔接方案，重复该过程，直至线路换乘衔接方案中包含所有的线路。

城市轨道交通网络的线路集合为 R，共有 N 条线路，令线路换乘衔接方案为 TRU，TRU 中包含的输送线路集合为 $TR1$，衔接线路集合为 $TR2$。路网上的所有换乘衔接对集合为 TU，$\forall(u,r,r') \in TU$，$C^{r}_{u,r'}$ 为换乘衔接对 (u,r,r') 的换乘客流量。算法步骤如下：

Step1：初始化 $TRU = \varnothing$，$TR1 = TR2 = \varnothing$，TRU 中的元素个数为 $size(TRU) = 0$，路网上已标记的换乘衔接对集合为 SU，初始化 $SU = \varnothing$；

Step2：若 $size(TR) = N-1$，则算法终止，输出 TRU；否则，转 Step3；

Step3：遍历当前未标记的换乘衔接对集合 $TU \setminus SU$，寻找当前换乘衔接对集合中换乘客流量最大的衔接对，若 $C^{r1}_{u',r1'} = \max\limits_{(u,r,r') \in TU \setminus SU} \{C^{r}_{u,r'}\}$，则 $(u',r1,r1')$ 为当前选取的换乘衔接对，$(u',r1,r1')$ 转为已标记，$SU = SU \cup (u',r1,r1')$，转 Step4；

Step4：对于当前换乘衔接对 $(u',r1,r1')$，若 $r1 \in TR2$ 且 $r1' \in TR1$，则表示将 $(u',r1,r1')$ 添加到 TRU 后将会构成回路，此时必须舍弃 $(u',r1,r1')$，转 Step3；若 $r1' \in TR2$，则表示若将 $(u',r1,r1')$ 添加到 TRU 后，线路 $r1'$ 将对应着两条输送线路，此时必须舍弃 $(u',r1,r1')$，转 Step3；若以上条件均不满足，则转 Step5；

Step5：将 $(u',r1,r1')$ 添加到 TRU，即 $TRU = TRU \cup (u',r1,r1')$，转 Step2。

8.4.4 单一换乘衔接对协调优化模型

单一换乘衔接对的列车运行衔接协调是网络运行衔接协调的基本单元。以换乘衔接对(u,r,r')为研究对象，列车运行衔接协调的本质是对输送线路r和衔接线路r'的列车在换乘站u的到发时序建立良好的衔接匹配。在进行换乘衔接对(u,r,r')的优化衔接协调时，输送线路r的列车运行时刻将保持不变。

因此单一换乘衔接对协调优化问题可以描述为：在协调时段$[XT^1, XT^2]$内，在列车区间运行时分、区间追踪间隔时间、车站间隔时间、停站时分等约束下，根据线路r的列车到发时刻，对线路r'的列车到发时刻进行调整，使得换乘衔接对(u,r,r')的总乘客换乘等待时间最小。单一换乘衔接对协调优化模型 Model（Ⅰ）如下：

1. 约束条件

1）换乘等待时间约束

对于$\forall u \in U$，$\sigma(u,r)$表示换乘站u在线路r的位置。将$\chi_{u,r'q'}^{rq}$称为协调变量，在换乘站u上，若列车$\Gamma^{r',q'}$能够满足$\Gamma^{r,q}$上乘客的换乘等待时间，则$\chi_{u,r'q'}^{rq}=1$，否则$\chi_{u,r'q'}^{rq}=0$。其取值由式（8-1）求得。

$$\mathrm{M}(\chi_{u,r'q'}^{rq}-1) \leqslant L_{\sigma(u,r')}^{r'q'}-(A_{\sigma(u,r)}^{rq}+e_{u,r'}^{r}) \leqslant \mathrm{M}\chi_{u,r'q'}^{rq} \tag{8-1}$$

$$q=1,2,\ldots,Xf_r\ ;\ q'=1,2,\ldots,Xf_{r'}\ ;$$

式中 M 是无穷大正数，当出发列车的发车时刻能够满足乘客换乘走行时间时，数据项$L_{\sigma(u,r')}^{r'q'}-(A_{\sigma(u,r)}^{rq}+e_{u,r'}^{r})>0$，此时$\chi_{u,r'q'}^{rq}=1$，反之，$\chi_{u,r'q'}^{rq}=0$。

在变量$\chi_{u,r'q'}^{rq}$的基础上，对换乘等待时间$w_{u,r'q'}^{rq}$的取值进行约束，如式（8-2）和（8-3）所示。式中变量$W_{u,r'}^{r}$表示换乘站u上乘客从输送线路r换乘至衔接线路r'的最大允许等待时间。

$$L_{\sigma(u,r')}^{r'q'}-(A_{\sigma(u,r)}^{rq}+e_{u,r'}^{r})-\mathrm{M}\chi_{u,r'(q'-1)}^{rq} \leqslant w_{u,r'q'}^{rq} \tag{8-2}$$

$$0 \leqslant w_{u,r'q'}^{rq} \leqslant W_{u,r'}^{r} \tag{8-3}$$

$$q=1,2,\ldots,Xf_r\ ;\ q'=1,2,\ldots,Xf_{r'}$$

在约束（8-2）中，$L_{\sigma(u,r')}^{r'q'}-(A_{\sigma(u,r)}^{rq}+e_{u,r'}^{r})$和$\chi_{u,r'(q'-1)}^{rq}$的取值共有以下三种情况：

（1）当$L_{\sigma(u,r')}^{r'q'}-(A_{\sigma(u,r)}^{rq}+e_{u,r'}^{r})\leqslant 0$且$\chi_{u,r'(q'-1)}^{rq}=0$，表示乘客不能成功换乘到列车$\Gamma^{r',q'}$和$\Gamma^{r',(q'-1)}$，此时不等式（8-2）的左端为负值，根据式（8-3）可得$w_{u,r'q'}^{rq}=0$；

（2）当$L_{\sigma(u,r')}^{r'q'}-(A_{\sigma(u,r)}^{rq}+e_{u,r'}^{r})\geqslant 0$且$\chi_{u,r'(q'-1)}^{rq}=0$，表示列车$\Gamma^{r',q'}$为乘客的衔接列车，乘客能够成功换乘，$w_{u,r'q'}^{rq}>0$；

（3）当$L_{\sigma(u,r')}^{r'q'}-(A_{\sigma(u,r)}^{rq}+e_{u,r'}^{r})\geqslant 0$且$\chi_{u,r'(q'-1)}^{rq}=1$，表示列车$\Gamma^{r',(q'-1)}$和$\Gamma^{r',q'}$均能够满足乘客的换乘走行时间，因此$\Gamma^{r',q'}$并不是乘客的衔接列车，此时不等式（8-2）的左端为负值，$w_{u,r'q'}^{rq}=0$。

当输送线路r的列车开行数量大于衔接线路的列车数量时，有可能会出现输送列车$\Gamma^{r,q}$

不存在衔接列车的情形，因此，定义变量 $cw_{u,r'}^{rq}$ 表示在换乘站 u 上乘客从输送列车 $\Gamma^{r,q}$ 换乘至衔接线路 r' 的换乘等待时间，当衔接线路的最末一列车 $\Gamma^{r',Xf_{r'}}$ 不能够满足输送列车 $\Gamma^{r,q}$ 的换乘走行时间，则可以确定 $\Gamma^{r,q}$ 不存在衔接列车，此时令 $cw_{u,r'}^{rq}$ 取最大允许换乘等待时间，当 $\Gamma^{r,q}$ 存在衔接列车时，根据图 8-2 可知，当且仅当 $\Gamma^{r',q'}$ 存在时 $w_{u,r'q'}^{rq} \geqslant 0$，对于其余的列车的换乘等待时间均为 0。因此 $cw_{u,r'}^{rq}$ 的计算公式为：

$$cw_{u,r'}^{rq} = \begin{cases} W_{u,r'}^{r} & A_{\sigma(u,r)}^{rq} + e_{u,r'}^{r} - L_{\sigma(u,r')}^{r'Xf_{r'}} > 0 \\ \sum\limits_{q'=1}^{Xf_{r'}} w_{u,r'q'}^{rq} & A_{\sigma(u,r)}^{rq} + e_{u,r'}^{r} - L_{\sigma(u,r')}^{r'Xf_{r'}} \leqslant 0 \end{cases} \tag{8-4}$$

$$q = 1,2,\ldots,Xf_r\text{；}\ q' = 1,2,\ldots,Xf_{r'}$$

2）列车区间运行时分约束

由列车运行标尺，停站时分以及列车始发时刻等，按列车经由站顺序推算列车在各站的到发时刻，即

$$A_{i'}^{r',q'} = L_{i'-1}^{r',q'} + R_{i'}^{r'} \tag{8-5}$$

$$L_{i'}^{r',q'} = A_{i'}^{r',q'} + D_{i'}^{r',q'} \tag{8-6}$$

$$i' = 1,2,\ldots,m_{r'};\ q' = 1,2,\ldots,Xf_{r'}$$

3）列车始发时间域约束

对线路 r' 的各列车进行调整，列车始发时刻不得超过其运营时段和协调时段范围，如式（8-7）和（8-8）所示。

$$T_{K^{r',q'}}^{始} \leqslant L_1^{r'q'} < T_{K^{r',q'}+1}^{始} \tag{8-7}$$

$$XT^1 \leqslant L_1^{r'q'} < XT^2 \tag{8-8}$$

$$q' = 1,2,\ldots,Xf_{r'};$$

4）列车追踪间隔时间约束

为保证行车安全，线路 r' 上相邻列车间应按追踪间隔运行，即

$$L_{i'}^{r',(q'+1)} - L_{i'}^{r',q'} \geqslant I_{r'} \tag{8-9}$$

$$A_{i'}^{r',(q'+1)} - A_{i'}^{r',q'} \geqslant I_{r'} \tag{8-10}$$

$$i' = 1,2,\ldots,m_{r'};\ q' = 1,2,\ldots,Xf_{r'} - 1$$

5）衔接线路首末班列车始发时间域约束

为了保证衔接线路的列车尽可能地保持均衡，对衔接线路的首末班列车的始发时刻进行约束，换乘衔接对 (u,r,r') 的衔接线路为 r'，首末班列车分别为 $\Gamma^{r',1}$ 和 $\Gamma^{r',Xf_{r'}}$，其始发时刻约束式见（8-11）和（8-12），式中 $t_1^{r',1}$，$t_2^{r',1}$，$t_1^{r',Xf_{r'}}$ 和 $t_2^{r',Xf_{r'}}$ 均为已知变量。

$$t_1^{r',1} \leqslant L_1^{r',1} \leqslant t_2^{r',1} \tag{8-11}$$

$$t_1^{r',Xf_{r'}} \leqslant L_1^{r',Xf_{r'}} \leqslant t_2^{r',Xf_{r'}} \tag{8-12}$$

2. 目标函数

以换乘衔接对 (u,r,r') 的总乘客换乘等待时间最小为优化目标：

$$\min Z_1 = \sum_{q=1}^{Xf_r} (C_{u,r'}^{r} cw_{u,r'}^{rq} / Xf_r) \tag{8-13}$$

式中数据项 $C_{u,r'}^{r} / Xf_r$ 表示所研究协调时段内，输送线路上每一列车上欲换乘到线路 r' 的换乘客流量。

8.4.5　网络列车运行衔接协调综合优化模型与求解

8.4.3 节中确定了城市轨道交通网络中的线路换乘衔接方案，根据此衔接方案可以唯一确定网络上的线路协调次序。网络列车运行衔接协调综合优化的目标是最小化线路换乘衔接方案的总乘客换乘等待时间，优化模型 Model（Ⅱ）如下：

$$\min Z = \sum_{(u,r,r')\in TRU} \sum_{q=1}^{Xf_r} (C_{u,r'}^{r} cw_{u,r'}^{rq} / Xf_r) \tag{8-14}$$

S.t　（8-1）~（8-12）

求解单一换乘衔接对 (u,r,r') 衔接协调优化模型 Model（Ⅰ）的实质是保持输送线路 r 的列车运行时刻不变，对衔接线路 r' 的列车运行时刻进行调整，使得换乘衔接对 (u,r,r') 的总乘客换乘等待时间最小，该模型可通过 Cplex 迅速求解。

线路换乘衔接方案规定了网络上各线路的协调次序，方案中共包含 $N-1$ 个换乘衔接对，网络整体的换乘衔接协调需要按协调次序求解 $N-1$ 次 Model（Ⅰ）完成。因此，Model（Ⅱ）实质上是多个 Model（Ⅰ）的叠加，可通过 VS2010 调用 Cplex 快速求解。

8.5　算例分析

选取某城市轨道交通网络，如图 8-1 所示。该网络包括 8 条单向线路，共 6 个换乘站。根据实际运营数据对协调时段 20:30—22:00 开行的列车进行衔接协调。列车追踪间隔时间为 2 min。协调时段内各线路的列车开行对数如表 8-1 所示，换乘衔接对相关参数见表 8-2，换乘站间的列车运行时间（包括非中间站的停站时间和起停附加时间）见表 8-3。

表 8-1　列车开行对数

线路编号	线路 1（2）	线路 3（4）	线路 5（6）	线路 7（8）
列车开行对数	8	10	15	12

表 8-2 换乘衔接对参数

换乘站	输送线路	衔接线路	换乘走行时间（s）	换乘客流量（人）	最大允许换乘等待时间（min）
2	3	6	25	1 877	10
	3	5	30	1 455	10
	6	3	45	325	10
	5	4	56	435	10
3	3	8	10	1 345	10
	3	7	30	1 975	10
	4	8	37	1 065	10
3	4	7	35	1 225	10
	8	3	20	1 045	10
	8	4	40	1 175	10
	7	3	30	1 345	10
	7	4	45	1 675	10
4	4	5	38	956	10
	5	3	10	248	10
	3	5	48	126	10
8	8	5	63	1 874	10
	6	7	35	335	10
10	6	8	47	325	10
	7	6	38	1 576	10
12	2	7	35	245	10
	1	7	45	657	10
	8	1	26	320	10
	8	2	20	256	10

表 8-3 换乘站间列车运行时间

线路	区段（换乘站——换乘站）		旅行时间（min）	线路	区段（换乘站——换乘站）		旅行时间（min）
1	13	12	17	5	4	8	16
1	12	11	11	5	8	7	9
2	11	12	11	6	7	8	9
2	12	13	17	6	8	4	16
3	1	2	15	6	4	10	17
3	2	3	10	6	10	9	15
3	3	4	16	6	9	2	6
3	4	5	5	6	2	7	8

续表

线路	区段（换乘站——换乘站）		旅行时间（min）	线路	区段（换乘站——换乘站）		旅行时间（min）
4	5	4	5	7	6	8	11
4	4	3	16	7	8	3	12
4	3	2	10	7	3	10	15
4	2	1	15	7	10	12	8
5	7	2	8	8	12	10	8
5	2	9	6	8	10	3	15
5	9	10	15	8	3	8	12
5	10	4	17	8	8	6	11

根据 8.4.3 中的线路换乘衔接方案生成算法，得到图 8-1 中的线路换乘衔接方案为：$TRU=\{(3,3,7),(2,3,6),(8,8,5),(3,7,4),(3,3,8),(12,8,1),(12,8,2)\}$，以各换乘衔接对的输送线路为左端点，以衔接线路为右端点，构建了如图 8-3 所示的网络协调次序图，图中顶点代表线路编号，边上的值代表换乘衔接对所在的换乘站。

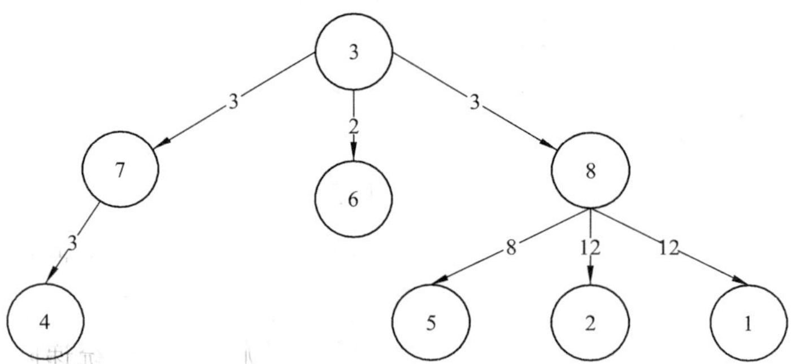

图 8-3　线路换乘衔接方案

通过 VS2010 和 Cplex 混合编程得到各换乘衔接对的协调结果。线路换乘衔接方案 *TRU* 中各个换乘衔接对均实现了最优换乘，乘客换乘等待时间为 0。换乘衔接对（3，3，7）、（3，7，4）、（2，3，6）的协调方案见图 8-4 ~ 8-6，乘客换乘等待时间由 2 739 s 降为 0。路网整体的总乘客换乘等待时间降低了 48.43%。

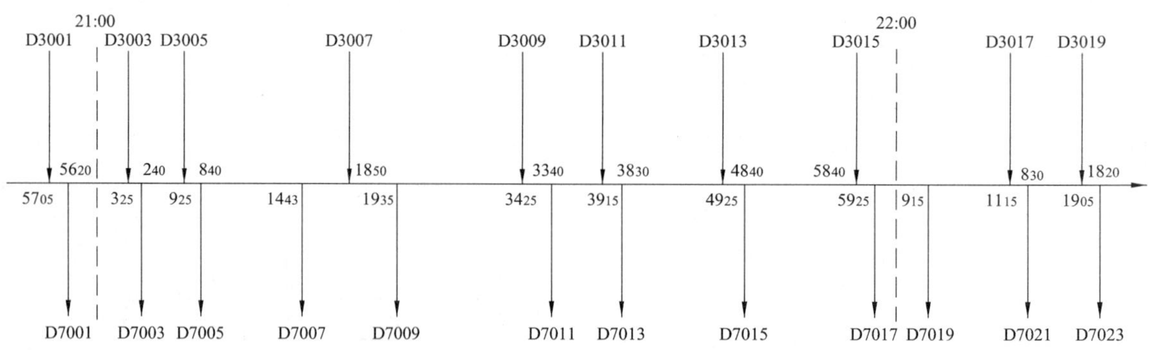

图 8-4　换乘衔接对（3，3，7）衔接协调方案

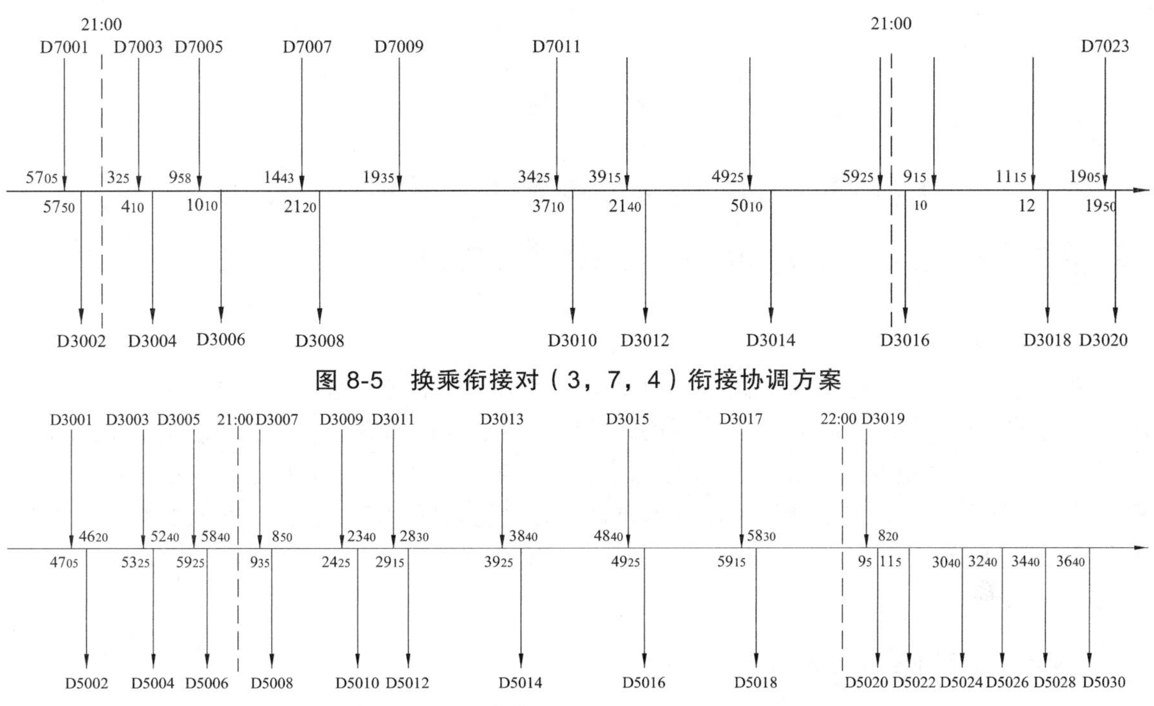

图 8-5 换乘衔接对（3，7，4）衔接协调方案

图 8-6 换乘衔接对（2，3，6）衔接协调方案

本章小结

网络列车运行衔接协调是城市轨道交通网络化运输组织理论的重点和难点。列车运行衔接协调是通过对列车在各换乘站的到发时刻建立良好的衔接接续，以最小化乘客换乘等待时间。城市轨道交通系统具有大系统的特性，结合大系统优化、大系统递阶控制方法和大系统分解协调优化方法，将轨道交通网络视作动态大系统，引入大系统递阶协调计算方法，建立“换乘衔接对-线路换乘衔接方案”的二级协调模型。缩短乘客等待时间是轨道交通网络列车衔接匹配的重要目标。本章对某一协调时段的列车运行衔接协调进行研究，该时段内各线路的行车间隔不一定是均衡的，因此换乘等待时间的表示方法是构建模型的一个重点和难点。线路换乘衔接方案的生成算法在一定程度上决定了路网整体的优化结果，轨道交通路网结构复杂，各线路、车站之间的耦合性强，如何从众多的换乘衔接对中选出较优的线路换乘衔接方案是一个关键问题。

本章对换乘等待时间的计算方法进行了分析，并确定了线路换乘衔接方案的生成算法，在此基础上构建了单一换乘衔接对协调优化模型以及网络综合协调优化模型，并阐述了其求解算法。

第 9 章 计算机编制城市轨道交通列车运行图系统设计

城市轨道交通列车运行图编制涉及的要素众多，各要素间作用关系复杂，人工编制列车运行图往往需要花费较长时间，且难以达到整体最优，因此计算机编制城市轨道交通列车运行图是实现城市轨道交通运营组织设计工作信息化和智能化的重要内容。本章将从需求分析、系统数据分析、总体设计和关键技术设计等方面进行城市轨道交通列车运行图计算机编制系统设计。

9.1 系统设计原则

计算机编制城市轨道交通列车运行图系统是一个具有广泛适应性和通用性的列车运行图编制和调整系统，系统规模大、技术难度高。为了确保系统目标的全面实现，在系统设计过程中，应遵循下列原则：

1）支持城市轨道交通网络各线路间编图的整体统一性

为充分发挥城市轨道交通线网整体运输能力，实现城市轨道交通运输组织社会效益和经济效益的最大化，必须以能够实现线网的整体协调统一为基础，构建城市轨道交通列车运行图编制系统。兼顾线网整体的统一性，构建城市轨道交通列车运行图编制系统是实现城市轨道交通网络化运营的必然趋势，是运输效益最大化的必然选择，是系统建设必须遵循的首要原则。

2）符合统一规划、分步建设的标准

在系统设计中贯彻统一规划、统一标准、统一资源、统一管理的原则，分阶段、按步骤完成系统研究与开发。

3）建立整体性强、功能完善的系统软件

建立高集成度、紧耦合的集相关业务于一体的列车运行图编制系统，同时，整个系统是可分可合的，作为一个整体是集所有业务处理于一体的一个系统，分解开来可成为各自独立的子系统，既能适应运营管理部门集中编图的要求，又能满足各级部门相对独立工作的需要。

4）确保系统的安全性和可靠性

列车运行图是城市轨道交通行车组织工作的基本依据，系统的安全性，不仅影响到铁路本身的安全生产、能力利用等，而且直接关系到路外企业和广大旅客的切身利益，关系到铁路的声誉及效益。

5）坚持系统设计的标准化、规范化

城市轨道交通列车运行图编制系统技术复杂、难度大。系统研制开发应建立在相关规范和标准的基础之上，制定列车运行图数据格式标准，为系统的应用创造条件。

6）采用先进技术，自主开发，达到国际先进水平

在系统的设计和开发中，要广泛吸取国内外同类系统的先进经验，采用先进的计算机硬、软件平台和开发工具，自主开发应用系统，使本系统不仅符合中国实际，而且在功能和技术上达到国际先进或领先水平。

9.2　系统业务流程分析

城市轨道交通列车运行图编制系统功能的设置，与其需完成的业务和工作紧密相关，同时也应与系统建设目标一致。系统功能的设置，既要能提供方便、快捷的数据处理手段和科学的数据存储方法，提供编制列车运行图的应用条件，提高编制列车运行图的整体科学水平和编图效率，同时也要能方便管理，提供辅助决策手段，使列车运行图编制与调整工作在科学的基础上充分发挥编图管理者和技术人员的主观能动性，提高列车运行图决策过程的智能水平。

城市轨道交通列车运行图的编制是一项涉及多因素的复杂工作。为了分析系统功能的需要，本书将运行图编制系统的主要业务分为以下五类：

1）列车运行图编制基础数据的收集、加工、传输及存储

列车运行图的编制涉及城市轨道交通的多个业务部门，工作量大、过程复杂。列车运行图编制基础数据包括线路数据、车站数据、区间数据以及客流数据等。城市轨道交通列车运行图编制系统需能够实现以上各项数据的收集、加工、传输及存储。

2）客流特征分析

根据 OD 客流数据分析客流在时间和空间上的动态分布特性，得出特征图及相关客流指标。客流分布特征直接决定着车型选择、列车编组以及列车运行交路等。

3）车辆选型、目标速度与列车编组

根据高峰客流数据、城市轨道线路资源等，确定合适的车辆选型。通过牵引计算，综合考虑站间距、旅行时间及车辆购置费等方面，确定列车目标速度。在此基础上，根据高峰小时单向最大断面客流，在系统最小行车间隔的约束下，分别确定各设计年度可行的编组辆数。

城市轨道交通列车编组方案比选受诸多因素的影响，是一个定性、定量因素相结合的复杂多目标、多层次综合评价问题，通过建立决策评价指标模型，选择合理的评价方法对各备

选方案进行优劣排序，确定最佳的编组方案。由于不同城市轨道交通线路具体情况的不同，其列车编组方案比选影响因素也可能不同，模型的决策因素及指标也会发生相应的变化，因此，设计人员要根据设计线路实际情况，对决策评价指标模型进行修改或建立一个新的决策评价指标模型。

4）车站辅助配线设计

建立车站配线数据库，设计人员根据线路需要设计新的配线方案，归入数据库，把车站根据功能特点进行分别归类，使用软件时有相似的车站可直接调用。

5）中间折返站及列车运行交路的确定

列车运行交路的设计需要根据区间断面客流分布特征确定。当断面客流不均衡系数较大时（一般大于 1.5 时），需要考虑采用长短交路。首先根据区间断面客流数据，选择合理的中间折返站；其次确定不同交路上合理的列车开行比例，为了均衡行车间隔，充分发挥各设施的功能，避免能力浪费，不同运行区段上的列车应按一定的比例开行，交路比例一般根据客流的比例大小确定，同时还需要考虑乘客对等待时间的承受程度，在实际中，通常采用 1：1、1：2 或 2：1 的交路比例。不同的折返站和不同的交路比例就构成了多个列车运行交路备选方案。综合评价线路列车运行交路方案比选的影响因素，确定最终方案。

6）全日列车行车计划的编制与调整

根据分时客流进行全日列车行车计划的编制。行车计划的编制是一个多目标优化问题，需要综合考虑客流需求、服务水平、运营成本等多方面因素。建立多约束条件下的全日行车计划编制优化模型，求解满足各约束条件的最优解，使全日行车计划的编制更加合理，避免了由设计人员人为确定各时段列车开行对数的主观性。

7）列车运行图的编制与调整

列车运行图是城市轨道交通运营组织的一个综合性计划，它是城市轨道交通行车组织的基础。城市轨道交通列车运行图的编制与线路布置条件、折返站的布置形式、列车运行交路、列车开行计划、车场位置、客流的时间与空间分布特点等因素相关，集中体现了整个运营组织。

8）列车运行图的图形绘制与报表生成

它包括绘制二分格、十分格列车运行图、列车交路图，计算列车运行图相关指标，生成指标报表和列车时刻表。

9）指标统计

列车时刻表确定后，统计汇总各种指标，上报上级审批。

此外，系统在完成以上几类业务的同时，还应为决策管理人员提供查询和人机交互的手段，提供数据调用、软件运行、外部信息的接续及转换、共享信息的转换与输出等功能。

城市轨道交通运行图编制业务流程如图 9-1 所示。

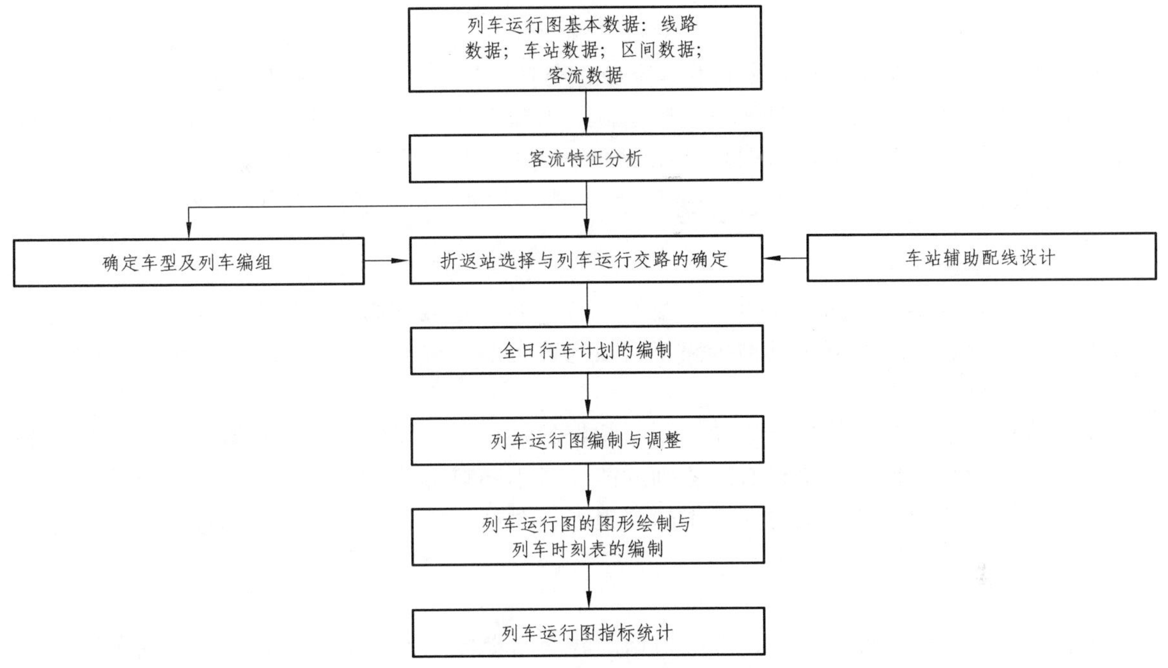

图 9-1 城市轨道交通运行图编制业务流程图

9.3 系统功能需求

需求分析是系统设计的基础，只有通过需求分析才能全面理解用户的各项要求，进而形成软件功能和性能的需求规格说明。需求分析是系统设计的第一步，也是决定性的一步，偏离或者违背用户需求，必定会导致软件开发的失败。

1）数据管理及维护

（1）数据管理。

数据管理及维护功能主要实现城市轨道交通运营组织设计所需技术资料数据的管

理、维护和更新，并提供数据的录入、增加、修改、删除、存储、查询以及批量输入、修改、删除基本操作功能。

（2）数据共享及更新功能。

运行图编制系统与城市轨道交通其他系统存在数据共享，运行图编制系统应设置数据接口，可以从其他系统或子系统读取相关数据，生成相关接口文件、历史文件等，不仅能减少输入工作量，还能确保数据及时更新、反馈及数据筛选分析。

（3）用户权限管理功能。

为保证系统数据的安全性和完整性，系统需具备用户权限管理，根据用户身份的不同，操作和访问数据的权限也不同。

2）客流特征分析

根据全日分时客流 OD、车站上下客流量、全日（早、晚）高峰断面客流量、全日（早、晚）高峰本线换乘客流量、设计（早、晚）高峰客流断面图、组团客流交换图、全日客流车站上下客分布图、全日各时段分时比例图，并绘制重点研究车站客流性质示意图。

3）车辆选型与列车编组设计功能

（1）确定车型。

建立地铁列车车型（如 A 型车、B 型车...等）客流运输能力数据库。根据初、近、远全日或高峰客流数据，结合城市其他线路车型情况，考虑资源共享因素，确定车型。

（2）确定目标速度。

城市轨道交通列车运行具有启动、制动频繁的特征，不同的速度目标值对站间距的要求不同，旅行时间和车辆购置费也有所差别。能够对不同目标速度进行牵引计算并统计计算结果，计算车辆购置费，在满足运营要求的前提下，对站间距、旅行时间和购置费三方面进行综合比较，择优合理的目标速度。

（3）确定编组方案。

车辆选型和目标速度确定后，能够根据高峰小时单向最大断面客流量，确定列车编组备选方案。

4）车站配线设计

（1）车站配线数据库。

建立车站配线数据库，把车站根据功能特点进行分别归类，使用软件时有相似的车站可直接调用，修改。

（2）车站配线设计平台。

设计人员能够根据线路需要设计新的配线方案，再归入数据库。

（3）绘制全线车站辅助配线图。

5）列车运行交路设计功能

（1）确定列车交路类型。

我国目前常用的列车运行交路形式主要有常规交路和长短交路两种。常规交路在线路起、终点站间按最大需要开行贯通式列车，行车组织简单、乘客无须换乘、不需要设置中间站或折返站。但如果线路各区段断面客流不均衡程度较大，会产生部分区段列车运能的浪费。长短交路是根据客流空间分布特性，列车在不同的折返区段运行，根据折返站位置和折返区段的不同，长短交路可分为分段交路、大小嵌套交路和交错运行交路等形式。根据客流特征分析结果，一般当断面客流不均衡系数大于 1.5 时，需考虑在高峰时段采用长短交路。

（2）确定列车运行交路方案。

当确定采用长短交路时，需确定担当折返任务的中间折返站及交路比例。折返站的选择和列车开行比例的确定可通过 6.3 节中数学模型求解。

（3）绘制列车运行交路图。

确定列车运行交路方案后，能自动绘制出各设计年度列车运行交路图，并能根据列车定员、高峰小时最大断面客流量和交路比例计算出各交路高峰小时行车量，并能够绘制成图。

6）全日行车计划编制功能

调用客流分析子系统的客流分时比例表、列车交路子系统中的列车运行交路，先确定早、晚高峰小时作为当日最大行车量，依次按客流分时比例对平峰时段进行确定，平峰时段考虑满足客流预测量外，可人工修改，还应保证一定的服务水平。列车全日行车计划的编制不仅要满足客流需求，还要考虑一定的乘客服务水平和运营效益。

7）列车运行图编制及调整

自动编制城市轨道交通线路列车运行图，自动绘制车底交路，并自动生成列车时刻表等。通过系统多样化的人机界面技术和对话形式来实现列车运行图的人工调整，使问题的处理在科学的基础上渗入决策者的意图，不仅能快速准确地完成设计工作，还能使设计方案更具有可行性。

8）系统经济评价

计算设计运营方案的效益和费用，对其财务可行性和经济合理性进行分析论证，做出全面的经济评价，为方案设计的科学决策提供依据。

9）相关指标统计分析功能

指标统计是评定设计运营组织方案的前提，列车运行图编制工作完成后，系统能自动统计相关指标，并能保存为文本或电子表格形式，以供设计人员查阅分析。系统需统计的指标分为以下几类：

（1）客流指标。

包括全日客运总量、全日线路负荷强度、全日乘客平均乘距、全日客运周转量；高峰小时客运总量、高峰小时线路负荷强度、高峰小时乘客平均乘距、高峰小时客运周转量、高峰小时单向最大断面客流量。

（2）运营质量与效益指标。

速度指标：技术速度、旅行速度、速度系数；

车辆运用指标：运用车辆数、备用车辆数、检修车辆数、全日车辆走行公里；

能力指标：列车载客人数（列车定员）、高峰小时列车开行对数、高峰小时单向设计输送能力、车站追踪能力、车站折返能力、车辆段或停车场出入段能力、运能富余率、线路断面满载率、全日平均满载率；

（3）乘客服务质量指标。

乘客服务质量指标包括高峰小时乘客候车时间、全日乘客平均候车时间、旅行时间、换乘时间。

10）结果输出功能

系统应该具备最终设计方案的屏幕输出功能，并能以文本文件、电子表格和图形等多种格式的数据文件导出，且能够用打印机打印输出。

9.4　系统性能需求

系统设计从整体上应具有高起点，采用最先进并具有发展前景的技术和产品，并且具有良好的系统扩展功能，使系统在一定时期内保持领先水平。

系统设计应满足统一规划、分步实施的要求，确保分步实施的可操作性。依据国际标准及工业标准，并采用开放式平台，提供开放环境，保证系统内各子系统之间和与其他相关系统的扩展与互联，并且便于用户最大限度地选择硬件设备和应用软件。

应用系统设计要充分考虑方便用户，简化用户操作，提供友好的人机界面和丰富的实用软件，最大限度地满足用户需求。

系统设计采用模块化设计，借助于标准化通信程序，使其适合于不同的任务，各种模块装配在一起成为一个整体，以满足系统要求发生变化的情况。

系统应具有良好的安全性，保证系统程序数据的备份和恢复能力，对非法用户或计算机病毒的入侵应具有抵御能力。

系统应便于维护和维修，提供方便的维护手段，维护维修工作应不导致整体系统停机或中断。

系统应具有对其设备及网络运行进行管理的能力，以便及时发现故障进行处理。

系统应具有容灾能力，当发生灾害的调度中心失效时，异地的调度中心能够接替受灾调度中心的调度任务。

在正常情况下，系统 CPU 有效利用率≤70%，储存容量利用率≤30%。

9.4.1 主要技术原则

（1）采用符合国际标准、国家标准和工业标准的系统平台，提供开放环境。

（2）系统软件采用先进、可靠的操作系统，使用面向对象技术，必须严格遵守技术标准。

（3）系统软件及其中的构件、数据库、应用软件和通信软件应具有高可靠性。

（4）系统软件应具备故障恢复功能。

（5）应用软件设计应采用模块化设计，方便升级及系统规模的扩展。

（6）可采用中间件技术用以消除通信协议、数据库查询、应用逻辑与操作系统间潜在的不兼容问题，以保证各子系统的可靠数据交换。

9.4.2 系统主要技术指标

（1）在正常情况下，系统 CPU 有效利用率≤70%，储存容量利用率≤30%，网络平均负荷率≤30%。

（2）所有串行通信应采用 CRC 校验码，通信误码率低于 10^{-8}，残余差错率低于 10^{-11}。

（3）构成系统的服务器、工作站及终端的 MTBF≥10^6 h，其他外设的 MTBF≥2×10^4 h。

（4）系统利用率≥99.99%。

9.4.3 软件安全基本要求

（1）数据要绝对安全，防止有意无意地破坏数据。若数据遭到破坏，系统具有数据恢复功能。

（2）严格控制对数据的修改，只有录入数据的用户才有权对数据进行修改，且各用户仅能录入、修改和查询与本人业务相关的数据。

（3）系统软件应具备对危害系统安全的行为提供防护措施，保护计算机硬件、软件和数据免遭破坏，更改和显露。

（4）信息在存储和传输过程中保持不被修改、不被破坏、不丢失。

（5）信息不得泄露给非授权的个人和实体或供其利用。

（6）对系统关键任务和系统数据进行备份。

（7）使用具备安全策略的操作系统和数据库软件。

（8）应在一个集成化的系统管理平台上设置所有用户的访问权限和各类系统运行参数，为各应用提供统一的用户认证和权限管理及公共配置参数管理。阻止非授权用户进入，实现对授权用户存取权限的控制，存取敏感信息时进行安全检查。

（9）对重要信息进行加密处理并制定严格的密钥管理办法。

（10）计算机安装防病毒软件、工作站和服务器安装防病毒卡，网络接口安装防病毒芯片。定期预防、检测、清除计算机病毒。及时定期升级防病毒软件。

（11）网络应具备身份认证和防火墙技术。

（12）能跟踪并记录计算机及网络的使用过程，监测系统状态变化并报警，对各种故障进行定位，保存、维护和管理安全日志。

9.4.4　人机界面要求

（1）人机交互应由键盘、鼠标实现。

（2）人机界面应灵活友好。

（3）采用菜单和并行的多窗口显示。每一级的操作应给出相应的提示。

（4）除了系统维护终端，其他人机对话框的安装和显示文本应采用中文字符。

（5）对于列车运行图及相关计划编制过程中采用人机交互方式的工作内容，系统应提供尽量方便计划编制人员操作，方案生成、调整、修改，图形、数据显示和确认的功能。

9.5　数据库设计

数据库是城市轨道交通运营组织辅助设计系统的一个重要部分，它是整个系统的信息仓库，负责存储、组织和管理整个系统的数据信息。数据库设计的好坏将直接对系统的效率以及系统实现产生一定影响，较好的数据库结构设计会减少数据库的存储量，提高数据完整性和一致性，使系统具有较快的响应速度，并能简化应用程序访问数据库的过程。

9.5.1　系统数据分析

城市轨道交通列车运行图编制系统数据按业务类别进行归类，可划分为两部分：一部分是基础数据：用户信息、线路数据、车站数据、区间数据、客流数据、车型数据等参数信息；一部分是结果数据：列车运行交路数据、断面客流数据、列车运行图数据等。

1. 基础数据

1）用户信息

该数据记录系统的用户基本信息，每一记录描述一个用户的基本信息，主要数据项是{用户 ID，用户名，密码，身份，所属单位}。

2）线路信息

该数据记录线路的基本数据，每一记录描述一条线路的基本信息，主要数据项是{线路名，线路代码，线路类型}。

3）车站信息

该数据记录车站的基本数据，每一记录描述一个车站的基本信息，主要数据项是{车站代码，车站名，车站中心里程，车站性质，车站所属线路}。

4）换乘站信息

该数据记录换乘站的基本数据，每一记录描述一个车站的基本信息，主要数据项是{车站代码，车站名，车站所属线路，车站衔接线路 1，车站衔接线路 2，...车站衔接线路 n}。

5）区间信息

该数据记录运行区间的基本数据，每一记录描述一个区间的基本信

息，主要数据项是{区间代码，区间起点站名，区间起点站代码，区间终点站名，区间终点站代码，行车方向，区间标志，区间长度，区间运行时分，区间所属线路}。

6）客流信息

（1）高峰小时断面客流数据。该数据记录各设计年度高峰小时断面的客流数据，主要数据项是{客流数据名，区间代码，区间标志，上行高峰小时区间断面客流量，下行高峰小时区间断面客流量}。

（2）全日分时客流比例数据。该数据记录全日各运营时段客流所占全日客流的比例数据，主要数据项是{客流数据名，起始时间，终止时间，时段客流量，时段客流比例）。

（3）线路分时区间断面客流数据。该数据记录线路各运营时间段内各区间断面的客流数据，主要数据项是{客流数据名，区间代码，运营时间，运营时间标志，区间在各运营时间内的断面客流，客流标志}。

（4）全日、高峰客流 OD 数据。全日客流 OD 数据，该数据记录全日各车站间的交换客流数据，主要数据项是{客流数据名，起点站名，起点站代码，终点站名，终点站代码，站间客流量}；高峰客流 OD 数据，该数据记录高峰小时各车站间的交换客流数据，主要数据项是{客流数据名，起点站名，起点站代码，终点站名，终点站代码，站间客流量}。

6）车型及列车编组信息

该数据记录城市轨道交通可用车型及其相关技术标准的数据，主要数据项是{车辆型号，

动车长度，拖车长度，车辆宽度，车辆高度，车辆定距，固定轴距、每侧车门数，带司机室的端车定员人数，无司机室的中间车定员人数，最高运行速度，车辆购置费，编组方式，编组辆数，载客量，列车长度}。

7）各级线路相关技术特征信息

该数据记录单向运能不同的线路所适用的车型及相关的技术标准，主要数据项是{线路运能类别，单向运能，适用车型，线路形式，适用城市市区人口规模}。

8）车站配线信息

包括车站辅助配线类型、数量、长度、车站通过能力、车站间隔时间标准、列车作业时间标准等数据。

9）各项设计参数信息

该数据记录系统设计所需的各项参数的值，主要数据项是{设计最小运行间隔时间，高峰时段乘客可承受的候车时间，低谷时段乘客可承受的候车时间，平峰时段乘客可承受的候车时间，设计能力富裕率，系统最大可用车底数}。

2. 结果数据

（1）客流总体指标。该数据记录客流数据的各项统计指标值，主要数据项是{线路长度，全日客运总量，全日线路负荷强度，全日乘客平均乘距，全日客运周转量，高峰小时客运总量，高峰小时线路负荷强度，高峰小时乘客平均乘距，高峰小时客运周转量，高峰小时单向最大断面客流量}。

（2）线路客流时空不均衡系数。该数据记录客流的时空不均衡系数值，主要数据项是{线路编号，不均衡系数类型，上行不均衡系数，下行不均衡系数）。

（3）车辆选型与列车编组。该数据记录车辆选型结果和列车编组方案信息，主要数据项是{编组方案代码，车辆型号，目标速度，编组辆数，列车定员，列车超员，高峰小时开行列车对数，高峰小时单向设计输送能力）。

（4）列车运行交路。该数据记录列车运行交路方案信息，主要数据项是{交路类型，列车的运行区段名，运行区段长度，折返站名，折返站折返作业时间，高峰小时按不同交路运行的列车对数，列车编组}。

（5）列车停站时间。该数据记录列车在各车站的停站时间数据，主要数据项是{车站名，停站时间}。

（6）列车运行图。该数据记录列车在区间的到发时间数据，主要数据项是{列车车次、车站列表，在车站到达时刻，在车站出发时刻}。

（7）车底交路方案。该数据记录列车车底交路方案，主要数据项是{车底交路编号，车底交路段，车底交路段 n 衔接车次 1，车底交路段 n 衔接车次 2}。

（8）全日行车计划。该文件记录线路全日列车开行计划信息，主要数据项是{起始时间，终止时间，设计年度，交路类型，各时段不同交路开行列车对数，行车间隔时间}。

（9）系统能力。该文件记录系统能力计算的相关信息，主要数据项是{能力类型，车站名，车站代码，间隔时间，能力计算结果}。

（10）车辆配备计划。该文件记录系统车辆运用的相关信息，主要数据项是{运用车辆数，备用车辆数，检修车辆数，全日车辆走行公里数}。

（11）运行图质量指标。该数据记录车次数量、列车平均运行速度、车底使用数量等指标信息，主要数据项是{车次数量，列车平均运行速度，车底使用数量，旅行速度}。

（12）图表文件。该文件记录系统各项图表信息，主要数据项是{图表名称，图表信息数组，图表绘制数组}。

9.5.2 系统数据管理特征

城市轨道交通列车运行图编制系统需要对众多繁杂的数据进行管理，这些数据是编制列车运行图及相关计划的基础，因此为保证系统的稳定性及系统功能的有效性，必须保证数据的正确性和一致性，同时也要满足用户管理数据的便捷性。总体来说有如下需求：

1）数据管理与维护的基本功能

包括数据的录入、修改、增加、删除、查询、统计、备份以及数据接口文件、历史文件、报表文件和统计分析文件等的生成。

其中，路网数据与其他技术资料数据的关联度高，这就要求系统必须具有较高的数据一致性维护的自动化水平。

2）数据的操作权限管理

列车运行图的编制工作涉及各相关的业务部门，系统用户呈现出按业务工种划分的特点，系统在数据操作权限管理方面应满足这些需要，为系统建立有效的多用户协同工作环境奠定基础。

3）数据的并发控制管理

当多个用户同时编图修改数据时，需要建立控制机制来防止一个用户的修改对同时操作的其他用户所作的修改产生不利的影响。系统必须建立有效的机制进行“并发控制”管理。

4）数据的集成与分解

列车运行图的日常管理按工种划分，列车运行图的数据管理存在合并成为线网数据库和分解成为区域数据库及各专业数据库的需要，因此，系统数据管理应满足任意的数据合并与分解的需要。

9.5.3 数据库设计要求

数据库设计对系统的经济性、功能和效率都有很大影响。因此，数据库设计应当尽量考虑当前的需求和开发工具的特性，充分发挥数据库的性能，有利于整个信息系统的开发和完善。本系统数据库设计应遵循的原则是：

1）经济性

充分挖掘数据库的功能，使数据存储尽可能地达到最小冗余。数据重复存储不仅浪费了存储空间，而且增加了查找数据的时间，同时还会造成数据的不一致性，对数据的操作及运用带来了困难。因此，必须使存储冗余和输入冗余尽可能小。

2）可维护性

对于软件系统来说，不像硬件系统那样强调设备保养，而是更多地要求在各种极端条件下，将系统崩溃的可能性降至最低；无论系统出现任何错误，用人工干预或自动干预的方法，都能得到合理有效的处理和解决。

3）易操作性

简洁实用的界面和良好的人机环境，对于提高工作效率起着至关重要的作用。尽可能多地实现系统自动化处理，减少人工干预，提高系统运行速度、减少人员的工作强度，将大大提高车站技术作业计划的管理、编制效率。

9.5.4　数据库选型

Sybase 数据库是美国 Sybase 公司研制的一种关系型数据库系统，是一种典型的 UNIX 或 WindowsNT 平台上客户机/服务器环境下的大型数据库系统。Sybase 提供了一套应用程序编程接口和库，可以与非 Sybase 数据源及服务器集成，允许在多个数据库之间复制数据，适于创建多层应用。系统具有完备的触发器、存储过程、规则以及完整性定义，支持优化查询，具有较好的数据安全性。Sybase 通常与 Sybase SQL Anywhere 用于客户机/服务器环境，前者作为服务器数据库，后者作为客户机数据库，在我国大中型系统中具有广泛的应用。

Sybase 数据库具有如下特点：

1）它是基于客户/服务器体系结构的数据库

一般的关系数据库都是基于主/从式的模型的。在主/从式的结构中，所有的应用都运行在一台机器上，用户只是通过终端发命令或简单地查看应用运行的结果。而在客户/服务器结构中，应用被分在了多台机器上运行，一台机器是另一个系统的客户，或是另外一些机器的服务器，这些机器通过局域网或广域网连接起来。

客户/服务器模型的好处是：它支持共享资源且在多台设备间平衡负载；允许容纳多个主机的环境，充分利用了企业已有的各种系统。

2）它是真正开放的数据库

由于采用了客户/服务器结构，应用被分在了多台机器上运行。更进一步，运行在客户端的应用不必是 Sybase 公司的产品。对于一般的关系数据库，为了让其他语言编写的应用能够访问数据库，提供了预编译。Sybase 数据库，不只是简单地提供了预编译，而且公开了应用程序接口 DB-LIB，鼓励第三方编写 DB-LIB 接口。由于开放的客户 DB-LIB 允许在不同的平台使用完全相同的调用，因而使得访问 DB-LIB 的应用程序很容易从一个平台向另一个平台移植。

3）它是一种高性能的数据库

Sybase 的高性能体现在以下几个方面：

（1）可编程数据库：通过提供存储过程，创建了一个可编程数据库，存储过程允许用户编写自己的数据库子例程。这些子例程是经过预编译的，因此不必为每次调用都进行编译、优化、生成查询规划，因而查询速度要快得多。

（2）事件驱动的触发器：触发器是一种特殊的存储过程。通过触发器可以启动另一个存储过程，从而确保数据库的完整性。

（3）多线索化：Sybase 数据库的体系结构的另一个创新之处就是多线索化。一般的数据库都依靠操作系统来管理与数据库的连接。当有多个用户连接时，系统的性能会大幅度下降。Sybase 数据库不让操作系统来管理进程，把与数据库的连接当作自己的一部分来管理。此外，Sybase 的数据库引擎还代替操作系统来管理一部分硬件资源，如端口、内存、硬盘，绕过了操作系统这一环节，提高了性能。

综合考虑上述因素，采用 Sybase SQL Anywhere 数据库即可满足系统要求。

9.5.5 数据结构

本书列举了计算机编制城市轨道交通列车运行图的部分数据结构，如表 9-1 ~ 9-19 所示。

表 9-1 用户信息数据

序号	符号名	字段名	数据类型	类型长度	备注
1	USER_ID	用户 ID	NUMBER	4	
2	USER_NAME	用户名	VARCHAR	8	
3	USER_PASSWORD	密 码	NUMBER	8	
4	USER_RANK	身 份	VARCHAR	20	
5	USER_DEPARTMENT	所属单位	VARCHAR	20	

表 9-2 线路数据

序号	符号名	字段名	数据类型	类型长度	备注
1	ROUTE_ID	序 号	NUMBER	4	
2	ROUTE_CODE	线路代码	VARCHAR	8	
3	ROUTE_NAME	线路名	VARCHAR	20	

表 9-3 线路车站信息

序号	符号名	字段名	数据类型	类型长度	备注
1	STATION_ID	车站代码	NUMBER	4	
2	STATION_NAME	车站名	VARCHAR	8	
3	STATION_MILEAGE	车站中心里程	NUMBER	8	
4	STATION_STYLE	车站性质	VARCHAR	8	
5	STATION_LINE	车站所属线路	VARCHAR	20	

表 9-4　换乘站信息

序号	符号名	字段名	数据类型	类型长度	备注
1	STATION_ID	车站代码	NUMBER	4	
2	STATION_NAME	车站名	VARCHAR	8	
3	STATION_LINE	车站所属线路	VARCHAR	20	
4	STATION_OUT_LINE1	车站衔接线路 1	VARCHAR	20	
5	STATION_OUT_LINE2	车站衔接线路 2	VARCHAR	20	

表 9-5　线路区间信息

序号	符号名	字段名	数据类型	类型长度	备注
1	SECTION_ID	区间代码	NUMBER	4	
2	SECTION_STATION_NAME1	区间起点站名 1	VARCHAR	20	
3	SECTION_STATION_NAME2	区间起点站名 2	VARCHAR	20	
4	SECTION_STATION_ID1	区间起点站代码 1	NUMBER	4	
5	SECTION_STATION_ID2	区间起点站代码 2	NUMBER	4	
6	SECTION_DIRECTION	区间方向	VARCHAR	20	
7	SECTION_LOGO	区间标志	VARCHAR	20	
8	SECTION_DISTANCE	区间长度	NUMBER	8	
9	SECTION_TIME	区间运行时分	NUMBER	8	
10	SECTION_LINE	区间所属线路	VARCHAR	20	

表 9-6　列车运行参数

序号	符号名	字段名	数据类型	类型长度	备注
1	TRAIN_ID	列车编号	NUMBER	10	
2	TRAIN_NUMBER	车　次	VARCHAR	30	
3	DEPARTURE_STATION	始发站名	VARCHAR	30	
4	ARRIVE_STATION	终到站名	VARCHAR	30	
5	ROUTE_ID	运行径路号	NUMBER	4	
6	DEPARTURE_TIME	起站发点	NUMBER	9	
7	ARRIVE_TIME	终站到点	NUMBER	9	
8	TRAIN_TYPE_ID	列车种类号	VARCHAR	4	
9	TRAIN_TYPE_NAME	列车种类名	VARCHAR	40	
10	RUN_SCALE_KIND	运行标尺种类	VARCHAR	40	
11	SLOW_SCALE_KIND	慢行标尺种类	VARCHAR	40	

表 9-7 列车停时标准

序号	符号名	字段名	数据类型	类型长度	备注
1	TRAIN_ID	列车编号	NUMBER	10	
2	TRAIN_NUMBER	车次	VARCHAR	30	
3	DEPARTURE_STATION	始发站名	VARCHAR	30	
4	ARRIVE_STATION	终到站名	VARCHAR	30	
5	STOP_ID	停站序号	NUMBER	4	
6	STOP_STATION	停车站名	VARCHAR	30	
7	STOP_CRITERION	停时标准	NUMBER	7	
8	STOP_TYPE	停站类型	VARCHAR	20	
9	STOP_REASON	停站原因	VARCHAR	60	

表 9-8 列车时刻

序号	符号名	字段名	数据类型	类型长度	备注
1	TRAIN_ID	列车编号	NUMBER	10	
2	TRAIN_NUMBER	车次	VARCHAR	30	
3	STATION_NAME	车站名	VARCHAR	30	
4	ARRIVAL_TIME	列车到点	NUMBER	9	
5	DEPARTURE_TIME	列车发点	NUMBER	9	
6	TRACK_ID	占用车站配线号	VARCHAR	30	
7	ROUTE_ID	线路编号	NUMBER	4	

表 9-9 列车间隔及约束

序号	符号名	字段名	数据类型	类型长度	备注
1	INTERVAL_ID	编号	NUMBER	9	
2	INTERVAL_TYPE	间隔类型	VARCHAR	20	
3	INTERVAL_TIME	间隔时分	NUMBER	6	
4	LINE_CODE	线路代码	VARCHAR	8	
5	LINE_NAME	线路名	VARCHAR	20	
6	STATION_ID	车站编号	NUMBER	6	
7	STATION_NAME	车站名	VARCHAR	30	
8	DIRECTION1	行车方向 1	VARCHAR	60	
9	TRACK1	车站配线 1	VARCHAR	30	
10	TRAIN_TYPE1	列车种类 1	VARCHAR	30	
11	TRAIN_STATE1	列车状态 1	VARCHAR	8	
12	DIRECTION2	行车方向 2	VARCHAR	60	
13	TRACK2	车站配线 2	VARCHAR	30	
14	TRAIN_TYPE2	列车种类 2	VARCHAR	30	
15	TRAIN_STATE2	列车状态 2	VARCHAR	8	

表 9-10　慢行种类

序号	符号名	字段名	数据类型	类型长度	备注
1	SLOW_ID	序　号	NUMBER	4	
2	LINE_NAME	线路名	VARCHAR	20	
3	SLOW_TYPE	慢行种类	VARCHAR	40	
4	SLOW_TYPE_EXP	慢行种类说明	VARCHAR	30	

表 9-11　运行种类

序号	符号名	字段名	数据类型	类型长度	备注
1	RUNNIND_ID	序　号	NUMBER	4	
2	LINE_NAME	线路名	VARCHAR	20	
3	RUNNING_TYPE	运行种类	VARCHAR	40	
4	RUNNING_TYPE_EXP	运行种类说明	VARCHAR	30	

表 9-12　慢行时分

序号	符号名	字段名	数据类型	类型长度	备注
1	SECTION_ID	区间编号	NUMBER	6	
2	SECTION_STARTSTATION	区间起站名	VARCHAR	30	
3	SECTION_ENDSTATION	区间终站名	VARCHAR	30	
4	SECTION_MARK	区间标志	VARCHAR	30	
5	SLOW_DOWNTIME	下行慢行附加	NUMBER	6	
6	SLOW_UPTIME	上行慢行附加	NUMBER	6	
7	SLOW_TYPE	慢行种类	VARCHAR	40	

表 9-13　运行时分

序号	符号名	字段名	数据类型	类型长度	备注
1	ID	序　号	NUMBER	4	
2	SECTION_ID	区间编号	NUMBER	6	
3	SECTION_STARTSTATION	区间起站名	VARCHAR	30	
4	SECTION_ENDSTATION	区间终站名	VARCHAR	30	
5	SECTION_MARK	区间标志	VARCHAR	30	
6	RUNTIME_UP	上行运行时分	NUMBER	9	
7	RUNTIME_DOWN	下行运行时分	NUMBER	9	
8	ADDSTART_UP	下行起车附加时分	NUMBER	6	
9	ADDSTART_DOWN	上行起车附加时分	NUMBER	6	
10	ADDSTOP_UP	下行停车附加时分	NUMBER	6	
11	ADDSTOP_DOWN	上行停车附加时分	NUMBER	6	
12	RUNNING_TYPE	运行种类	VARCHAR	40	

表 9-14 列车运行指标汇总

序号	符号名	字段名	数据类型	类型长度	备注
1	DISTRICT_ID	区段代码	VARCHAR	8	
2	ID	编　号	NUMBER	4	
3	TRAIN_TYPE_ID	列车种类号	NUMBER	4	
4	TRAIN_TYPE_NAME	列车种类名	VARCHAR	30	
5	TRAIN_PAIRS	列车对数	NUMBER	4	
6	RUNNING_KM	走行公里	NUMBER	8	
7	TRAVELLING_TIME	旅行时分	VARCHAR	9	
8	STOP_TIME	停站时分	VARCHAR	9	
9	RUNNING_TIME	运转时分	VARCHAR	9	
10	TECHNICAL_SPEED	技术速度	NUMBER	6	
11	TRAVELLING_SPEED	旅行速度	NUMBER	6	
12	SPEED_COEFFICIENT	速度系数	NUMBER	6	

表 9-15 车辆选型与列车编组

序号	符号名	字段名	数据类型	类型长度	备注
1	CAR_TYPE	车辆型号	VARCHAR	8	
2	AIM_SPEED	目标速度	NUMBER	4	
3	MARSHALLING_CARNUM	编组辆数	NUMBER	4	
4	TRAIN_TYPE_NAME	列车定员	VARCHAR	30	
5	TRAIN_PAIRS	列车超员	NUMBER	4	

表 9-16 车底（动车组）字典

序号	符号名	字段名	数据类型	类型长度	备注
1	ID	序　号	NUMBER	4	
2	EMU_ID	动车组号	VARCHAR	30	
3	EMU_TYPE	动车组型号	VARCHAR	30	
4	DEPOT	所属车辆段	VARCHAR	30	
6	USING_STATE	运用状态	NUMBER	9	

表 9-17 车底（动车组）运用交路字典

序号	符号名	字段名	数据类型	类型长度	备注
1	ROUTING_ID	交路编号	NUMBER	4	
2	ROUTING_NAME	运用交路名称	VARCHAR	60	
3	ROUTING_DEPOT	所属单位名称	VARCHAR	30	

表 9-18　车底（动车组）运用交路

序号	符号名	字段名	数据类型	类型长度	备注
1	ROUTING_ID	交路编号	NUMBER	4	
2	ROUTING_NAME	运用交路名称	VARCHAR	60	
3	STATION_ORDER	车站序号	NUMBER	4	
4	STATION_NAME	车站名	VARCHAR	30	
5	EMU_TYPE	动车型号	VARCHAR	30	

表 9-19　动车交路编制结果文件

序号	符号名	字段名	数据类型	类型长度	备注
1	ROUTING_ID	交路编号	NUMBER	4	
2	ROUTING_CONID	交路中的接续序号	NUMBER	4	
3	TRAIN_NUMBER	列车车次	VARCHAR	30	
4	MAINTENANCE _RANK	检修级别	NUMBER	2	

9.6　系统功能设计

根据系统需求分析，按功能将城市轨道交通计算机辅助设计系统划分为数据管理及维护子系统、客流特征分析子系统、车辆选型与列车编组设计子系统、列车运行交路设计子系统、全日行车计划编制子系统、列车牵引计算子系统、列车运行图编制子系统车站辅助配线设计子系统共 8 个子系统，如图 9-2 所示。

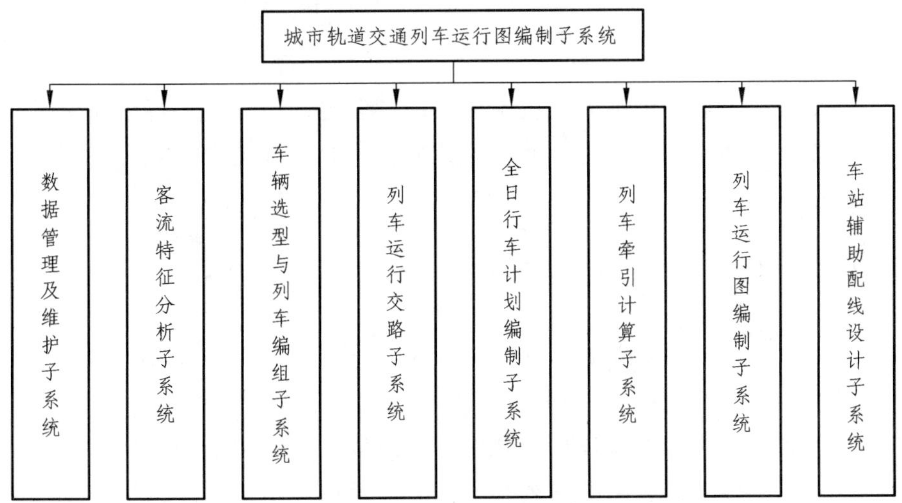

图 9-2　城市轨道交通列车运行图编制系统

9.6.1 数据管理及维护子系统

数据管理及维护子系统是计算机编制城市轨道交通列车运行图系统得以正常运行的基础，其包括用户管理、基础数据管理、编图数据管理和数据库管理 4 个部分，其功能结构如图 9-3 所示。

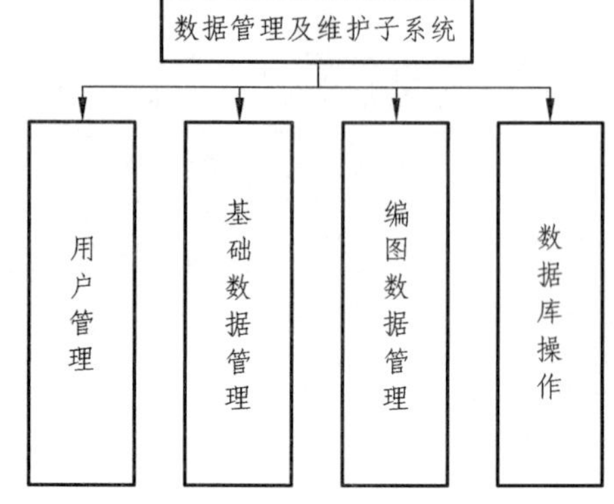

图 9-3 数据管理及维护子系统功能结构图

1）用户管理

用户信息数据包括用户 ID、密码、用户身份、用户所属单位等数据。中心管理员负责用户信息管理以保证系统数据的规范化并根据用户身份设置不同的权限，用户管理模块包括新用户的创建、删除、编辑等操作。城市轨道交通列车运行图编制系统用户主要可分为以下几类：

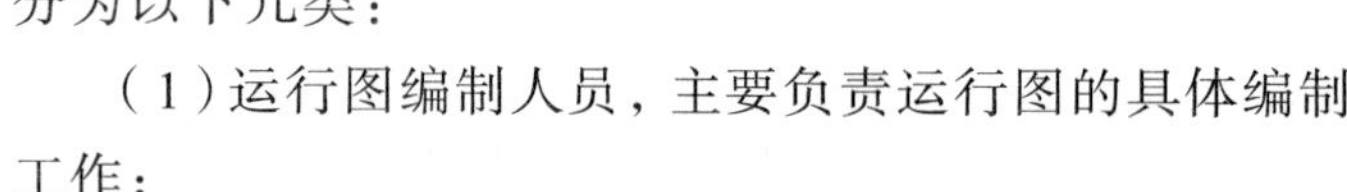

（1）运行图编制人员，主要负责运行图的具体编制工作；

（2）运行图审核人员，主要负责设计结果的审核，能查看系统输出结果及指标统计报表，并能返回修改意见，但不具有修改的权限。

2）基础数据管理

基础数据管理是整个系统的核心模块，是编制列车运行图的基本要素。该功能主要实现线路、车站、区间、客流、换乘站、车辆选型及编组数据的数据管理。

基础数据管理模块提供基础数据的输入、增加、修改、删除、批量处理数据、查询、数据导入等操作功能。城市轨道交通运行图编制系统设计所需的数据有线路、车站、区间、客流数据以及相关的设计技术资料，设计人员收集后可使用数据操作功能手动输入这些数据。

3）编图数据管理

该模块主要是对影响运行图编制的技术参数进行设定，包括最小行车间隔时间、车站间隔时间、折返作业时间标准等。对于不同的参数值，系统设计结果一般也不同。

4）数据库操作

包括数据库的编辑、合并、分解、保存等操作。

9.6.2 客流特征分析子系统

城市轨道交通客流是编制运输计划的基础。客流特征的分析是确定列车编组、列车交路和编制全日行车计划、列车运行图的前提和条件。该模块包括了客流时间分布特征分析、客流空间分布特征分析两部分，其功能结构如图 9-4 所示。

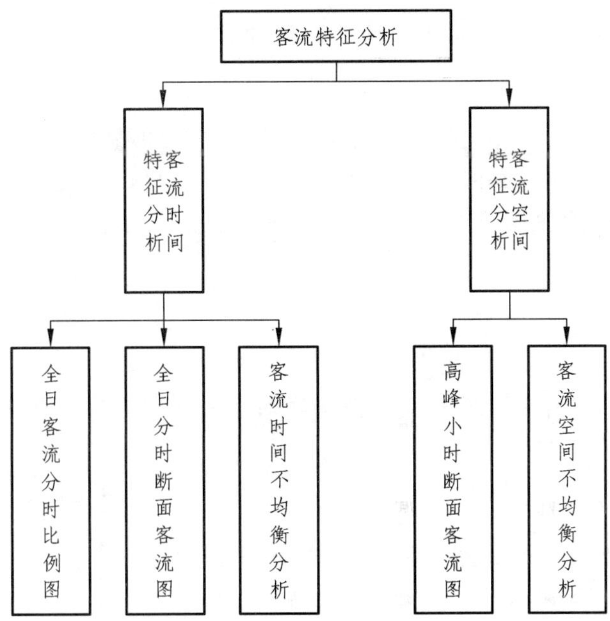

图 9-4　客流特征分析功能结构图

1）客流时间分布特征分析

读取数据库中的全日客流分时 OD 客流数据，计算全日分时客流比例以及全日分时断面客流，生成全日客流分时比例折线图、全日分时断面客流图；计算客流时间不均衡系数，分析其不均衡程度。

2）客流空间分布特征分析

读取数据库中的全日客流分时 OD 客流数据，生成高峰小时客流断面图，标识出高峰小时单向最大客流断面；计算方向不均衡系数和断面不均衡系数，分析其不均衡程度。

9.6.3　车辆选型与列车编组设计子系统

车辆选型与列车编组设计子系统包括了车辆选型、目标速度确定和列车编组方案比选三部分，其功能结构如图 9-5 所示。

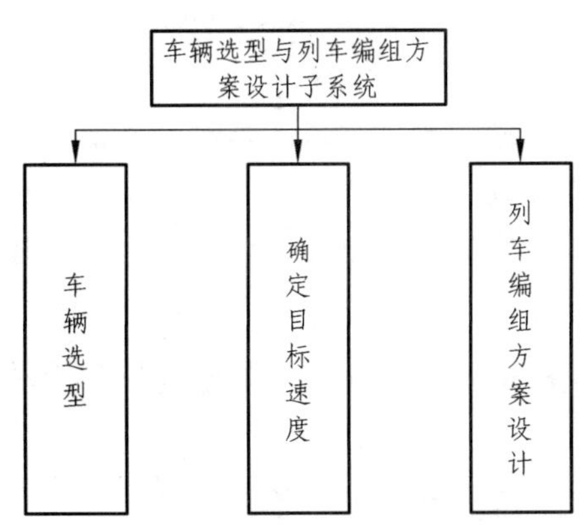

图 9-5　车辆选型与列车编组设计子系统功能结构图

1）车辆选型

读取数据库中的客流和车型数据库，在线路相关技术特征和设计原则约束下，结合相邻线路车型情况，自动确定车型，并可根据需要进行人工调整。

2）目标速度确定

调用列车牵引计算子系统，对各种不同的目标速度进行牵引计算，计算结果分别按站间距、旅行时间和购置费三方面进行综合分析，设计人员根据统计结果择优选择合理的目标速度。

3）列车编组方案比选

车型和目标速度确定后，即可得各种编组辆数下列车的载客能力，系统读取高峰小时单向最大断面客流数据，在列车编组方案设计原则约束下，自动生成多个可行列车编组备选方案，并根据预先设定的决策评价指标模型对各方案的定量指标值进行计算，供决策人员参考。

9.6.4 列车运行交路子系统

列车运行交路子系统包括列车运行交路方案确定和列车运行交路绘制子系统两部分，其功能结构如图 9-6 所示。

1）列车运行交路方案确定

人工判断是否需要设置小交路，如需要设置小交路，则可利用 1/2 断面客流来确定可设定为小交路折返点的车站，再由人工结合工程条件判断是否需要设定小交路折返点。确定小交路折返点之后，再根据客流的比例大小，从配车数、全日车辆走行公里、高峰小时满载率、日均满载率等指标比较各种交路比例（一般为 1∶1、1∶2 或 2∶1）的优劣。

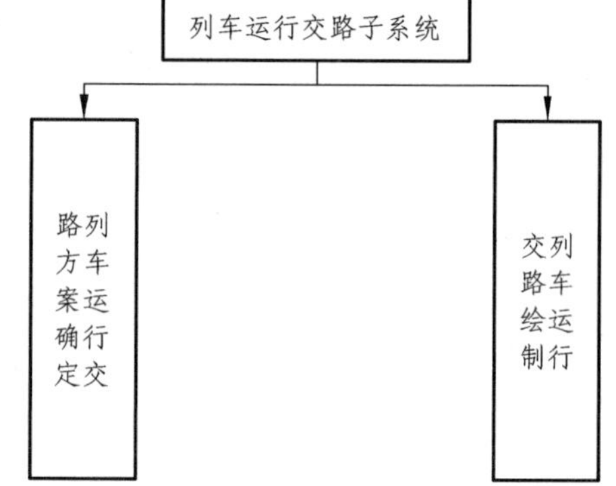

图 9-6 列车运行交路子系统功能结构图

2）列车运行交路绘制

方案确定后，系统能自动绘制出列车运行交路图。绘制出的列车运行交路图包括

列车的运行区段，折返车站名，按不同列车交路运行的区段长度、列车对数及列车编组辆数等内容。系统还提供列车运行交路图的调整功能，包括对图形的放大缩小、字体放大缩小、页面刷新、操作取消与恢复等操作功能，并提供图形内部数据的修改功能。

9.6.5 全日行车计划子系统

调用客流分析子系统的客流分时比例表、列车交路子系统中的列车运行交路，先确定早、晚高峰小时作为当日最大行车量，依次按客流分时比例对平峰时段进行确定，平峰时段考虑满足客流预测量外，可人工修改，还应保证一定的服务水平。

9.6.6 列车运行图编制子系统

在已编制的全日行车计划、列车运行交路的基础上进行列车运行图的编制、调整和车底交路方案的编制。

9.6.7　列车牵引计算子系统

系统预留调用列车牵引计算子系统的功能接口，并生成相关接口文件和历史文件。

9.6.8　车站辅助配线子系统

车站辅助配线子系统由车站配线数据库子系统、车站配线设计平台及车站辅助配线图绘制三部分构成。

（1）车站配线数据库。

建立车站配线数据库，把车站根据功能特点进行分别归类，以便使用软件时有相似的车站可直接调用，修改。

（2）车站配线设计平台。

设计人员根据线路需要设计新的配线方案，再归入数据库。

（3）绘制全线车站辅助配线图。

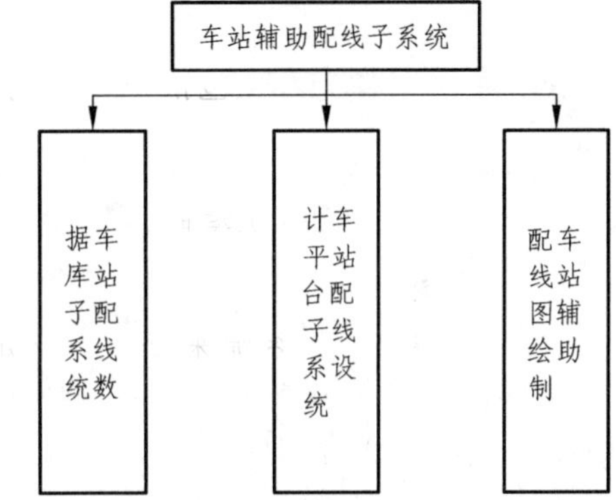

图 9-7　车站辅助配线子系统功能结构图

9.6.9　指标统计子系统

该功能模块能实现设计方案各项指标的自动分类统计以及多格式的输出。列车运行图编制指标包括列车旅行速度、列车运行速度、列车数量、车底数量、平均满载率、高峰小时平均满载率等。

9.7　系统总体设计

9.7.1　系统总体技术路线

城市轨道交通列车运行图编制系统研究与设计的总体技术路线如下：

（1）实现客流数据、全日行车计划、列车交路、列车运行图等数据资料的一体化管理，建立与各业务工种对应的数据集成管理界面，按角色进行数据管理；

（2）实现列车运行图、列车交路图、车底交路图编制的一体化，实现多部门运行计划编制的一体化，建立与各业务工种对应的运行图编制管理界面，按角色进行业务管理；

（3）提供基于车站电子地图的车站配线管理功能；

（4）支持基于多文档技术的列车运行图编制的多方案化；

（5）支持基于多文档技术的两个列车运行图数据库的比较；

（6）支持基于多文档技术的单线路编图数据与全线网编图数据的数据交换；

（7）主要数据参数均能在数据管理和编制业务处理界面中进行修改；

（8）所有编制业务处理的菜单功能均能在系统缺省功能状态下选定操作对象后执行；

（9）支持个性化参数设置和存储。

9.7.2 系统总体设计方法

按照上述总体技术路线，采用以下系统设计方法研究、设计城市轨道交通列车运行图编制系统。

1. 面向对象方法学

面向对象方法是一种把面向对象的思想应用于软件开发过程中，指导开发活动的系统方法，是建立在“对象”概念基础上的方法学。对象是由数据和容许的操作组成的封装体，与客观实体有直接对应关系，一个对象类定义了具有相似性质的一组对象。继承性是对具有层次关系的类的属性和操作进行共享的一种方式。所谓面向对象就是基于对象概念，以对象为中心，以类和继承为构造机制，来认识、理解、刻画客观世界和设计、构建相应的软件系统。面向对象方法遵循一般的认知方法学的基本概念（即有关演绎—从一般到特殊和归纳—从特殊到一般的完整理论和方法体系）而建立面向对象方法等基础。面向对象方法具有很强的类的概念，因此它就能很自然地直观地模拟人类认识客观世界的方式，亦即模拟人类在认知进程中的由一般到特殊的演绎功能或由特殊到一般的归纳功能，类的概念既反映出对象的本质属性，又提供了实现对象共享机制的理论根据。另一方面，面向对象方法从所处理的数据入手，以数据为中心来描述系统，数据相对于功能而言，具有更强的稳定性，这样设计出的系统模型往往能较好地映射问题域模型，为生产可重用的软件构件和解决软件的复杂性问题提供了一条有效的途径。

除了面向对象的程序设计以外，面向对象方法已发展应用到整个信息系统领域和一些新兴的工业领域，包括：用户界面、应用集成平台、面向对象数据库、分布式系统、网络管理结构、人工智能领域以及并发工程、综合集成工程等。

从我国铁路系统的建设方式上看，属于并发工程，即在方案设计阶段就应把规划、设计、开发、测试等多个环节中的多个问题同期并行地启动运行，其实现必须有两个基本条件：一是专家群体，二是共享并管理系统信息。显然，这需要面向对象技术的支持才能加快开发进度并保证开发质量。同时，我国铁路系统的建设属于综合集成工程，是大型开放式复杂系统，包含人的智能活动，而面向对象方法能够比较自然地刻画现实世界，容易达到问题空间和程序空间的一致，能够在多种层次上支持复杂系统层次模型的建立，是研究综合集成工程的重要工具。

列车运行图编制系统中，面向对象方法用于系统开发有如下优越性：

（1）强调从现实世界中客观存在的事物（对象）出发来认识问题域和构造系统，这就使系统开发者大大减少了对问题域的理解难度，从而使系统能更准确地反映问题域，并有效地控制了系统复杂性。

（2）对象的概念贯穿于开发过程的始终，使各个开发阶段的系统成分具有良好的对应，从而显著地提高了系统的开发效率与质量，并大大降低系统维护的难度。

（3）对象概念的一致性，使参与系统开发的各类人员在开发的各阶段具有共同语言，有效地改善了人员之间的交流和协作。

（4）对象的相对稳定性和对易变因素的隔离，增强了系统的应变能力。

（5）对象类之间的继承关系和对象的相对独立性，对软件复用提供了强有力的支持。

2. 统一软件开发过程

当前软件的趋势是朝着更大更复杂的系统发展，而软件危机始终未能得到根本解决。究其原因，很大程度上不是技术原因，而是开发过程问题。软件中的许多错误都是由于人的认识、知识、经验不足，或开发过程中的疏忽或交流不够（误解）而造成的。而这种错误又是由于受到测试条件的限制未能发现而产生的。

软件问题归结为：软件开发人员面临着将一个大型软件项目的众多线索综合在一起的困难。软件开发界需要一种受控的工作方式，它需要一个过程来集成软件开发的许多方面。统一软件开发过程是一个面向对象且基于网络的程序开发方法论，它可以为所有方面和层次的程序开发提供指导方针、模板及事例支持，能把开发中面向过程的方面（例如定义的阶段，技术和实践）和其他开发的组件（例如文档，模型，手册以及代码等）整合在一个统一的框架内。“统一软件开发过程”是基于组件的，它利用了新的可视建模标准 UML，并依赖于三个关键观点：用例、基本架构、迭代和增量开发。

在我国铁路列车运行图编制系统这样大型项目开发中遵循统一软件开发过程的开发方法，可以在进度和成本的范围内开发出高质量的软件产品，其原因主要考虑到如下特征和优势：

（1）迭代式开发。允许在每次迭代过程中需求可能有变化，通过不断细化来加深对问题的理解。迭代式开发不仅可以降低项目的风险，而且每个迭代过程以可执行版本结束，可以鼓舞开发人员。

（2）管理需求。确定系统的需求是一个连续的过程，统一软件开发过程描述了如何提取、组织系统的功能和约束条件并将其文档化。

（3）基于组件的体系结构。基于独立的、可替换的、模块化组件的体系结构有助于管理复杂性，提高重用率。统一软件开发过程描述了如何设计一个有弹性的、能适应变化的、易于理解的、有助于重用的软件体系结构。

（4）可视化建模。统一软件开发过程往往和 UML 联系在一起，对软件系统建立可视化模型帮助开发人员管理复杂性软件。

（5）验证软件质量。在统一软件开发过程中软件质量评估不再是事后进行或单独小组进行的分离活动，而是内建于过程中的所有活动，这样可以及早发现软件中的缺陷。

（6）控制软件变更。统一软件开发过程描述了如何控制、跟踪、监控、修改以确保成功的迭代开发。统一软件开发过程通过软件开发过程中的制品，隔离来自其他工作空间的变更，以此为每个开发人员建立安全的工作空间。

3. 架构设计方法

架构是建立在一个共同的愿景下，并考虑外部约束、客户需求、内部约束和技术约束等因素，来最终实现一个统一和有条理的结构。一个良好的架构可以使 IT 效率和业务变革实现真正的平衡，允许某个独立的业务单元在追逐竞争优势过程中可以安全地进行创新。同时可以确保企业对于集成就绪 IT 战略的需求，允许跨越延伸企业协同的最大可能性。

基于铁路系统在治理结构、管理模式和业务模式上的特点，决定其信息化规划在遵循一般方法论的基础之上，更要从多方面、多角度、多层次进行分析和研究，找出信息化建设的关键要点和切入点，根据多维度的分析框架，从多层级的企业组织结构、多元化的企业经营业务和多层次的管理内容视角，来提炼和总结信息化需求，基于业务架构，从应用架构、数据架构、技术架构等不同角度进行分析和论证。

其中，业务架构是任何其他架构（如数据、应用、技术）的前提。

应用架构主要关注于应用功能。以合理规划应用功能，在覆盖铁路运输主要流程环节的同时，结合国外先进铁路应用系统特点，对各个应用功能进行划分，定义出铁路旅客运输运力资源管理系统主要功能模块及其与主要外部系统的接口。

数据架构目标是从业务流程角度分析运输过程所需数据，以实现数据共享。通过整体数据模型和数据共享来完成在规划层面的数据组织、数据分类、数据存储、数据交换、数据共享、数据备份和数据同步方案。

技术架构形成对上层应用架构和数据架构的支持。

在各层架构中，核心是应用系统架构，因为业务人员直接使用应用系统，业务需求最直接地反映到应用系统之上。同时还需要软件、硬件、网络等架构满足应用系统架构需要。

9.7.3 系统总体设计构想

1. 建立支持协同工作的群件系统

计算机支持的协同工作（Computer-Supported Cooperative Work，CSCW）系统融汇了计算机的交互性、网络的分布性以及多媒体的综合性，可支持不同地方、不同专业的群体成员共同完成协作任务。

从计算机技术的角度看 CSCW 的含义是：在分布式计算机环境中，支持群体成员在各种条件下，包括在空间上分布、时间上不同步的条件下以协作工作方式完成任务的信息技术与系统。其基本特点：（1）群体的成组工作；（2）对称的、符合人类习惯的交互方式。能完成 CSCW 功能的多用户软件称为群件（Groupware）。

列车运行图的编制需要由各相关部门的众多人员一起共同努力才能完成，具有典型的协同工作特点。具体来说，该项工作涉及多个部门的局部利益，对于具体的编制人员来说，其任务、目标和利益各不相同。同时，列车运行图是铁路运输组织工作的综合性技术计划，它的编制不可能分解为完全相互独立的个体工作，不可避免地存在着相互关联问题，每个人既要完成相对独立的局部范围的某类计划的编制工作，又要站在全局和整体计划的高度与其他人进行协调，因此，它是建立在群体协同工作基础上的，各参与人员必须齐心协力才能高质量地完成列车运行计划的编制。

2. 建立系统的通用性机制

由于城市轨道交通列车运行图的编制存在许多复杂的情况，主要表现在线路网络、运输组织方案及模式、运行图的管理和分工等方面的多样性，如何适应这些差异，满足各不相同的需要，系统的通用性和灵活性显得尤为重要，本书提出以下思路：

（1）适应线网列车运行图的编制，满足城市轨道交通线路进行跨轨运输和封闭运行的需要，满足不同信号制式条件下城市轨道交通列车运行图的编制需要；

（2）既要满足在单一线路条件下进行统一编图的需要，也要适应在任意指定线路集合范围条件下编制列车运行图的要求。

3. 采用自动处理辅以人机交互的编图解决方案

城市轨道交通列车运行图编制系统的主要目标就是构建一个软件平台，以运用计算机替代手工实现城市轨道交通列车运行图的编制，其核心关键就是要解决如何运用计算机实现列车运行图的编制问题。

列车运行图的编制涉及客流、铁路线路、车站、车辆等设备因素，列车等级、速度、办理作业也各不相同，再加上客流特征的多样性，列车开行时段又各有要求，编图考虑的环节众多，影响因素复杂。

由于列车运行图的编制涉及众多的相互制约因素，而且，很多因素难以用数学表达式描述，属于半结构化或非结构化问题，具有强烈的主观意识和鲜明的人为偏好，必须依靠人工经验予以处理。采用计算机自动处理和人机交互调整相结合的列车运行图编制解决方案，既可以利用现代数学和智能技术、计算机高速计算与判断的优势，又能充分发挥计划编制人员的主观能动性，从而使得编制的列车运行计划具备实用性，达到要求的满意度。

要满足城市轨道交通列车运行图的编制要求，完全依靠人机交互其工作量是非常巨大的，很难达到运用计算机编图以缩短编图周期的目的，本书认为系统对于编图问题的解决方案应基于以下两点：

（1）系统应自动生成城市轨道交通列车运行图的可行解或满意解；

（2）系统应在列车运行图编制的各个环节提供人机交互功能。

列车运行图的编制是典型的运输问题，从数学计算复杂性理论可知其属于 NP 难解问题，再加上路网的求解规模巨大，存在“组合爆炸”，寻找最优的多项式时间算法是不大可能的，即使是寻找城市轨道交通列车运行图的满意解甚至是可行解，也是十分困难的，因此，对于系统来说，要达到较高的自动化编制水平是一件非常困难的工作。

事实上，编图专家对计算机自动生成的运行图进行调整后，其编制质量会得到有效提高，这说明对于列车运行图编制这一 NP 难题存在领域的经验求解方法，使用“窍门”求解该问题，能达到事半功倍的目的。因此，通过使用与编图问题领域有关的信息可大大减少搜索的代价，能够在有限的时间内找到比较满意的解。

启发式搜索技术的特点就是利用所挖掘的领域专门知识，求解大规模组合问题。从上面的事实分析可充分说明，对于列车运行图编制问题，有效地采用启发式搜索技术是求解列车运行图编制问题的有效途径。

对于列车运行图编制问题的求解，本书提出如下系统解决方案：运用启发式搜索技术自动生成列车运行图的满意解或者可行解，建立人机对话机制，提供人机干预通道对计算机自动生成的列车运行图进行调整，以实现运用计算机编制列车运行图的目标。

4. 采用 C/S 模式的系统结构

1）C/S 与 B/S 结构的比较

C/S 结构将一个计算机应用适当分解为多个子任务，由多台机器分别执行，共同完成整个应用，体现为“客户机请求/服务器响应（Request/Response）”的处理模式。客户机向服务器提出应用或数据处理请求，服务器完成客户机的请求处理，并将处理结果或状态信息返回给客户机。在 C/S 模式下，系统利用了客户机和服务器双方的智能、资源和计算机能力来完成任务。也就是说，负载由客户机和服务器双方共同承担。

B/S 结构是随着 Internet 技术的兴起，对 C/S 结构的一种变化或者改进的结构。在这种结构下，用户界面完全通过 WWW 浏览器实现，一部分事务逻辑在前端实现，但是主要事务逻辑在服务器端实现，形成所谓 3-tier 结构。

2）基于分布式计算的考虑

分布式计算（Distributed Computing）主要研究如何把一个需要巨大的计算能力才能解决的问题分解成许多小的部分，然后，把它们分配给多个计算机进行处理，最后，把这些计算结果综合起来得到最终的结果。

目前，计算机的使用模式体现出从集中走向分布的特点，互联网的发展反映了类似情况，超级计算机的设计也是如此，它所普遍采用的并行技术或集群技术的理论基础就是分布式计算。从理论上来说，分布式计算所蕴涵的计算能力是无止境的，因为它可以通过网络将任意角落的计算机包含进来。

列车运行图的编制具有分布式计算的特点。针对系统的分布式计算特点，就 C/S 结构和 B/S 结构比较而言，采用 C/S 结构相对合理，可以将编图所需的大规模计算按编图区域分担到各个客户机进行处理，可大大减轻服务器的负荷，实现负载均衡。

3）基于个性化服务的考虑

列车运行图的编制属于半结构化问题，存在大量的人工决策，需要发挥编图人员自身的能动性。另外，对于运行图的编制管理，既需要集中统一、步调一致，也需要满足个性化、分散化的要求。

一方面，在编图的各个环节，必须提供灵活的人机交互手段，通过人机对话对计算机自动生成的方案进行干预和修改；另一方面，每个编图人员的目标和要求可能是各不相同的，这主要表现在两个方面：

（1）在同一时刻，不同的编图人员可能需要操作不同的数据库，处理的任务和对象可能不尽相同；

（2）在共同完成同一项工作时，由于每个人的偏好、风格不同，对编图策略的选用、环境参数的设置可能是不一致的。

首先，交互性强是 C/S 固有的一个优点，在 C/S 中，客户端有一套完整的应用程序，在人机交互、出错提示、在线帮助等方面都有强大的功能，并且可以在子程序间自由切换。其次，由于开发是针对性的，操作界面漂亮，形式多样，可以充分满足客户自身的个性化要求。特别是采用 C/S 结构非常易于设计图形化的人机交互界面，采用 B/S 结构就困难得多，而列车运行图的调整离不开图形界面的支持，系统必须提供图形化的人机交互界面。

在 C/S 结构中，客户机本身具有独立的业务功能，即使与服务器断开连接，也能在离线状态下运行，可满足编图人员在单机模式中独立进行运行图编制和管理的需要，有利于实现个性化服务，方便编图人员各自独立地完成自己的任务，这是 B/S 结构所难以替代的，而列车运行图的编制和管理工作的确存在着这种需要。

4）基于海量数据和响应速度的考虑

由于 C/S 在逻辑结构上比 B/S 少一层，而且，C/S 可以具有独立的数据和业务处理能力，不必完全依赖数据库服务器，可以直接进行数据管理，再加上 C/S 与 B/S 相比中间环节少，因此，对于相同的任务，C/S 完成的速度总比 B/S 快，使得 C/S 更利于处理大量数据。

5）基于 C/S 与 B/S 结构的系统方案的综合比较

基于上述分析，并进行综合归纳，C/S 与 B/S 相比，对于城市轨道交通列车运行图编制系统而言具有以下优势：

（1）适应系统进行分布式计算的需要；

（2）满足系统进行个性化服务的需要；

（3）满足系统支持离线运行模式的需要；

（4）满足系统基于海量数据进行快速响应的需要；

（5）满足系统基于图形界面进行人机交互的需要。

5. 采用高集成度的系统设计方案

列车运行图编制包括许多环节，系统主要由数据管理、列车运行图编制、客流特征分析、列车交路图编制、列车牵引计算、列车编组确定、车站配线等部分构成。其中，每一个子系统都具有较大的规模，看起来似乎可以拆分成相互独立的系统。

列车运行图是涉及多部门协同的综合性运输工作计划，列车运行图的编制需要各部门的协调配合，列车运行图编制系统必须为相关各部门提供一个完整、有效的工作平台，各作业计划之间存在相互制约和相互反馈的关系。上述各系统间是一种紧耦合关系，实际上存在数据共享的问题，如果它们成为各自独立的系统，存在难以解决的问题：一方面，难以实现内存数据共享，难以保证各子系统间的数据动态同步更新，系统间数据交换的速度很难满足实际业务需要；另一方面，各作业间需要紧密协调，各子系统间存在功能调用、相互反馈，在流程上体现为一种交错关系。

近些年来，软件技术出现了很多新的动向，特别是基于 SOA 的技术在构建企业级的系统解决方案方面给信息系统建设带来了新的思路和活力。面向服务的架构（SOA）是一种企业 IT 策略和 IT 监管解决方案，它将企业应用中的业务功能整理为具有互操作性的标准服务，达到企业信息全面贯通，同时企业可以迅速组合和重用这些服务，以满足企业业务快速发展的需要。SOA 是一种设计和构建松散耦合的软件解决方案的方法，松散耦合的解决方案能够以程序化的可访问的软件服务形式公开其业务功能，并使其他应用程序可以通过已发布的和可发现的接口来使用这些服务。通过应用 SOA，一个企业可以使用一组分布式服务来构成并组织应用程序，并能通过重用企业自己的资产及其伙伴的业务功能来构造新的应用程序和修改现有的应用程序。

由于列车运行图编制系统具有高度的紧耦合特性，难以将它拆分成松散的服务，因此，应建立将各核心子系统融为一体的城市轨道交通列车运行图编制系统，具体而言，是建立高集成度、紧耦合的集相关业务于一体的、各子系统不再分割的列车运行图编制系统。同时，整个系统是可分可合的，作为一个整体是集所有业务处理于一体的一个系统，分解开来则可成为各自独立的子系统，这样既能适应城市轨道交通集中编图的要求，又能满足各级部门相对独立工作的需要。

系统设计的一体化使系统具有高度的集成性，可以使系统将数据管理与各业务处理融为一体，避免了系统数据发生变化时的数据重读工作，提高了信息共享程度，保证各业务子系统有序同步工作及综合协调运用，有利于提高系统效率和系统可靠性。

9.7.4 系统设计中面临的难题

利用计算机编制列车运行图是一个要求理论与实际相结合、技术难度非常大的工作。在这个过程中，既有结构化决策问题，又有非结构化决策问题。因此，列车基本运行图的编制是一个半结构化的决策问题。在我国计算机编制城市轨道交通列车运行图理论研究和系统设计过程中，存在以下技术难题：

1）编图求解的复杂性

如果将开行的列车看作“工件”，将列车占用区间或车站看作“加工”，那么列车运行图的编制问题就转化为列车群的车站、区间工序集的合理排序问题，是一类典型的调度问题，可归结为 JSP 问题（Job-shop Scheduling Problem）。目前，在面临大规模的实际 JSP 问题时，没有求解精确最优解的通用算法。

2）多目标问题的优化求解

列车运行图编制问题是一个超大规模的、多目标组合优化的 NPC 问题，具有组合“爆炸”特性，尚没有方法找到其最优解。问题的多目标特征体现在两个方面：其一是列车运行图存在多方面的数量指标，如列车旅行速度、车底运用数量等；其二是列车运行图存在多方面的质量指标，如列车运行图的均衡性、吸引旅客的方便性、通过能力利用率等。

3）运行图质量评价体系的确定

列车运行图编制问题的复杂性，除了它是一个超大规模的多目标组合优化问题外，更为突出的是列车运行图的某些质量指标无法进行定量描述，只能进行定性分析，属于半结构化问题，很难建立列车运行图质量评价的数量指标体系。

4）编图系统的通用性和适应性

城市轨道交通线路复杂，设备条件各异，运输组织方式不一。轨道交通线路有直线型、分枝型、环状型等不同的拓扑结构，运行图编制复杂，为满足多方面需要，良好的通用性和适应性是编图系统最基本的前提和要求。

5）耦合性强

列车运行图的编制工作就是要高质量地铺画出满足乘客要求的列车运行线，整个编图工作可以看成是一系列状态空间的动作转移序列，运行线的推定体现为满足了一系列设置条件及规则下的操作集合，该操作集合主要是由为满足列车之间的约束关系及对设备的占用情况所进行的运算构成的，这些运算是建立在系统全部的上下文基础上的，数据之间的横向联系紧密，系统体现出紧耦合性。

6）大规模数据处理的复杂性

由于城市轨道交通线网庞大，系统数据量大，编图工作的核心是在编制过程中反复决策。运行线的铺画中存在大量的试探性工作，而且运行线的铺画是建立在系统全部的上下文基础上的，列车时刻点的推定都是由该列车与其他列车之间的约束条件的满足关系进行运算后决定的，每一次决策涉及海量的数据运算。

7）编图系统须具备协同度高、灵活性强的特点

列车运行图的编制需要各级相关业务部门众多的计划编制人员进行协调配合，这就决定了系统是一个多用户协同工作平台，系统必须提供强大的协同工作机制。

系统既要满足网络条件下多用户协同工作的需要，也要满足单机条件下单个用户独立工作的需要，既要满足城市轨道交通全网整体列车运行图编制和管理的需要，也要满足单线路列车运行图编制和管理的需要。运行图的编制工作，有时需要城市轨道交通保持同步，有时也需要各自独立。同样，运行图的管理工作，既需要集中统一，也要满足个性化、分散化的要求。由于列车运行图的编制是一个复杂的半结构化问题，存在大量的人工决策，既需要统一步调，也需要发挥编图人员的能动性。所以，系统必须具有较大的灵活性，才能满足各方面的需要。

8）编图系统须提供基于图形界面的人机交互的技术支持手段

列车运行线之间关联性强，而绘制运行图的方式既能表示出列车在沿途各站的时刻点，又能很好地揭示列车运行线之间的时空关系，因此，基于列车运行图的表示方法便于进行列车运行计划的编制。由于城市轨道交通列车运行图编制工作复杂，完全的自动化编图是不可能的，运行图的编制离不开人的直接参与，需要渗入人的意图，存在大量的人机交互工作。因此，系统须满足基于图形界面进行人机交互的需要。

9）并发性的影响

在多用户协同编图条件下，系统需要将用户的每一个具体操作都立即转化成对数据对象的处理，并将协作过程中产生和操作的对象分别对等地复制在各协作参与者处，需要进行大量的并发处理，如果协调失当，可能造成数据混乱。所以，系统应解决由并发性带来的影响。

9.7.5　系统结构设计

C/S 系统结构可以分为集中式结构、复制式结构和混合式结构。

1. 集中式结构

在集中式结构中，服务器处理所有的输入/输出请求，客户端负责将请求发送给服务器，

并显示输出结果。在这种结构中，所有的数据存放在服务器端，数据共享策略是集中式的，所有的请求操作都针对一个数据副本，隐含着操作间的同步。

由于所有的共享数据和应用程序都集中存放在服务器，简化了存取控制和一致性控制，实现紧耦合比较容易，但也存在明显的缺点：一方面，当 Server 站点或连向 Server 站点的网络出现故障时，系统随之瘫痪，比较脆弱；另一方面，由于对群体成员的操作是集中控制的，导致反馈较慢，集中的 Server 既要处理输入，又要处理所有的输出，效率很低。

2. 复制式结构

在复制式结构中，不仅每个站点都有数据副本，而且还都有完整的负责通讯和业务处理的进程。在这种结构中，对数据的请求操作可以在本地执行，这意味着每个站点的操作必须与其他站点的操作进行协调来保持一致性。

复制式结构的各个站点自治性增强，每个站点都能接受用户的输入，而且反馈是局部的，只需将输入广播到其他站点。因此，能支持多种显示形式，网络开销大大减少。

为了使共享数据和显示状态保持一致，任何一个用户的操作都要广播给其他协作站点的应用程序。在群体实时交互时，这种结构的程序运行要经过如下阶段:本地运行、传输到其他站点、被其他站点接收、其他站点远程运行等。由于操作事件的发生是建立在多路处理基础上的，有可能在不同站点有不同的处理顺序，必须用并发控制来维护不同数据副本之间的一致性。

3. 混合式结构

混合式结构介于完全集中式结构与完全复制式结构之间，该结构综合了集中式、复制式结构的特点。该结构的缺点是结构本身较为复杂，实现起来比较困难，比如必须处理好与服务器之间和与其他站点之间的通讯及一致性保持等问题。

4. 系统结构的设计需求

1）基于传统 C/S 结构的协同设计系统

通常采用集中控制方式进行数据的存储和管理，可伸缩性和灵活性差，服务器容易成为系统的瓶颈，难以适应大规模应用。

2）基于常规分布式组件组成的系统

利用组件技术给异地信息集成和互操作提供了便利，但组件对象通常是被动的，对象之间的关系是事先定义好的，需要特定的接口，必须明确知道其提供的功能名称和参数，因此对协同设计环境动态变化的适应能力不足；同时，它难以满足智能设计和创新设计的要求，智能化支持不足，不能有效地实现设计知识的共享。

3）基于 Web 的系统

这类系统可以为用户提供统一的访问界面，通常无需安装客户端应用程序，便于远程接入和程序升级，但由于浏览器的差异和限制，资源耗费大、难以实现复杂的应用；而且通常对智能设计支持不足，因此需要将其与智能技术结合实现智能 Web。

从列车运行图编制工作的要求出发，对服务器的需求分析如下：

（1）业务处理：具有独立的业务处理和执行功能；接收客户机的请求后进行业务处理。

（2）数据管理：服务器作为中央处理器，需要保存系统的全部数据。

（3）数据通讯：接收客户机传送的数据，并将这些数据转发给其他客户机，使所有的用户保持数据或操作同步，或直接向客户机发送数据。

（4）权限管理：按照成员的角色和数据的共享策略对成员授权和回收权限。

（5）并发控制策略：并发控制机制负责解决系统中成员同步操作之间的冲突问题，维护一致性。

从列车运行图的编制业务要求出发，对客户机的需求分析如下：

（1）业务处理：具有独立的业务处理功能，并执行服务器发送的操作命令。

（2）数据管理：由于每个客户机都具有独立的业务处理功能，需要保存系统完整的数据副本。

（3）数据通讯：接收服务器传送的数据或向服务器发送数据。

（4）控制：按照服务器的授权进行操作控制，以保证数据或操作安全。

5. 基于 C/S 模式的混合式系统结构设计

1）网络分布计算模式的发展

在信息技术的迅猛发展过程中，企业产品开发计算环境从集中走向分布主要得益于微机、网络、通信等硬件设备智能化的增强以及 Internet 技术的全球化普及。网络计算模式主要从以大型机为中心的计算模式到以网络服务器为中心的计算模式，发展到小型化和客户机/服务器模式，即以“主机—微机—网络”为中心的三个重要阶段。目前现阶段应用最为广泛的即是以网络为中心的基于客户机/服务器的分布计算模式。

（1）以大型机为中心（Mainframe-centric）的计算模式也称为分时共享（Time-sharing）模式。它是利用主机能力，采用无智能的终端来对应用进行控制。

（2）以服务器为中心（Server-centric）的计算模式又称为资源共享（Resource-sharing）模式。这一模式利用工作站的能力运行所有应用程序，用服务器的能力作为外设的延伸，如大容量的硬盘存储器、网络打印机等。

（3）基于客户机/服务器的计算模式下，客户机/服务器运行在异构的逻辑实体中，客户机依赖于服务器完成复杂的运算工作，如数据库管理、运算应用程序等，服务器则等待客户发出的请求，用预先定义的语言与用户进行信息交互。

2）客户机/服务器计算模式的特点

在 C/S 模式下，客户机、服务器以及下层操作系统、网络通信系统共同组成一个支持分布计算、分析和表示的系统。在该模式下，应用分为前端（Front-end）客户机部分和后端（Back-end）服务器部分。客户端发出请求，网络通信系统将用户请求通过网络接口传送到服务器上，服务器再根据客户请求，完成预定操作，并将结果返回客户机。

客户机/服务器把一个应用分成运行在多个由网络连接的计算机上的不同进程，即是在下层技术条件限制下把用户的设计任务分解为一些由客户机或服务器共同完成的子任务。一个客户机与服务器的通信可以不必了解服务器平台和通信技术求，在一个多服务器的环境中，服务器之间可以协调工作，共同向客户机提供服务。这些服务器之间的通信协调对用户来讲是开放式的，一般地，网络系统提供的功能越强大，应用程序就会越少。

客户机/服务器模式可以充分利用客户机和服务器双方的能力，组成一个分布应用环境，客户端的个人 PC 机或工作站可以提供易于交互的人机界面，而服务器端可以提供较强的数据管理、信息共享以及复杂的系统管理安全机制，将这二者的功能结合起来，客户机/服务器模式可以最优化地使用 CPU、数据存储等共享服务资源，充分发挥双方的优势，完成用户指定的任务，可以减少网络流量，缩短客户请求与服务器端的响应时间。

3）客户机/服务器模式的中间件（middleware）

客户机服务器模式无论在性能还是在处理方面，都比以前的分时共享模式与资源共享模式优越，但由于程序对底层网络技术的严重依赖，很难集成新的网络任务，无法充分利用网络提供的新的功能特性，并且很难在异构计算环境上进行软件移植，使得大量现有的应用程序很难得到较好维护。随着网络技术的发展以及 Internet 的全球化普及，为使得网络更加易于为人所用，解决应用程序与网络过分依赖的关系，一种较为有效的实现方法就是在客户和服务器之间加一层软件，这就是所谓的中间件技术（middleware）。

随着 Internet、业务处理和电子商务的普及，将不同的软、硬件平台连接起来，将来自不同厂商的工作站、小型机、微机等集成起来，实现更大范围的信息共享。在企业内部，伴随功能更强的计算机的产生，许多新的需求相继出现；移动计算也给传统的以主机为中心的计算模式带来了新的挑战，开发人员经常需要在公共网上传送企业内部信息，安全性差，这就需要设计开发新的网络传输协议以维护企业商业秘密。这些需求要与企业原有的信息系统实现无缝连接，因而就使得中间件得到越来越广泛的应用。

中间件是泛指能够屏蔽操作系统和网络协议的差异，并且为异构系统之间提供通讯服务的软件。它位于平台（操作系统、硬件）与应用软件之间，能够有效保护企业的投资，保证应用软件的相对稳定，实现应用软件的功能扩展。作为中间件本身，必须能应用于多种软硬件平台、支持分布计算、有标准的协议和接口，程序员通过调用中间件提供的大量 API 实现异构环境的通讯，从而屏蔽异构系统中复杂的操作系统和网络协议。

1）协同设计 Client/Server 计算模型概述

Client/Server 模型的产生源于资源共享模式的不足，其目的是为了解决客户机与网络服务器实现数据和服务共享技术。协同设计的分布计算模式主要是基于 Client/Server 实现协同计算环境。协同设计分布计算是分布式并行处理技术的一个特例，分布式并行处理是将计算任务分配到多台计算机上进行处理，在处理过程中彼此可以进行通信；而协同计算则是由两台或多台处理机共同完成一个，在协同计算环境下，把一个应用分解为多个协作进程，并把这些协作进程分配到不同的处理机上，在执行应用时进程间进行通信，彼此可以交流数据。

Client/Server 计算模型是协同计算中各进程交互作用的一种结构，即：可以将一个应用的不同进程规定出几种级别或层次关系一部分进程称为服务进程（Server），它们为其他进程提供公共服务；另外一部分进程称为客户进程（Client），它们执行本地处理，通过与 Server 进程进行交互即可获得 Server 提供的服务。

具体来说，一个应用在 Client/Server 计算中将会有三种不同的配置：

Client 端的前端软件（Front-end）	Server 端的后端软件（Back-end）
（1）用户交互+业务处理	应用事务管理＋数据综合管理
（2）用户交互+业务处理（部分）	业务处理（部分）＋应用事务管理＋数据综合管理
（3）用户交互	业务处理+应用事务管理+数据综合管理

Client/Server 计算模型的层次划分：

Client/Server 中客户机和服务器通常在不同的处理机中运行，客户端一般放置在 PC 机或工作站上，Server 端则在功能更强的 PC 机或工作站上运行。Server 提供文件服务、通信服务以及综合数据服务等，Client 和 Server 分别执行不同的功能，因而有着不同的特性。Client 包含文档处理软件、图形用户接口、决策支持工具、前端电子邮件和数据库请求程序等；Client 使用标准语言（如 SQL）组成一个或多个请求发给服务器，和 Server 进行开放式通信；Client 首先对 Server 返回的处理结果进行分析，然后再将结果送给用户。服务器只有在 Client 请求下才提供相应的服务，而不主动为 Client 提供服务；Server 对客户端完全透明，一个与 Server 通信的 Client 不必知道 Server 的软、硬件平台也可进行工作。

2）三级 Client/Business/Server（CBS）计算模型

基于传统 Client/Server 计算模型开发的应用系统可扩充性、可维护性以及系统安全性均不能满足现代企业以市场为中心日新月异的产品开发环境需要。问题的症结在于业务处理的位置安排问题，如果业务处理放置在客户端，则将增加用户维护难度，同时对系统的安全性构成极大的威胁，客户端很容易泄露企业的商业秘密；而如果将业务处理放置在服务器端，则势必会增加 Server 的负载，加大 Server 的实现难度，使得 Server 端的整体性能下降。目前一种较为合理的实现方案就是将业务处理功能单独从客户端和服务器端分离出来，形成单独的业务流程处理部件，业务处理部件可以存放在一个中间服务器上，称为业务处理服务器（Business Processing Server）。原先的用户交互部分仍然放在客户端，成为客户端 Client，而应用服务管理和数据管理则放在服务器端，称为综合数据库服务器（Database server），这种计算模型就是 Client/Business/Server 结构。

这种 Client/Business/Server（CBS）计算模型的优势在于，可以使得应用系统动态地适应现代企业的业务需求，当企业的业务工作流程发生变化时，只需将业务规则变化升级到业务处理服务器即可，但业务流程的变化将必然导致客户端交互软件的变化。如果一旦升级业务规则就得反复升级客户端软件，则系统维护问题将变得更加繁琐。本书提出工作流程的多任务协同机制——工作流通用模板，当业务流程端升级新的业务规则或增加外界的工作模块时，协同设计系统启动工作流通用模板，基于新业务规则流程产生新的工作流模板，按照既定的传输协议，通过网络接口和中间件提供给客户端，使得客户端可以自动更新工作流模板，这样业务流程的升级就可以转化为工作流模板的更新问题。

在基于 C/S 的混合式结构中，利用了集中式结构和复制式结构的优点。在集中控制的基础上，对传统的集中式结构中的服务器进行“瘦身”，也即分离出一部分工作由客户端完成，这样可以提高效率，减少客户端与服务器之间的通讯。

在列车运行图编制系统中，客户机负责大量的一般性运算和交互操作，服务器负责少量的超级运算、系统控制和信息转发。每个客户机站点只与服务器建立连接，由服务器负责转发来自客户端的命令请求，以实现各个客户端之间的信息传播，并且系统可以支持分层的多服务器结构。

本书认为，列车运行图编制系统宜采用分层的多服务器结构，由系统中央处理服务器作为主服务器，各铁路局服务器是连接城市轨道交通中央服务器的客户机，但对各铁路局而言是服务器，铁路局客户机是基于局域网的与铁路局服务器相连的客户机。

该方案的优点是：一方面，有利于合理运用中央服务器的处理能力；另一方面，可以大大减少网络上的数据流量。列车运行图编制处理的数据量很大，尽可能降低数据传输量，有利于提高系统效率，增强系统的可行性。另外，也有利于充分发挥客户机的处理能力，并易于支持离线运行模式。

9.8 系统运行环境及开发工具

9.8.1 系统运行环境

1）硬件设备

本系统硬件平台由数据库服务器、应用程序端、喷墨彩色绘图仪及激光打印机等设备构成，应用程序端机器配置要求为：CPU 2.0G 及以上，内存 2.0G 及以上，硬盘 80G 及以上，网卡 100/1000M 及其他必要配置，喷墨彩色绘图仪与激光打印机根据实际条件确定型号。

2）操作系统

应用系统目前采用 Windows 界面的较多，图形化操作、使用直观，用户掌握也较为容易。选择 Windows 系列较为合适。

3）数据库管理系统

Sybase 数据库是美国 Sybase 公司研制的一种关系型数据库系统，是一种典型的 UNIX 或 WindowsNT 平台上客户机/服务器环境下的大型数据库系统。Sybase 提供了一套应用程序编程接口和库，可以与非 Sybase 数据源及服务器集成，允许在多个数据库之间复制数据，适于创建多层应用。系统具有完备的触发器、存储过程、规则以及完整性定义，支持优化查询，具有较好的数据安全性。Sybase 通常与 Sybase SQL Anywhere 用于客户机/服务器环境，前者作为服务器数据库，后者为客户机数据库，在我国大中型系统中具有广泛的应用。

9.8.2 系统开发工具

Visual C++源于 C 语言，保持了 C 语言的灵活性和高效率，在此基础上增加了面向对象的特点，而且可以用 MFC 类库。它不仅可以用于小项目的编写，在开发大的软件工程项目方面的威力更强大。此外 VC 中还有一些工具可以帮助开发者迅速地开发结构清晰和统一的软件，更加有利于团队开发。鉴于上述优点，城市轨道交通列车运行图编制系统采用 Visual C++作为开发工具。

本章小结

计算机编制城市轨道交通列车运行图是实现城市轨道交通运营组织设计工作信息化和智能化的重要内容。本章从系统业务流程着手，分析计算机编制城市轨道交通列车运行图功能需求、性能需求、数据库设计等，在此基础上进行系统功能设计，将计算机编制城市轨道交通列车运行图分为数据管理及维护子系统、客流特征分析子系统、车辆选型与列车编组设计子系统、列车运行交路设计子系统、全日行车计划编制子系统、列车牵引计算子系统、列车运行图编制子系统、车站辅助配线设计子系统共 8 个子系统。在功能设计的基础上，从系统总体技术路线、总体设计方法、总体设计构想、系统结构设计以及系统运行环境及开发工具等方面进行探讨。

结　论

1. 主要工作与成果

本书的主要研究工作与成果如下：

（1）分析了城市轨道交通列车运行图的特征、要素、编制数据及原则等相关基础理论，为运行图编制模型的构建奠下了基础；对多目标优化方法、禁忌搜索算法以及大系统优化方法等优化理论进行了归纳和总结，为运行图编制模型的求解奠下了基础。

（2）行车计划是编制列车运行图的基础资料，以最小化乘客出行成本和企业运营成本为优化目标，以乘客需求、线路通过能力为约束，构建了关于大小交路模式行车计划优化编制的双目标混合整数非线性模型，采用理想点法将以上模型转化为单目标模型；大小交路模式下乘客出行成本的计算是构建模型的难点，从乘客在途时间成本和等待时间成本两方面，细致地分析了大小交路模式下乘客出行成本的计算方法；对折返点、小交路区段客流比重进行了灵敏度分析，得出了一系列结论。结果表明：小交路折返站的选取对成本影响显著，且小交路区段客流比重越高，开行大小交路模式越有利于降低成本。

（3）对共线交路相关概念进行定义，深入分析了共线交路模式下列车运行图编制的关键问题，主要包括行车间隔、折返模式、折返站间隔时间、车底运用方式以及车底出入库方式；以列车发车间隔的分时段均衡性为优化目标构建了列车始发布点方案编制模型，在此基础上，以车底接续总时间最小为下层目标，以列车始发时刻与列车始发布点方案的偏差最小为上层目标，构建了关于共线交路列车运行图编制的双层规划模型，实现了列车运行图与车底交路计划的一体化编制。针对问题的特点，设计了一种递阶优化的方法，对优化目标进行分解，逐层缩小搜索空间，降低求解规模，主要包括：① 列车停站时间生成算法；② 车底交路计划编制算法；③ 基于禁忌搜索算法确定列车运行顺序；④ 基于列车运行顺序编制列车运行图。

（4）降低乘客换乘等待时间是轨道交通网络列车运行衔接协调的重要目标。分析了换乘等待时间的表示方法；针对城市轨道交通网络的大系统特性，借鉴大系统优化的递阶控制方法和分解协调优化方法，将城市轨道交通网络划分为多个协调层次，以最小化乘客总换乘等待时间为目标，构建了“换乘衔接对-网络层次协调”的二级递阶协调模型，并设计了递阶协调优化算法。

2. 创新点

本书的创新性研究成果主要概括为以下几点：

（1）分析了大小交路模式下乘客出行成本的计算方法；构建了关于大小交路模式下行车计划优化编制的双目标混合整数非线性模型；对折返点、小交路区段客流比重进行灵敏度分析，结果表明：小交路折返站的选取对成本影响显著，且小交路区段客流比重越高，开行大小交路模式越有利于降低成本。

（2）构建了关于共线交路列车运行图编制的双层规划模型，实现了列车运行图与车底交路计划的一体化编制；对优化目标进行分解，设计了一种递阶优化的方法，主要包括：① 列车停站时间生成算法；② 车底交路计划编制算法；③ 基于禁忌搜索算法确定列车运行顺序；④ 基于列车运行顺序编制列车运行图。

（3）设计了网络中线路换乘衔接方案的生成算法，以最小化乘客总换乘等待时间为目标，构建了单一换乘衔接对协调优化模型，在此基础上构建了"换乘衔接对-线路换乘衔接方案"的二级衔接协调综合优化模型。

3. 研究展望

本书对城市轨道交通列车运行图编制问题进行了研究，但由于作者的知识结构局限性以及研究问题角度方面的限制，本书存在如下有待改进或有待进一步研究之处：

（1）车底数量约束下的行车计划和运行图编制。

本书在研究行车计划和运行图编制问题的过程中，均是基于客流需求进行编制，未考虑车底数量的约束，在实际运营组织中，有可能会出现车底数量不足的情况，此时客流需求不能够被满足，车底数量变为主要约束，模型的构建以及求解均会发生变化，该问题有待在今后的研究中进一步深化。此外，本书在共线交路运行图编制中假设车底运用方式为大小交路独立运用，套跑运用方式，也即大小交路混合运用时模型的构建和求解的难度将会有所增加，该问题有待在今后的研究中进一步深化。

（2）车底出入库线编制。

车辆段（停车场）的接轨方式直接决定了车底出入库线的铺画方式，接轨方式的多样性也导致了编制车底出入库线的复杂性，很难在列车运行图编制模型中综合考虑多种接轨方式下的车底出入库线编制。本书未考虑车底出入库线的编制，将在以后的研究中进一步深化。

（3）城市轨道交通合理交路层数的确定。

城市轨道交通的交路层数是本书的重要变量，本书根据已经开通运营的城市轨道交通系统的实际运营情况假设了所研究的交路为两层交路，从集合工程（技术）条件、从经济、技术和社会角度统筹研究，论证城市轨道交通到底采用几层交路最合理是进一步需要研究的问题。

（4）大小交路模式下行车计划编制中的大小交路开行列车倍数。

本书在行车计划优化编制中作了"小交路列车开行对数是大交路的整数倍"的假设，当"大交路列车开行对数是小交路的整数倍"时的行车计划优化编制需进一步研究，此外，以上两种情况是否存在通用的行车计划优化编制方法需要进一步探讨和验证。

（5）在网络列车运行衔接协调中考虑共线交路。

城市轨道交通网络具有多样性，部分网络中存在共线交路，共线区段上列车运行相互干扰，列车运行衔接协调的约束也将会增加，列车衔接协调模型的构建和求解的难度也将会大大增加，这有待在今后的研究中进一步深化。

（6）车底交路和列车运行线的同步衔接协调。

换乘协调仅是网络化列车运行衔接协调的一个方面，车底交路和列车运行线的同步衔接协调是网络列车运行图编制及优化的重点内容，这将在今后的研究中进一步深化。

（7）行车计划和运行图编制模型优化目标的设置。

城市公共交通具有公益性的特征，其运营应对城市客流具有一定的吸引力，行车计划与运行图编制模型如何能够实现这一目标，有待进一步研究。

（8）运行图编制满足服务质量。

城市轨道交通运行计划编制的宗旨是满足客流、吸引客流，如何设置行车间隔，使其满足客流的便捷性有待进一步研究。

参考文献

[1] 毛保华. 城市轨道交通系统运营管理[M]. 北京：人民交通出版社，2006：103-122.
[2] 毛保华. 城市轨道交通规划与设计[M]. 北京：人民交通出版社，2006：34-57.
[3] 郑莉，董渊，张瑞丰. C++语言程序设计[M]. 3 版. 北京：清华大学出版社，2003.12.
[4] 徐瑞华，江志彬，朱效洁，等. 城市轨道交通列车运行图计算机编制的关键问题研究[J]. 城市轨道交通研究. 2005，5：31-35.
[5] 徐瑞华，陈菁菁，杜世敏. 城市轨道交通多种列车交路模式下的通过能力和车底运用研究[J]. 铁道学报，2005，27（4）：6-10.
[6] 徐瑞华，李侠，陈菁菁.市域快速轨道交通线路列车运行交路研究[J]. 城市轨道交通研究，2006，5：41-45.
[7] 李俊芳，王柄达.城市轨道交通典型交路形式分析[J]. 铁道运输与经济. 2009，31（10）：54-58.
[8] 徐新玉. 城市轨道交通行车组织交通形式分析[J]. 铁道运输与经济. 2009，32（9）：55-58.
[9] 严大龙. 城市轨道交通建设融资模式研究[D]. 长沙：国防科学技术大学，2007.
[10] 崔立秋. 城市轨道交通运营安全管理模式研究[D]. 北京：北京交通大学，2009.
[11] 陈柳钦. 城市轨道交通建设的 PPP 融资模式[J]. 中国铁路.2005（09）.
[12] 杨国荣，张军. 城市基础设施建设的融资渠道选择研究[J]. 重庆大学学报（社会科学版）. 2005（04）.
[13] 樊晓梅. 城市轨道交通运营组织计算机辅助设计系统研究[D]. 成都：西南交通大学，2010.
[14] 颜彦文. 数据冗余处理技术在轨道交通 AFC 系统中的应用[D]. 上海：上海交通大学，2012.
[15] 赵朔雪. 基于自律分散技术的城市轨道交通 ATS 子系统优化分析与设计[D]. 兰州交通大学，2012.
[16] 张国宝. 城市轨道交通运营组织[M]. 北京：中国铁道出版社，2000：58-179.
[17] 何宗华等. 城市轨道交通运营组织[M]. 北京：中国建筑工业出版社，2003：53-160.
[18] 何静. 城市轨道交通运营管理[M]. 北京：中国铁道出版社，2007：43-120.
[19] 房宵虹. 城市轨道交通网络化运输组织协调理论及方法研究[D]. 北京交通大学.2010：23-169.
[20] 周艳芳. 城市轨道交通网络列车运行计划一体化编制理论与方法研究[D]. 北京交通大学. 2012：26-125.
[21] 黄荣. 城市轨道交通网络化运营的组织方法及实施技术研究[D]. 北京交通大学.2010：15-120.

[22] 孙焰，施其洲，赵源，等. 城市轨道交通行车计划的确定[J]. 同济大学学报（自然科学版）. 2004，32（8）：1005-1014.

[23] 林震，杨浩. 城市轨道交通发车间距优化模型探讨[J]. 土木工程学报. 2003，1：1-5.

[24] 严波. 城市轨道交通行车间隔时间优化模型研究[J]. 城市轨道交通研究. 2008，6.

[25] 洪玲，陈菁菁，徐瑞华. 市域快速轨道交通线行车间隔优化问题研究[J]. 城市轨道交通研究.2006，3.

[26] FURTH P G. Short Turning on Transit Routes [J]. Transportation Research Record.1987，1108：42-52.

[27] PAOLO Delle Site，FRANCESCO Filippi.Service Optimization for Bus Corridors with Short-turn Strategies and Variable vehicle size[J]. Transportation Research Part A：Policy and Practice.1998，32（1）：19-38.

[28] TIRACHINI A，CORTES CE，JARA Diaz SR. Optimal Design and Benefits of a Short Turning Strategy for a Bus Corridor [J]. Transportation，2011，38（1）：169-189.

[29] 郭富娥. 中国铁道部和原苏联交通部科技合作项目“应用电子计算机编制列车运行图”课题工作综述[J]. 铁道运输与经济. 1992，11：39-40.

[30] 刘梅林，郭富娥. 苏联铁路利用电子计算机编制列车运行图综述[J]. 世界铁路.1991，4：6-10.

[31] 周小棋，郭富娥，王光华. 计算机辅助编制旅客列车运行详图的研究[J]. 铁道报. 1992，14（3）：65-71.

[32] 郭富娥. 日本近期开发的列车运行图编制系统[J]. 中国铁路. 1995，8：38-40.

[33] 铁道科学研究院. 计算机辅助编制城市轨道交通直通客车方案研究报告[R]. 北京：1989.

[34] 郭富娥. 利用电子计算机编制列车运行图[J]. 铁道运输与经济，1992，1：27-29.

[35] Serafini，P，Ukovich. A mathematical model for Periodic Event Scheduling Problems [J]. SIAM Journal of Discrete Mathematics.1989，2（4）：550-581.

[36] Schrijver，A.S.A. Timetable construction for Railned. Technical report [J]. Center for Mathematics and Computer Science. 1994.

[37] 徐炜. 计算机编制列车运行图的方法研究[D]. 大连交通大学.2005：76-112.

[38] 倪少权，杨明伦. 计算机编制城市轨道交通直通旅客列车运行图的研究[J]. 铁道运输与经济，2002，24（6）：41-44.

[39] 倪少权，吕红霞，李浩. 计算机编制列车运行图系统的研究[J]. 铁道运输与经济，2001，23（7）：32-35.

[40] Kroon，L.G，Peeters，L.W.P，A variable trip time model for cyclic railway timetabling [J]，Transportation Science. 2003，37（2）198-212.

[41] Nachtigall，K.，Voget，S. Minimizing waiting times in integrated fixed interval timetables byUpgrading railway tracks [J]. European Journal of Operational Research. 1997，（103）610-627.

[42] Goverde，R.M.P.，Optimal scheduling of connections in railway systems [A]. World Congress on Transport Research 8th （WCTR8）. 1998.

[43] Lindner，T. Train Schedule Optimization in Public Rail Transport[D]. Germany：Technical University Braunschweig. 2000.

[44] Yu-Hern Chang，C.-H.Y.b，Ching-Cheng Shen. A multiobjective model for passenger train services planning application to Taiwan's high-speed rail line [J]. Transportation Research Part B. 2000，34（3）91-106.

[45] Frederick S.Hillier，Gerald J.Lieberman.Introdution to Operation Research （8th Ed.）[M]. The McGraw-Hill Companies，Inc.2005：458-634.

[46] Goossens J，Van Hoesel S，Kroon L. A Branch-and-Cut Approach for Solving Railway Line-Planning Problems [J]. Transportation Science. 2004，80（1）193-210.

[47] 邢文训，谢金星. 现代优化计算方法[M]. 北京：清华大学出版社，2001：145-234.

[48] 孙焰. 单线列车运行图优化理论及计算机编制方法[D]. 长沙：长沙铁道学院，1997：25-67.

[49] 史峰. 定序单线列车运行图的原始-对偶算法[J]. 铁道学报，1996，18（1）：8-20.

[50] Brannlund U，Lindberg P.O，Nou A. Railway Timetabling Using Lagrangian Relaxation [J]. Transportation Science. 1998，32（4）：358-369.

[51] Vivian Salim，Xiaoqiang Cai. A genetic algorithm for railway scheduling with environmental considerations[J]. Environmental Modelling&Software.1997，12（4），301-309.

[52] 许红，马建军，等. 客运专线列车运行图编制模型及计算方法研究[J]. 铁道学报，2007，29（2）：1-7.

[53] K.Fukumori，H. Sano. Fundamental algorithm fortrain scheduling based on artificial intelligence[J]. Systems and Computers in Japan.1987，18（3）：52-63.

[54] Lids.Y.Timetable preparation by A. I. approaches[C]. Proceeding of Multiconference. Nice，France.1998：163-168.

[55] 程宇. 列车运行调整专家系统的探讨[J]. 北方交通大学学报，1989（4）.

[56] 程宇，秦作睿. 列车运行调整专家系统的研究[J]. 铁道学报，1992，14（2）.

[57] 蔡柏根，王菊贞. 基于模拟的列车调度专家系统的研究[J]. 铁道学报，1992，14（3）：31-41.

[58] 倪少权，杨明伦，彭其渊. 列车运行图编制专家系统之研究[J]. 1995，30（5）：550-556.

[59] 彭其渊，王宝杰，周党瑞. 基于实用的一种网络列车运行图计算方法[J]. 1999，5：588-593.

[60] 史峰，黎新华，秦进，邓连波. 单线列车运行调整的最早冲突优化方法[J]. 中国铁道科学，2005，26（1）：106-113.

[61] 史峰，黎新华，等. 单线列车运行图铺划的时间循环迭代优化方法[J]. 铁道学报. 2005，27（1）：1-5.

[62] 许红，马建军，龙建成，杨浩，龙昭. 城市轨道交通列车运行图编制的数学模型及方法[J]. 北京交通大学学报，2006，30（3）：10-14.

[63] 江志彬，徐瑞华，吴强，吕杰.计算机编制城市轨道交通共线交路列车运行图[J]. 同济大学学报，2010，38（5）：692-696.

[64] 王川．城市轨道交通列车运行图编制模型和算法研究[D]．成都：西南交通大学，2011.

[65] 高强周．城市轨道交通列车运行图设计实现与评价[D]．北京交通大学硕士学位论文．2008，11.

[66] 缪道平．城市轨道交通车体运用计划自动编制及优化研究[D]．北京交通大学硕士学位论文．2009，6.

[67] Christian Liebchen. The First Optimized Railway Timetable in Practice[J]. Transportation Science.2008，42（4）：420-435.

[68] J. E. CURY，F. A. C. GOMIDE，AND M. J. MENDES. A Methodology for Generation of Optimal chedulesfor an Underground Railway System[J]. IEEE Transaction on Automatic Control.1980.AC-25（2）：217-222.

[69] Wanderson O. Assisa，Basilio E.A. Milan. Generation of optimal schedules for metro lines using model predictive control[J]. Automatica. 2004，（40）：1397-1404.

[70] Mohring，H.，J. Schroeter，P. Wiboonchuikula. 1987. The values of waiting time，travel time，and a seat on a bus. Rand J. Econom.18（1）：40-56.

[71] Eranki，A. A model to create bus timetables to attain maximum synchronization considering waiting times at transfer stops [D]. Department of Industrial and Management Systems Engineering，University of South Florida，2004.

[72] 张铭，徐瑞华．轨道交通网络列车衔接组织的递阶协调优化[J]．系统工程，2007，25（9）：33-37.

[73] 周艳芳，周磊山，乐逸祥．城市轨道网络换乘站列车衔接同步协调优化研究[J]．铁道学报，2011，33（3）：9-16.

[74] 张铭．城市轨道交通网络化运营协调性模糊评价[J]．交通信息与安全．2010，3（28）：38-42.

[75] Chung Min Kwan，Chang C S. Timetable Synchronization of Mass Rapid Transit System Using Multi-objective Evolutionary Approach [J]. IEEE Transactions on Systems，Man，and Cybernetics Part C：Applications and Reviews，2008，38（5）：636- 648.

[76] ZHAO Fang，ZENG Xiao- gang. Optimization of Transit Route Network，vehicle Headways and Timetables for Large-Scale Transit Networks [J]. European Journal of Operational Research.2008，186（2）：841-855.

[77] VANST EENWEGEN P，VAN Oudheusden D. Decreasing the Passenger Waiting Time for an Intercity Rail Network[J]. Transportation Research Part B.2007，41（4）：478-492.

[78] Yuval Hadas，Avishai Ceder. Public Transit Simulation Model for Optimal Sy- nchronized Transfers [J]. Transportation Research Record：Journal of the Transport ation Research Board.2008，2063：52-59.

[79] Dusan Teodoro，Panta Lui. Schedule Synchronization in Public Transit Using the Fuzzy Ant System [J]. Transportation Planning and Technology.2005，28（1）：47-76.

[80] Ceder，A.，Tal，O.Designing synchronization into bus timetables. Transportation Research Record [J]. Journal of the Transportation Research Board. 2001，1760：28-33.

[81] Rachel C. W.Wong, Tony W. Y. Yuen, Kwok Wah Fung, Janny M. Y. Leung [J]. Optimizing Timetable Synchronization for Rail Mass Transit. Transportation Science.2008，42：57-69.

[82] 季令，张国宝. 城市轨道交通运行组织[M]. 北京：中国铁道出版社，1998：38-48.

[83] 朱光正. 列车由车辆段往返正线的接发车能力分析[J]. 铁路通信信号工程技术，2007，4（1）：41-42.

[84] Andrea D'Ariano，Dario Pacciarelli，Marco Pranzo.A branch and bound algorithm for scheduling trains in a railway network [J]. European Journal of Operational Research.2007，183：643-657.

[85] Senzana M. Heuristic Approach to train Rescheduling[J]. Yugoslav Journal of Operation：Research.2007，17（2007）9-29.

[86] Zwaneveld P.J. Routing trains through railway stations：Model formulation and algorithms [J]. Transportation Science. 1996，30（3）181-194.

[87] Alberto Caprara，Michele Monaci，Paolo Toth. A Lagrangian heuristic algorithm for a realworld train timetabling problem [J]. Discrete Applied Mathematics. 2006，154（5）738-753.

[88] Yu Cheng. Hybrid simulation for resolving resource conflicts in train traffic rescheduling[J]. Computers in Industry. 1998，35（3）233-246.

[89] Van Der Touw J，Veevers A. A dynamic programming method for matching rail-track monitoring data [J]. The journal ofthe Operational Research Society. 2003，54（11）1148-1154.

[90] 孙焰. 单线列车运行图优化理论及计算机编制方法[D]. 长沙：长沙铁道学院，1997

[91] 彭其渊，杨明伦，倪少权. 单线区段货物列车始发方案的优化模型及求解方法[J]. 西南交通大学学报.1995，30（2）：177-181.

[92] 王凌. 智能优化算法及其应用[M]. 北京：清华大学出版社.2001：135-176.

[93] 李素莹，陈光华，车永兵.上海轨道交通 1 号线开行大小交路运行方案的实践[J]. 城市轨道交通研究，2007，1（1）：50-53.

[94] 沈荣芳. 运筹学高级教程[M]. 北京：高等教育出版社，2008：148-181.

[95] 王粉线，汪履直. 城市轨道交通车辆段出入段线的设置[J]. 现代城市轨道交通.2006，（2）：36-37.

[96] 杨洪. 浅谈城市轨道交通的配线设置[J]. 西铁科技.2009，（2）：41-42.

[97] 朱光正. 列车由车辆段往返正线的接发车能力分析[J]. 铁路通信信号工程技术，2007，4（1）：41-42.

[98] 孙焰，李致中. 列车运行图的均衡性标准[J]. 长沙铁道学院学报. 1993，11（2）：63-68.

[99] 史峰，胡安洲. 机车周转图的线性配置算法[J]. 铁道学报. 1996，8（4）：18-24.

[100] 张铭，杜世敏. 基于递阶偏好的轨道交通网络化运营换乘协调优化[J]. 铁道学报.2009，31（6）：9-14.

[101] 林锉云，董加礼. 多目标优化的方法与理论[J]. 长春：吉林教育出版社，1992：55-80.

[102] 王凌，郑大钟. 邻域搜索算法的统一结构和混合优化策略[J]. 清华大学学报（自然科学版. 2000，40（9）：125-128.

[103] 汪应洛. 系统工程理论、方法与应用（第二版）[M]. 北京：高等教育出版社.1998，5：25-76.

[104] 陈树勋. 工程大系统设计的普遍型分解协调优化[J]. 中国机械工程（自然科学版）. 1997，7：799-803.

[105] 金福才. 多目标优化列车运行调整理论与方法研究[D]. 北京：北京交通大学，2004.

[106] 谢金星，薛毅. 优化建模与 LINDO/LINGO 软件[M]. 北京：清华大学出版社，2005：45-142.

[107] Petresom E. R. An Introduction to Computer-Assisted Train Dispatch [J]. Advanced Transportation.1986，20（1）：63-72.

[108] Stephen G. Ritchie. A Knowledge-based Decision Support Architecture for Advanced Traffic Management [J]. Transportion Research.1990（24）：27-37.

[109] Yu-Hem Chang，et al.，A Multi-objective Model for Passenger Train Services Planning：Application to TaiWan's High Speed Rail Line [J]，Transpn. Res.2000，34：91-106.

[110] Samer S. Saab，Senior Member. Compensation of Axle-Generator Errors Due to Wheel Slip and Slide [J]. IEEE TRANSACIONS ON VEHICULAR TECHNOLOGY.2002，5.

[111] 郑莉，董渊，张瑞丰.C++语言程序设计[M]. 第 3 版.北京：清华大学出版社，2003.12.

[112] C. V. A. Benedetto.，M. Monica. Train Position and Speed Estimation Using Wheel Velocity measurements [J]. Journal of Rail and Rapid Transit. 2002.

[113] J. Thayer，J. Herzog，J. Guttman，Strand spaces：1998 IEEE Sympisium on Security and Privacy，Why is a security protocol correct [J]. In：Proceeding of IEEE Computer Society Press，1998，160-171.

[114] P. E. Hart，N. J. Nilsson，B. Raphael. A formal basis for the heuristic determination of minimum cost paths in graphs [J]. IEEE Trans. Syst. Sci .and Cybermetics，1968，SSC-4（2）：100-107.

[115] Zhao，Tomli N. An algorithm for train-set scheduling based on probabilistic local search [A]. In J. Allan，R. J. hill. Computer in Railway VIII[C]. Boston：WRR，2002：817-826.

[116] Gulbrodsem. Optimal planning of marshalling yard by operation research [J]. PROC，1963：226-233.

[117] R. S. McGaughey. Planning locomotive and car distribution [J]. Rail Int，1973：1213-1218.

[118] M. H. Keaton. Designing Optimal Railroad Operating Plans：Lagrangian Relaxation and Heuristice Approaches[J]. Trans.Res.（B），1989（23）：443-452.

[119] M. H. Keaton. Designing railroad operating plans：A dual adjustment method for implementing lagrangian relaxation [J]. Trans. Sci.（B），1992（26）：263-279.

[120] T. Crainic，J. Ferland and J. Rousseav. A trantical planning model for rail freight transportation[J]. Tans.Sci.，1984（18）：165-183.

[121] Belew R. Artificial Life：A Constructive Lower Bound for Artificial Intelligence [J]. IEEE Exper，1991，6（1）.

[122] Davis L，ed. Genetic Algorithms and Simulated Annealing [M]. Pitman，1987.

[123] Holland J H，Reitman. J. S. Cognitive Systems Based on Adaptive Algorithms [J]. Pattern

Directed Inference Systems，New York：Academic Press，1978，7（2）.

[124] Janikow C Z. A Knowledge-Intensive Genetic Algorithm for Supervised Learning [J]. Machine Learning，Vol.13，Nos. 2/3，1993.

[125] Whitley D，Ominic S，Das R. Genetic Reinforcement Learning With Multilayer Neural Networks [J]. Proc of ICGA，1991.

[126] Wong Rachel C W，Yuen Tony W Y，Fung Kwok Wah，et al. Optimizing timetable synchronization for rail mass transit [J]. Transportation Science，2008，42（1）：57.

[127] Peeters Marc，Kroon Leo. Circulation of railway rolling stock：a branch and price approach[J]. Computer & Operations Research，2008，35（2）：538.

[128] Kroon Leo.Stochastic improvement of cyclic railway timetables[J]. Transportation Research Part B：Methodological，2008，42（6）：553.

[129] 贺协腾. 基于开行方案的动车组运用仿真研究[D]. 北京交通大学. 2010.

[130] 赵鹏，富井规雄. 动车组运用计划及其编制算法[J]. 铁道学报. 2003，25（3）：1-7.

[131] 甘应爱，田丰，李维铮等. 运筹学（第三版）[M]. 北京：清华大学出版社，2005.

[132] 符卓，肖雁. 求指派问题多重最优解的分枝定界法[J]. 长沙铁道学院学报，2000，18（1）：69-72.

[133] 石雨. 客运专线列车运行调整的策略、模型与算法[D]. 北京交通大学，2010.

[134] 王慧妮. 客运专线列车运行调整模型及算法研究[D]. 西南交通大学，2006.

[135] 黎新华. 单线区段列车运行图铺划与运行调整优化方法研究[D]. 中南大学，2005.

[136] 聂磊. 高速铁路列车运行调整优化理论与方法[D]. 北京：北京交通大学，2000.

[137] 青学江，马国忠. 遗传算法在区段站到发线的应用研究[J]. 西南交通大学学报，1998，33（4）：387-392.

[138] 王正彬，杜文.铁路技术站到发线运用调整模型及算法[J]. 西南交通大学学报，2006，41（2）：202-205.

[139] 谢楚农，黎新华. 铁路客运站到发线运用优化研究[J]. 中国铁道科学，2004，25（5）：130-133.

[140] 吕红霞. 铁路大型客运站作业计划智能编制的优化技术和方法研究[D]. 成都：西南交通大学，2008.4.

[141]（意）Marco Dorige，（德）Thomas Stutzle 著. 张军，胡晓敏，罗旭跃等译. 蚁群优化[M]. 清华大学出版社，2007.1.

[142] Ismail Sahim. Railway Traffic Control and Train Scheduling based on Inter-train Conflict Management[J]. Transpn. Res.B.1999.33.511-534.

附录1　共线交路理想初始布点方案

附表1　共线交路理想初始布点方案

车　次	始发站	始发时刻	车　次	始发站	始发时刻
D1101	较场口	6:03:00	D1102	新山村	6:07:00
D1103	较场口	6:10:30	D1104	新山村	6:14:30
D1105	较场口	6:18:00	D1106	新山村	6:22:00
D1107	较场口	6:25:30	D1108	新山村	6:29:30
D1109	较场口	6:33:00	D1110	新山村	6:37:00
D1111	较场口	6:40:30	D1112	新山村	6:44:30
D1113	较场口	6:48:00	D1114	新山村	6:52:00
D1115	较场口	6:55:30	D1116	新山村	6:59:30
D1117	较场口	7:00:00	D1118	新山村	7:04:00
D1119	较场口	7:06:25	D1120	新山村	7:10:25
D1121	较场口	7:12:50	D1122	新山村	7:16:50
D1123	较场口	7:19:15	D1124	新山村	7:23:15
D1125	较场口	7:25:40	D1126	新山村	7:29:40
D1127	较场口	7:32:05	D1128	新山村	7:36:05
D1129	较场口	7:38:30	D1130	新山村	7:42:30
D1131	较场口	7:44:55	D1132	新山村	7:48:55
D1133	较场口	7:51:10	D1134	新山村	7:55:10
D1135	较场口	7:57:35	D1136	新山村	8:1:35
D1137	较场口	8:06:00	D1138	新山村	8:10:00
D1139	较场口	8:10:25	D1140	新山村	8:14:25
D1141	较场口	8:16:50	D1142	新山村	8:20:50
D1143	较场口	8:23:15	D1144	新山村	8:27:15
D1145	较场口	8:30:00	D1146	新山村	8:34:00
D1147	较场口	8:38:10	D1148	新山村	8:42:10
D1149	较场口	8:46:20	D1150	新山村	8:50:20
D1151	较场口	8:54:30	D1152	新山村	8:58:30
D1153	较场口	9:02:40	D1154	新山村	9:06:40

续表

车　次	始发站	始发时刻	车　次	始发站	始发时刻
D1155	较场口	9:10:50	D1156	新山村	9:14:50
D1157	较场口	9:19:00	D1158	新山村	9:23:00
D1159	较场口	9:27:10	D1160	新山村	9:31:10
D1161	较场口	9:35:20	D1162	新山村	9:39:20
D1163	较场口	9:43:30	D1164	新山村	9:47:30
D1165	较场口	9:51:40	D1166	新山村	9:55:40
D1167	较场口	10:00:00	D1168	新山村	10:04:00
D1169	较场口	10:06:00	D1170	新山村	10:10:00
D1171	较场口	10:12:00	D1172	新山村	10:16:00
D1173	较场口	10:18:00	D1174	新山村	10:22:00
D1175	较场口	10:24:00	D1176	新山村	10:28:00
D1177	较场口	10:30:00	D1178	新山村	10:34:00
D1179	较场口	10:36:00	D1180	新山村	10:40:00
D1181	较场口	10:42:00	D1182	新山村	10:46:00
D1183	较场口	10:48:00	D1184	新山村	10:52:00
D1185	较场口	10:54:00	D1186	新山村	10:58:00
D1187	较场口	11:00:00	D1188	新山村	11:04:00
D1189	较场口	11:06:00	D1190	新山村	11:10:00
D1191	较场口	11:12:00	D1192	新山村	11:16:00
D1193	较场口	11:18:00	D1194	新山村	11:22:00
D1195	较场口	11:24:00	D1196	新山村	11:28:00
D1197	较场口	11:30:00	D1198	新山村	11:34:00
D1199	较场口	11:37:30	D1200	新山村	11:41:30
D1201	较场口	11:45:00	D1202	新山村	11:49:00
D1203	较场口	11:52:30	D1204	新山村	11:56:30
D1205	较场口	12:00:00	D1206	新山村	12:04:00
D1207	较场口	12:07:30	D1208	新山村	12:11:30
D1209	较场口	12:15:00	D1210	新山村	12:19:00
D1211	较场口	12:22:30	D1212	新山村	12:26:30
D2101	较场口	7:03:00	D2102	动物园	7:07:00
D2103	较场口	7:14:00	D2104	动物园	7:18:00
D2105	较场口	7:25:00	D2106	动物园	7:29:00
D2107	较场口	7:36:00	D2108	动物园	7:40:00

续表

车　次	始发站	始发时刻	车　次	始发站	始发时刻
D2109	较场口	7:47:00	D2110	动物园	7:51:00
D2111	较场口	7:58:00	D2112	动物园	8:02:00
D2113	较场口	8:09:00	D2114	动物园	8:13:00
D2115	较场口	8:20:00	D2116	动物园	8:24:00
D2117	较场口	10:03:00	D2118	动物园	10:07:00
D2119	较场口	10:14:00	D2120	动物园	10:18:00
D2121	较场口	10:25:00	D2122	动物园	10:29:00
D2123	较场口	10:36:00	D2124	动物园	10:40:00
D2125	较场口	10:47:00	D2126	动物园	10:51:00
D2127	较场口	10:58:00	D2128	动物园	11:02:00
D2129	较场口	11:09:00	D2130	动物园	11:13:00
D2131	较场口	11:20:00	D2132	动物园	11:24:00

注：上表中“D”为城市轨道交通车次代码

附录 2　共线交路列车运行图

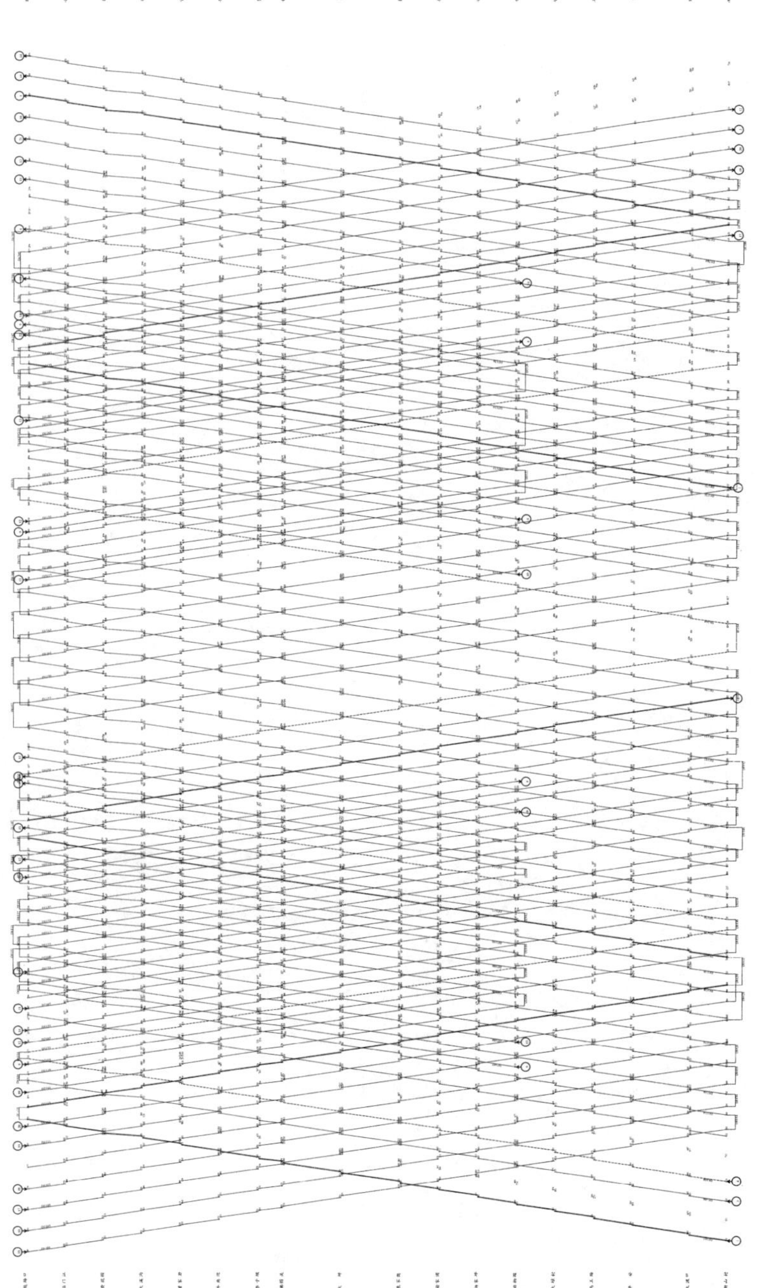